守望者
The Catcher

阅读　你的生活

HAPPINESS
AND
VIRTUE

# 幸福与德性

## 亚里士多德伦理学十讲

陈斯一　著

中国人民大学出版社
·北京·

# 目　录

# 第一讲　亚里士多德哲学体系中的伦理学

　　提起亚里士多德，许多读者或许会想到比萨斜塔。据说 1590 年的一天，意大利科学家伽利略做了一个实验，他登上比萨斜塔，将两个重量不同的铁球以同一个水平高度同时从斜塔上扔下去，结果正如他所预言的那样，两个铁球同时落地。凭借这个实验，伽利略推翻了古希腊哲学家亚里士多德的学说——亚里士多德认为物体自由落体的速度和物体的重量成正比，越重的物体下坠越快，而伽利略证明了物体自由落体的速度和物体的重量无关，100 磅①的铁球和 1 磅的铁球下坠速度完全一样。比萨斜塔的故事流传甚广，人们把它当作现代科学战胜古代科学的标志，映照出历史的进步与思想的革新。长久以来，我们在各种学科的教科书上都能读到亚里士

---

　　①　1 磅约合 0.454 千克。

多德，他几乎成了"反科学""错误""教条""衰败""老旧"的代名词，以至于给我们留下这样一种印象，即现代科学知识的发展就是各学科的开拓者们推翻亚里士多德的错误、让科学事业走上正轨的过程。毫不夸张地说，在许多现代科学史的叙事中，亚里士多德简直成了人类取得科学进步的"总障碍"，是科学事业的"大反派"。

在一定程度上，这种反亚里士多德的叙事是符合历史事实的，因为现代科学确实是在对抗亚里士多德主义的过程中逐渐兴起并发展壮大的。不过，现代思想真正反对的与其说是亚里士多德本人的哲学，不如说是以他的哲学为基础而缔造的一套传统。亚里士多德是古希腊哲学的集大成者，在中世纪，基督教神学吸收和转化了他的思想框架，建立了一套无所不包的经院哲学体系。到了中世纪晚期、现代早期，这套体系逐渐成为一种故步自封、禁锢人心的思想权威，并由天主教会的信仰权威来推行和捍卫。人类理性想要独立探索自然界，科学精神想要冲破宗教的枷锁，就非得推翻经院哲学体系不可。由于亚里士多德哲学是经院哲学的一个支柱（另一个支柱是基督教思想），他也就成了现代思想的一大攻击目标。随着现代科学的发展，尤其是各种实验仪器的发明，亚里士多德在许多具体问题上的观点都被证明是错误的，例如他认为越重的物体下落越快，地球是宇宙中心，天体由第五元素"以太"构成且沿着完美的圆周轨道运行，某些生物是无父无母自发生成的，等等。现如今，亚里士多德可能更多是因为他犯的这些错误而为大众所知，他对于人类思想做出的贡献反倒是被忽视和被遗忘了。在许多现代人的心目中，亚里士多德不是一个伟大的哲学家，而是一个失败的科学家。

不过，我们还是能听到一些为亚里士多德正名的声音，例如，威尔·杜兰特在《哲学的故事》中这样为亚里士多德辩护："他不得不在没有钟表的情况下确定时间，在没有温度计的情况下比较热度，在没有望远镜的条件下观测天体，在没有晴雨表的条件下预报天气……由于没有望远镜，亚里士多德的天文学成了一篇幼稚的浪漫传奇；由于没有显微镜，他的生物学便不断地误入歧途。"① 杜兰特认为，亚里士多德在具体问题上犯的错误，通常是因为他缺乏精密仪器而导致的；如果他拥有望远镜和显微镜，他的科研成果一定不会比不上伽利略和列文虎克。② 亚里士多德不仅有着强烈的求知欲和孜孜不倦的探索精神，而且重视观察自然现象和收集经验材料，更是享有马其顿皇室为他提供的大力支持，杜兰特不由得感叹道："这是欧洲历史上由社会大规模拨资赞助科学研究的第一个范例。如果当今各国也能这样慷慨解囊，扶掖科研，那么还有什么不能获得的知识呢？……亚里士多德和他的助手们积累的大量资料为科学的发展奠定了基础，成为两千年来知识的教科书，人类工作的奇迹之一。"③ 杜兰特对亚里士多德的赞美是有理有据的，至少他忠实而生动地还原了这位古希腊科学先驱求知若渴、热爱真理的形象。亚里士多德认为"人在天性上就渴望求知"，提出"哲学起源于惊异"，还主张对知识的追求不是为了任何功利目的，而是"为了知识本身"。④

①　威尔·杜兰特：《哲学的故事》，朱安、武国强、吴兴亚等译，北京：文化艺术出版社，1991 年，第 63 页。

②　伽利略发明了天文望远镜，并利用望远镜观测到了许多支持哥白尼学说的天文现象；列文虎克是 17 世纪的荷兰生物学家，以善于制作显微镜而闻名，是微生物学的开拓者。

③　杜兰特：《哲学的故事》，第 63 - 64 页。

④　这些说法都出自《形而上学》第一卷的前两章，参阅亚里士多德：《亚里士多德全集》第七卷，苗力田主编，北京：中国人民大学出版社，1993 年，第 27 - 32 页。

在探索自然奥秘的热情和对待知识之态度的纯粹方面，亚里士多德本人与中世纪晚期那些保守僵化的亚里士多德主义经院哲学家迥异。笔者认为，虽然亚里士多德的科学有许多错误，但是他身为古代科学家的精神遗产应该是现代科学事业的激励，而非障碍。

然而，亚里士多德对人类思想做出的最重要贡献其实并非在科学精神方面，而是在哲学理论方面。一旦我们从科学史的领域转移到哲学史的领域，亚里士多德的形象就会立刻变得伟岸起来。虽然他那"精神可嘉"却充满谬误的科学早已被后人超越，但是他的哲学却从来没有被真正推翻过，尽管许多现代哲学家曾试图反驳他的观点。这当然和哲学本身的性质有关：哲学在根本上是既不可证明也不可证伪的，柏拉图的"理念"、笛卡尔的"我思故我在"、康德的"物自体"……都既无法证明也无法证伪。但是亚里士多德在哲学史上的地位仍然是独一无二的，他的哲学对后世产生了支配性、笼罩性的影响，至今仍是西方哲学的奠基性传统和概念体系之源。海德格尔说他是西方哲学的"总立法者"，一点也不夸张。

那么，亚里士多德在哲学史上何以拥有如此重要的地位和如此强大的影响力呢？根本原因就在于，作为西方哲学史上第一个集大成者，他创造了第一个真正意义上的"哲学体系"。亚里士多德堪称"百科全书"之鼻祖，他的哲学研究涉猎范围十分广，不仅包括全面丰富的知识领域，而且形成一个结构分明、秩序井然的整体。从哲学史的角度看，亚里士多德将早期哲学家的自然研究和苏格拉底、柏拉图的伦理学和政治哲学综合成一个思想系统，更为重要的是，这个系统中各门类和各分支的所有问题，全部用一套统一的概念来阐述，例如实体和属性、形式和质料、潜在性和现实性等，这些概念至今仍然是哲学研究的专业术语。在哲学体系的完整性、统一性、融贯性方面，亚里士多德的成就是独一无二的，在哲学史上或许只有黑格尔才能与他媲美，而黑格尔的哲学本来就深受亚里士多德的影响。历史学家怀特海说整个西方哲学史是柏拉图对话录的一系列注脚，他主要是从哲学问题的角度讲的；我们也完全可以说，整个西方哲学史上所有建构哲学体系的尝试，都以某种方式继承了亚里士多德的思想架构。

　　亚里士多德的著作据说有 400 多卷①，其中只有少部分流传了下来，然而即便仅仅基于这些幸存的材料，我们也能一窥亚里士多德哲学体系的庞大和完备。现有的亚里士多德著作可以分为几个大类："逻辑学""理论哲学""实践哲学""制作哲学"。亚里士多德的逻辑学著作包括《范畴篇》《解释篇》《前分析篇》《后分析篇》等，统称为"工具篇"，因为逻辑思维是从事哲学研究的基本工具。所谓逻辑就是思想和语言的规则，英语 logic 一词的词源是古希腊语 logos，意为"理性""语言"，常被音译为"逻各斯"。亚里士多德的工具篇著作构成了历史上第一套完整而严谨的逻辑学理论，而他之所以重视逻辑学，就是为了为哲学体系的建构奠定思维基础，所谓"工欲善其事，必先利其器"。亚里士多德逻辑学从无到有地创制出一整套被沿用至今的概念和方法，例如范畴、三段论、种属

---

① 这个数目主要是依据第欧根尼·拉尔修的记载，见第欧根尼·拉尔修：《名哲言行录》上册，马永翔、赵玉兰、祝和军、张志华译，长春：吉林人民出版社，2003年，第 280-289 页。第欧根尼·拉尔修总共列举了 156 个著作标题，包括 400 多卷，据他统计共 445 270 行。不过，他所列举的这些亚里士多德著作大多数没能流传下来。

定义法等，这些概念和方法贯穿亚里士多德的所有论述，是其哲学
体系的逻辑骨干。以往的古希腊哲学家好用诗性的修辞、晦涩的警
句、戏剧性的叙事来阐述他们的思想（在这方面，恩培多克勒和赫
拉克利特尤为典型，柏拉图亦不例外），而亚里士多德则采用合逻
辑的论证性语言来阐述他的思想，证据与分析紧密结合，成组的命
题环环相扣，从前提到结论步步推进，严密而有条理。这种合逻辑
的语言风格对于任何一种学术研究都是普遍适用的，在这个意义
上，亚里士多德堪称西方学术规范的创始人。

　　如果说逻辑学是亚里士多德哲学大厦的钢筋和支柱，那么理论
哲学就是其地基。所谓理论哲学，指的是没有功利目的，追求知识
本身的哲学。"理论"的英文 theory 源自古希腊语单词 theōria，这
个词的基本含义是"观看"，引申含义是"沉思"，可见在古希腊人
的通常观念中，"沉思真理"和"观看风景"这两种活动具有某种
相通性。亚里士多德正是抓住这种相通性而提出了他对于理论哲学
的看法："所有人在天性上就渴望求知，对此的证明就是我们对于
感官的喜爱——即便不考虑诸感官的用处，我们也喜爱它们本身，
这又尤其以视觉感官为甚。"① 亚里士多德认为，人类天生就喜欢

---

　　① 这是整部《形而上学》的第一句话，原文见 Aristotle, *Aristotelis Opera*, ed.
August Immanuel Bekker, Hermann Bonitz and Christian August Brandis, Berolini:
Apud G. Reimerum, 1831–1870, *Metaphysics*, 980a21–24。若无特殊说明，本书引用
的亚里士多德著作文字都由笔者从上述全集版本的古希腊原文翻译成中文，后文简写为
*Aristotelis Opera*, *Metaphysics*（全集中的《形而上学》原文）、*Aristotelis Opera*,
*Nicomachean Ethics*（全集中的《尼各马可伦理学》原文）、*Aristotelis Opera*, *Politics*
（全集中的《政治学》原文）；部分引文采用了现有的中译本，将在注释中加以说明；未
直接翻译和引用原文时，笔者就在注释中给出中译本的页码，方便读者查阅。

观看风景，不为别的，只为享受这种美好的视觉体验；同样，人类也天生就渴望求知，不为别的，只为满足纯粹的求知欲。进一步讲，正如越美的风景越是能够实现观看的享受，越优越的对象也越是能够实现求知的快乐，而自然界的生命体、天空的日月星辰以及整个宇宙的第一推动者，就是世间最优越的、最适合满足求知欲的对象。因此，亚里士多德的理论哲学包括物理学、生物学、天文学、宇宙论和形而上学，他流传至今的理论哲学著作包括《物理学》《论灵魂》《论动物的生成》《论动物的部分》《论天》《形而上学》等。总的来说，理论哲学研究的是自然的本原、宇宙的秩序、存在的本质。尤其值得重视的是亚里士多德的"本原"概念，这个概念的古希腊语原文是 archē，基本含义是"开端"，而亚里士多德常常把它和另一个概念——aition（"原因"）并举，提出理论哲学所探寻的就是自然万物的"原因和本原"。最早的古希腊哲学都是对于自然本原的研究，例如泰勒斯提出万物的本原是"水"，赫拉克利特提出万物的本原是"火"，这些早期哲学家通常被称作"自然哲学家"。亚里士多德继承了自然哲学家关注的问题，同时进行了更深入的挖掘。他的理论哲学不仅要揭示万物在起源意义上的"本原"，而且致力于搞清楚、讲明白这个"本原"如何发挥"原因"的作用，也就是要研究自然现象的因果关系。这不得不说是哲学思维的巨大进步，其最终成果就是著名的"四因说"理论，这种理论主张决定事物的原因可以分为四种：形式因、质料因、动力因、目的因，对这四种原因的考察体现了一种全面有序把握事物本质的思维方式。尽管关于具体事物的具体原因，亚里士多德常常犯错，但是他的"四因说"理论及其体现的思维方式却具有不可低估的哲学价值，并且产生了极其深远的影响。在四因中，亚里士多德最重视的是目的因，在他眼中，自然万物的存在都是为着某种目的，用今天的话来说，他持有一种典型的"目的论自然观"，与现代科学主流的"机械论自然观"形成鲜明对比。我们今天通常会认为目的论是一种迷信，而亚里士多德的某些目的论观点也明显是错误的，例如，他认为土元素往下坠、火元素往上升的运动是因为它们"想要"返回各自的"位置"。然而，至少在一个领域，我们很难简单判定目的论是错误的，那就是生物学。事实上，亚里士多德自己最重视的自然现象就是生命，他认为所有的生命体都是有灵魂的①，所有的生命活动都指向了某种目的，尽管只有人才对自身的目的产生意识、理解和反思。与亚里士多德的"目的论生命观"相反，现代哲学奠基人笛卡尔提出了极端的"机械论生命观"，他认为"动物都是机器"，只有人才拥有心灵。抛开灵魂这个概念不谈（其实通常译为"灵魂"的古希腊语 psychē 就是"生命"的意思），在目的论和机械论的对立格局中，现代生物学的总体观点是赞同亚里士多德的，因此，至少在生物学领域，我们不能说亚里士多德的思想是落后的、被淘汰的，恰恰相反，现代生物学至今仍然接受着他的指引。

在目的论自然观的图景中，人类和其他生命的关系并不是割裂的。人是自然的一部分，居于整个生命谱系的最高层次。这意味

---

① 古希腊语中，"灵魂"（psychē）的字面意义是"生命"，因而在古希腊哲学家看来，一切生命体都是有灵魂的。在《论灵魂》中，亚里士多德把灵魂分为植物灵魂、动物灵魂、人类灵魂三大类。

着，亚里士多德对于人的理解方式和他对于动植物的理解方式在根本思路上是一致的。在他看来，人是理性的动物，这就是人的本质。一切生命都有目的，植物追求个体的存活和种族的繁衍，在这个基础之上，动物还追求欲望的满足和感官的快乐。人也追求这些动植物层面的目的，也要保存自我、生儿育女、趋乐避苦，但是由于人的独特性在于拥有理性，因而人区别于动植物的更高目的在于理性的运用，唯有理性的运用才体现了人的本质。因此，研究人类的本质就是研究理性的运用，而这就让我们从普通生物学的领域进入了人性论的领域。进一步讲，虽然任何心智正常的人都能够运用自己的理性，但是有些人用得好，有些人用得不好，而唯有通过良好地运用理性，人才能够实现属于自身本质的善，这才是人生在世的根本目的。一旦开始探讨"善"的问题，我们就从理论哲学进入了实践哲学。

所谓"实践"，指的是人在伦理、道德、政治领域的活动，相当于儒家讲的"修身齐家治国平天下"。因此，亚里士多德的实践哲学就是伦理学和政治学，他在这个领域的代表性著作就是本书要为读者讲解的《尼各马可伦理学》，以及《政治学》。亚里士多德认为，实践活动就是人类理性的展现，人之为人的生活之所以是伦理、道德、政治的，从根本上讲就是因为人具有理性。不过，亚里士多德一方面强调人区别于其他生命的独特性，另一方面又运用适用于所有生命的自然目的论原则来理解人类实践。如果说树的生命活动是生长，狼的生命活动是捕猎，那么人的生命活动就是实践，这些都只是不同的生命活动而已，在这个层面所有生命都是一样的，只不过不同的生命有着不同的"活法"。进一步讲，树要活得好，长得苍翠挺拔、欣欣向荣，就需要充足的阳光和雨水；狼要活得好，就需要广阔的领地和稳定的食物来源，此外，不仅每只狼要尽可能拥有充沛的体力、敏捷的速度等素质，整个狼群还需要维持一种团结和睦的秩序，各个成员都要扮演好自己在群体中的角色。虽然人的生命活动也包括植物性、动物性的一面，但是体现人类本质的生命活动是实践活动，因此，人要活得好，就需要以良好的方式完成实践活动，这个道理和树要活得好就要以良好的方式完成生长活动、狼要活得好就要以良好的方式完成捕猎活动，是完全相同的。那么，人怎样才算是以良好的方式完成了实践活动呢？正如动植物要活得好就需要适宜的环境，人要活得好也需要许多外在条件，比如和平稳定的社会、一定的财富和地位、可靠的人脉关系等，而更重要的是，正如动植物若没有内在的良好品质就无法充分利用环境提供的资源，人若没有内在的良好品质也无法充分利用上述那些外在条件。因此，对于实践哲学而言最重要的问题就是：为了活得好，人需要一些什么样的良好品质呢？亚里士多德的答案是：勇敢、节制、慷慨、正义、智慧……这些就是人为了活得好而应该具备的良好品质，而所有这些良好品质的统称就是"德性"。①

---

① "德性"的古希腊语原文是 aretē，常被翻译为"美德"。笔者认为，"美德"一词已经带有鲜明的道德色彩了，故不是对于 aretē 的准确翻译，因为 aretē 的意义很宽泛，它指的就是事物的优秀品质，并不一定带有道德色彩。任何事物都可以具有 aretē，例如刀的 aretē 是锋利，马的 aretē 是跑得快，等等。虽然亚里士多德确实认为人的 aretē 主要表现为勇敢、节制、慷慨、正义等道德美德，但是何以这些道德美德就是人的优秀品质，正如锋利是刀的优秀品质，跑得快是马的优秀品质？这正是他的伦理学需要去论证的，而不是他通过 aretē 这个概念来预设的。因此，笔者将 aretē 翻译为"德性"，还原其表达"优秀""卓越"之意。

在亚里士多德看来，如果一个人拥有德性，那么只要外在条件允许，让他能持之以恒地以符合德性的方式完成伦理、道德、政治活动，终其一生将勇敢、节制、慷慨、正义、智慧等品质付诸实践，他就一定活得好。① 又因为对人而言"活得好"就等于"幸福"，所以幸福就取决于德性——这就是亚里士多德伦理学的根本原理。没有人天生就具备德性，德性的养成需要后天的教化和训练。在亚里士多德看来，对于德性的培养最好采取公共的方式，以统一的社会规范和政治制度为依托，为此我们就需要研究人类共同体的起源和本质、不同统治模式和法律体系的优劣、最佳政体应该如何设计等问题，这些就属于政治学的研究领域。

由此可见，亚里士多德的理论哲学和实践哲学有着密切的关系，从关于自然现象之原因和本原的一般性研究，到关于所有生命现象的目的论研究，再到关于人这种理性动物的幸福和德性的研究，这一系列学说是连贯推进、逐步叠加的，有如在坚实的地基之上修筑大厦的楼层。当代伦理学家麦金泰尔说："亚里士多德的伦理学，如他自己所阐明的，以他的具有形而上学意味的生物学为先决条件"②，笔者认为他的观点完全正确。不过，理论哲学和实践哲学也存在一个根本区别，那就是实践哲学的研究并不是为了知

---

① 笔者在此处以及在本书其他地方主要使用阳性的"他"来指称亚里士多德伦理学所论述的实践主体，这是因为亚里士多德主要探讨的是城邦公民的德性和幸福，而在古希腊社会，只有男性具有公民权。亚里士多德的伦理学思想确实存在明显的性别歧视色彩，这是需要我们注意的。

② 阿拉斯戴尔·麦金太尔：《追寻美德：道德理论研究》，宋继杰译，南京：译林出版社，2011年，第187页。

识本身，而是为了将知识运用于行动，为实际的伦理、道德、政治活动提供指导。在目的论自然观的框架中，以人类的理性本质为前提，以幸福和德性为中心线索，亚里士多德的《尼各马可伦理学》究竟如何探讨人类的目的和人生的至善、如何为人类实践活动提供理论指导？这就是本书从第二讲开始要为读者详细讲解的。

亚里士多德哲学体系的最后一个分支是制作哲学。所谓"制作"，是指工匠、技师或艺术家运用技艺造出某种产品，这里产品的含义是非常宽泛的，例如，木匠造家具，建筑师建房子，医生帮助患者恢复健康，乐师演奏音乐，诗人创作诗歌，这些都属于古希腊人说的"制作"。不过，在所有这些制作活动之中，诗歌的创作占据独特地位。在古希腊语中，"制作"的原文 poiēsis 也可以特指"诗歌创作"，这个语法现象或许表明，古希腊人认为诗歌的创作是最重要、最高层次的制作。人类文明是沿着从物质到精神的方向发展的，历史上最先产生的一定是衣食住行方面的工具制作，然后才会产生诗歌、音乐、绘画、雕塑等艺术创作。而在所有艺术中，诗歌是以唯有人类才能掌握的语言为"材料"的艺术，诗化的语言能承载最丰富的信息、表达最深邃的思想、打开最广阔的想象空间，因此，诗歌堪称人类精神文明的标志。正如《诗经》是古中国文明的标志，《吠陀》是古印度文明的标志，《荷马史诗》就是古希腊文明的标志，反映了古希腊民族性格和精神风貌的总体特征。作为古希腊城邦社会的奴隶主阶层，亚里士多德对物质劳动怀有根深蒂固的偏见，在《政治学》中，他提出工匠和农民等劳动者只是城邦的工具性成员，不应该拥有公民权，而公民阶层应该从物质劳动中解放出来，只从事高贵的实践活动。因此，他的制作哲学之"制作"取的是 poiēsis 一词专指语言艺术的意义，他在这个领域的著作包括《诗学》和《修辞学》，因为在他看来，只有这两门关于语言的艺术是适合于自由公民研究的，所有的物质生产和工具技术最好交给下层劳动者甚至奴隶去从事。不过，在理论哲学和实践哲学的论述中，亚里士多德喜欢举技艺制作的例子来说明他的观点。在理论哲学中，他常常将自然和技艺相类比，例如，工匠用砖头造房子，砖头是质料因，房子的结构是形式因，工匠是动力因，最后造出来的房子是目的因。亚里士多德认为自然事物的四因也是类似的，例如，在种子长成树的过程中，树的"身体"是质料因，树的"灵魂"是形式因，而生长的过程就是灵魂和身体结合在一起形成一棵树的过程。不同于造房子，种子长成树的过程是由种子所蕴含的灵魂来主导和执行的，这个灵魂自身就是动力因，它不断将种子所含有的原初物质和从外界吸收进来的新物质（这些都是质料因）按照专属于树这个物种的本质结构（即形式因）来进行整合，让种子长成树苗、树苗长成大树，而这就是整个过程的目的因。由此可见，虽然亚里士多德在现实中蔑视工匠阶层，但是他关于自然的理论在很大程度上以他对于工匠制作的分析为基础。海德格尔就曾指出，在亚里士多德的思想中，自然是以技艺为模板的，甚至可以说，他眼中的自然就像是"自我制作的工匠"。①

---

① 吴国盛：《自然的发现》，《北京大学学报（哲学社会科学版）》2008 年第 2 期，第 57 - 65 页。

在实践哲学中，亚里士多德也常常将德性和技艺相类比。例如，他认为养成德性的过程和学习技艺的过程是类似的，都需要习惯的训练，正如建筑师通过反复不断地造房子来掌握建筑技艺，竖琴师通过反复不断地演奏竖琴来掌握演奏技艺，我们也要通过反复做符合德性的事情来获得德性。[①] 亚里士多德还把某些不对等的人际关系比作工匠和产品的关系，特别是诗人和诗歌的关系。例如，他认为父母对子女的爱其实根源于父母对自身的爱，因为子女是父母的"另一个自我"，这就正如诗人之所以会爱自己创作的诗歌，也是因为他把自我倾注在这些诗歌之中了。[②] 类似的例子还有很多。不过，笔者认为，亚里士多德在《尼各马可伦理学》中采用的最重要的类比，是把伦理学比作一种治疗灵魂的医术。古代传记作家第欧根尼·拉尔修写道："亚里士多德，尼各马可和斐斯蒂的儿子，斯塔吉拉本地人……他父亲和马其顿国王阿明塔斯住在一起，身份是御医和朋友。"[③] 亚里士多德的父亲是马其顿国王的御医，亚里士多德常把伦理学比作医术，或许就和自己的家庭背

---

① 亚里士多德：《尼各马可伦理学》，廖申白译注，北京：商务印书馆，2003年，第35-37页。

② 同上书，第272-274页。

③ 第欧根尼·拉尔修：《名哲言行录》上册，第269页，笔者将原译文"尼各马科"改成了"尼各马可"。亚里士多德的父亲叫"尼各马可"，他自己生了一个儿子，也取名为"尼各马可"，因此，《尼各马可伦理学》这本书的标题应该是亚里士多德以自己父亲和儿子的名字取的。也有学者认为，《尼各马可伦理学》的最终版本不是由亚里士多德自己，而是由他的学生或者学派后人编订成册的，不过，书的标题仍有可能是亚里士多德亲自取好的。

景有关。① 笔者认为，这个类比对于我们理解亚里士多德伦理学的
基本特点具有特别重要的意义。

　　医术应该是所有古代"技术"中最科学、最严密的一门，原因
很简单：医术关乎健康，甚至事关生命，其效用易于验证，人们也
有强大的意愿去验证其效用。古代文明的其他学问都很原始，但是
医学相对发达。我们博大精深的中医就不必说了，古希腊社会也很
早就发展出一套理论化的医学，为医术实践提供知识基础。② 亚里
士多德的父亲不仅是医生，而且是国王的御医，他的医术想必非常
高明，而亚里士多德的哲学思想强调科学性，讲求论证逻辑的严密
和知识体系的完整，这一点或许就是受益于"家学"的影响。不
过，亚里士多德没有把别的哲学和医学相类比，而是单独把伦理学
和医学相类比，在他看来，医术是对于身体的治疗，伦理学是对于
灵魂的治疗；医术追求身体的健康，伦理学追求灵魂的健全。柏拉
图也有过类似的说法，在《高尔吉亚篇》中，他笔下的苏格拉底谈

------

　　① 现代学者往往质疑第欧根尼·拉尔修的上述说法，例如，意大利学者纳塔利提
出，"古代晚期的传记作家，为了给亚里士多德冠以荣誉"而将关于他父亲的故事"扩
展成了尼各马可是一名御医"，纳塔利认为"所有的这些似乎都是虚构的"。不过，纳塔
利也提到，早在公元前4世纪末，另一个哲学家伊壁鸠鲁就曾指控亚里士多德"贩卖药
物"（卡罗·纳塔利：《亚里士多德：生平和学园》，王芷若译，北京：北京大学出版社，
2021年，第7页）。由此看来，无论亚里士多德的父亲究竟是不是马其顿的宫廷御医，
亚里士多德都确实和医学有着密切的关系，这一点本身就值得重视。

　　② 希波克拉底（公元前460—前370年）是古希腊医学之父，他提出了著名的体
液学说，这是历史上最早的病理学和体质理论。传说希波克拉底用解剖尸体的方式来研
究人体结构。此外，他还开创了医生的职业道德传统，制定了著名的"希波克拉底誓
言"，要求行医者在开业时宣读，发誓忠实于救死扶伤、治病救人的职业使命，这也是
现代西方医务道德规范的历史源头。

到，医术关照身体正如正义关照灵魂，二者都着眼于"善"，对身体而言的善是健康，对灵魂而言的善是德性。① 不过，苏格拉底的说法其实是为了批判演说术，所以他接着指出，医术的反面是烹饪术，医术关照身体，烹饪术却奉承身体，如果让人们在医生推荐的食疗和厨子烹制的美食之间进行选择，绝大多数人肯定会选择后者；与之类似，正义的反面是演说术，正义关照灵魂，演说术却奉承灵魂，人们喜欢听迎合他们低俗口味和狭隘利益的演说术，而不喜欢听捍卫德性、教化心灵的正义之辞。② 在柏拉图看来，正义对人类灵魂的好处正如医术对人类身体的好处，可惜良药苦口，而大多数人是怕苦的。亚里士多德完全同意柏拉图的这种思想，然而，他将伦理学和医术相类比的目的却和柏拉图有所不同，他不是想说伦理学对灵魂的治疗是良药苦口的，而是希望伦理学像医学那样，成为一门拥有知识基础的科学。他指出，研究伦理学的人必须掌握关于人类灵魂的知识，正如治疗眼睛的医生必须掌握关于人类身体的知识。③ 亚里士多德的伦理学正是以他对于人类灵魂的研究为理论基础的，他的《论灵魂》对各种类型的灵魂进行了分析，其中对于人类灵魂的分析与《尼各马可伦理学》的思想息息相关。事实上，关于人类灵魂的知识就是关于人性的知识，因为人的本性主要在于灵魂，而非身体。人性论是关于人类本质的知识，伦理学是关于人生之善的知识，前者告诉我们"人是什么"，后者告诉我们"人应

---

① 柏拉图：《柏拉图全集》第一卷，王晓朝译，北京：人民出版社，2002 年，第 341 页。

② 同上书，第 341－342 页。

③ 亚里士多德：《尼各马可伦理学》，第 32 页。

该如何实现善"。古代中西方哲学都认为，伦理学要以人性论为基础，才是牢靠的、有理据的，如果没有人性论的基础，伦理学就成了主观臆断的无根之论。正如医术，如果一个医生开出一个药方，另一个医生开出另一个药方，那么究竟谁对谁错，就取决于谁的药方能真正帮助患者恢复健康，而这一点又取决于何谓真正的健康。唯有掌握了关于身体的知识，才能理解何谓身体的健康，然后才能判断哪位医生开出的药方是正确的。伦理学也是如此，唯有当我们掌握了关于灵魂的知识，我们才能理解何谓灵魂的健全，然后才能判断各种伦理学的优劣正误。显然，亚里士多德认为自己是一个关于灵魂的"好医生"，他的伦理学以一套深刻的人性论为哲学基础，是非常牢靠的、有充分理据的。①

当然，我们今天会倾向于认为，正确的标准不是单一的。正如西医和中医都能够治病，只是思路不同且各有所长，伦理学也一样。从根本上讲，中西方伦理学的差异就源自双方对于人性的理解不同。例如，儒家认为"人之异于禽兽者"在于人伦关系，因此，人的德性就在于仁义，人生之善就是对人伦和仁义的顺应与养存。② 在亚里士多德看来，人区别于其他动物的本质并非儒家讲的

---

①　近代哲学家休谟认为从"是"无法推出"应该"，从"事实"无法推出"价值"，这等于说，关于"人应该如何实现善"的伦理学不可能以关于"人是什么"的人性论为基础。一般认为，在这个问题上，休谟和亚里士多德的分歧是西方思想古今差异的集中体现。不过，笔者认为，休谟自己的伦理学其实仍然是以某种人性论作为基础的，例如，他认为理性是激情的奴仆，这是一个关于人性的事实，而我们必须从这个事实出发来探讨人应该如何行动。

②　《孟子·离娄下》第十九章："孟子曰：'人之所以异于禽兽者几希；庶民去之，君子存之。舜明于庶物，察于人伦，由仁义行，非行仁义也。'"

人伦关系，而是理性。既然人性在于理性，那么人的德性就在于理性的完善，人生之善就等于一种符合理性的生活，这就是亚里士多德伦理学的根本观点。围绕这个根本观点，亚里士多德以人类灵魂的层次秩序为基础建立了一套德性的体系，他认为人类灵魂可以分为"能够听从理性的欲望""负责思虑善恶的实践理性""负责追求真理的理论理性"，因而人的德性也就可以分为"欲望的完善"（勇敢、节制、慷慨、正义等）、"实践理性的完善"（实践智慧）、"理论理性的完善"（哲学智慧）。那么，人的德性到底是亚里士多德讲的这些品质，还是儒家讲的仁义？要回答这个问题，就要搞明白决定人性的到底是人伦，还是理性。在笔者看来，这些问题或许就和"西医和中医到底孰优孰劣"一样，并没有唯一的、绝对的答案。人的身体太过复杂，一种医学只能选择某一种视角来看待人体，从而也就不得不牺牲其他的视角。从细胞的视角看待人体，就难以理解针灸；从经脉的视角看待人体，就难以理解病毒。同样，人性也太过复杂，人伦是人所必需，理性也是人所必需，任何一种人性论都只能选择其中一个视角来看待人性，再以此为前提阐述一套伦理学。既然选择了一个视角，就难免要牺牲其他的视角。例如，儒家伦理更加重视家庭人伦，在政治方面形成"家国同构"的思想，用宗法关系来规范政治关系，忽视自由和平等；亚里士多德更加重视个体理性，在政治方面提倡一种由相对平等的自由公民构成的城邦共和，追求统治权的正义分配，而与此同时，他不得不把家庭人伦放在一个非常边缘化的位置，认为家庭的功能只是为城邦"生产"出一代又一代公民。儒家伦理学和亚里士多德伦理学孰优孰劣？笔者认为，这在很大程度上是一个见仁见智的问题。对于步入全球化时代的现代人来说，怀着包容之心去理解更多的人性论和伦理学，一定是一件好事，这就正如我们养生治病，不妨中西医结合，相互取长补短，方能实现最佳疗效。

亚里士多德把伦理学比作医术，还暗含着这样一种观点：世人的灵魂并不健康，需要伦理学来医治。在他看来，大多数人终其一生所追求的不过是财富、权力、荣誉等不具备内在价值的事物，忽视了灵魂的德性，而他认为，只有德性才是真正的人生之善。财富只是推行德性的工具，既然是工具，就应该适量而止；权力应该以德性为基础，以对社会和城邦的责任和贡献为目的，而不是为了满足统治他人的征服欲；荣誉是对于德性的确认，尽管对荣誉的追求是高贵的，但是有德性的人不必执着于荣誉。这样看来，亚里士多德的伦理学内含对现实的批判和改造。不过，从《尼各马可伦理学》的整体思路来看，亚里士多德的论述不是那种占据道德制高点的训诫，他所教导的不是责任与义务，而是幸福，他的伦理学所要回答的根本问题是：何谓真正的幸福？一般人认为拥有财富、权力、荣誉的人就是幸福的，而亚里士多德指出，只有拥有德性的人才是真正幸福的。正是在这个意义上，伦理学是"灵魂的医术"，因为虚假幸福观对灵魂有害，对财富、权力、荣誉的过度追求让灵魂"患病"，需要伦理学开出的"药方"来医治。古往今来，无论中西，世人灵魂所患之病大概都差不太多，但是在古希腊社会，亚里士多德伦理学的受众是一个特定的群体，主要是城邦的上层公民和政治家，而在他看来，这类人患有一种特定的灵魂疾病，那就是

"血气过度",有着过于强烈的好胜心、荣誉感和优胜欲。① 这样的人并不十分贪婪地追求财富和享乐,但是往往过分执着地追求权力和荣誉。亚里士多德讲授伦理学的一大目标,就是要改善这类人的灵魂品性,让古希腊公民少一些血气,多一些理性,从而改良古希腊社会的道德风气,让人与人之间、城邦与城邦之间少一些冲突与斗争,多一些团结和协作。不过,亚里士多德为古希腊公民提供的"治疗方案"不是要让他们根除血气、放弃好胜心、学会忍让和谦卑(这是后来基督教道德对罗马人的训诫),而是希望他们用理性来管理血气,并尽量将好胜心运用在更高层次的事情上面。简单地说,亚里士多德伦理学的教导就是:人们不应该在财富、权力、荣誉方面争强好胜,而应该在德性方面相互较量,争相追求灵魂健全、人格完善、品行高贵,这样就既保持了古希腊民族血气强盛的特性,又实现了理性对于血气的升华,使古希腊文化朝着更加平衡、更加完善的方向发展。

当然,受制于时代和社会的局限,亚里士多德的伦理学也存在一些错误,比如他鄙视劳动阶层,认为男性优越于女性,为奴隶制辩护……但笔者认为,我们不能因为这些错误的存在就全盘否定亚里士多德伦理学的价值和意义,正如我们不能因为他不懂得自由落体和动物生殖的科学原理就全盘否定他为哲学事业做出的贡献。实际上,亚里士多德的伦理学和现代社会的主流价值正好可以互补。

---

① "血气"是笔者对古希腊语单词 thumos 的翻译,该词的基本含义是"激情",尤其指"愤怒",在古希腊哲学家的人性论概念体系中,它的主要含义是好胜心、荣誉感、权力欲。

现代社会的理想是平等，每个人都享有自由和尊严，并且为自己的选择和行动负责。然而，这个理想的实现需要强大的物质生产能力作为基础，这就导致了现代主流价值的功利化：在社会的层面，一切讲求功用；在个人的层面，凡事追求利益。亚里士多德主张社会分工、性别、阶层的等级制，这是我们现代人应该予以批判的，但是他追求德性的内在高贵、提倡超越功利的科学探索，这是我们现代人需要学习的。亚里士多德伦理学的出发点和归宿是幸福，古往今来，无论中西，人人都追求幸福。现代社会的科技创造日新月异、制度规范日趋完善、娱乐产品层出不穷，然而，现代人到底活得幸不幸福呢？要想深入反思这个问题，我们应该跳出时空的局限，广泛研读先贤圣哲的伦理学著作。其中，亚里士多德的《尼各马可伦理学》是尤其值得参考的，这部经典著作系统性地探讨了幸福和德性、个人和社会、理性和欲望、快乐和友爱等重要的伦理问题，是西方哲学史留给我们的宝贵财富。

# 第二讲　幸福的本质：符合德性的理性活动

　　《尼各马可伦理学》第一卷的主题是"幸福"。从"幸福"出发研究伦理学，这反映了古希腊文化的独特品质。孔子讲"仁义"，康德讲"义务"，亚里士多德则问：人生怎样才是幸福的？他认为，这才是伦理学要回答的根本问题。不过，亚里士多德说的"幸福"与我们今天常说的"幸福"有所不同，它指的不是主观的生活感受，而是客观的生命质量；不是一时一地的体验，而是终其一生的成就。亚里士多德认为，要实现真正的幸福，人需要的不是财富、权力、荣誉、名望等"外在的善"，而是要努力养成内在于灵魂的"卓越品质"，也就是德性，例如勇敢、节制、慷慨、正义、智慧，并在生活中积极主动地发挥这些品质的功用，实现自我的完善、成就人生的善业，不仅自己成为一个优秀的个体，而且为缔造一个优良的社会做出贡献，这就是人的至善。

　　这样的一种幸福观念并不是亚里士多德的首创，实际上，古希腊文化很早就推崇类似的观念。传说，古希腊"七智贤"之一的梭伦①曾去访问吕底亚国王克洛伊索斯，克洛伊索斯热情地招待他，向他炫耀自己的财产和权势，然后故意问他：在旅行途中见过的最幸福的人是谁？克洛伊索斯本以为自己显然是最幸福的人，然而梭伦并没有迎合他，而是回答：最幸福的人是雅典的泰洛斯。克洛伊索斯很好奇，就询问梭伦这位泰洛斯何许人也，为何他是最幸福的。梭伦娓娓道来：首先，因为泰洛斯的祖国雅典是一个繁荣富强的城邦，泰洛斯自己的家庭也很完满；其次，泰洛斯一辈子活得安乐，生命的尽头也死得光荣，他是在战场上英勇牺牲的，雅典人在他阵亡的地点为他举行了国葬。克洛伊索斯听后既困惑又气愤地说："雅典的客人啊，为何你把我的幸福这样不放在眼里，竟认为我还不如一个普通人？"梭伦回答："克洛伊索斯啊，人间的事情总是无法预料，虽然你现在极为富有且统治万民，但是没人能知道未来的命运将带来什么，只有当你一生终了的时候，才能盖棺定论地判断你究竟是不是度过了幸福的一生。"② 从表面上看，梭伦的意思是，命运无常，福祸无定，只有当一个人完整地度过了一生之后，我们才能判断他这一生究竟是不是幸福的；因此，梭伦不说克洛伊索斯是幸福的，而说泰洛斯是幸福的，是因为前者还活着，后

――――――――――

　　①　梭伦（Solon）生活于约公元前 638—前 559 年，是古雅典的改革家、立法者、诗人，以中庸睿智的品德著称。

　　②　以上是笔者对这个古希腊传说的缩写，完整版本见希罗多德：《历史：希腊波斯战争史》，王以铸译，北京：商务印书馆，1997 年，第 13 - 16 页。

者已经死了。不过，一旦我们仔细比较泰洛斯终其一生的幸福和克洛伊索斯至少在目前享有的幸福，我们就会发现，梭伦还表达了一种更深刻的观点，那就是克洛伊索斯拥有的财富和权力毫无价值，泰洛斯的德性和他为城邦做出的贡献才是真正的幸福之所在。在很大程度上，财富、权力等身外之物是掌控在命运女神手中的，如果一个人认为幸福等同于对这些事物的占有，那么他所追求的幸福就注定是极不牢靠的。与此相反，一个人的德性是完全属于他自己的，尽管德性所要成就的善业也往往受制于命运，但是这种善的根源毕竟内在于人的灵魂，没有什么能够将它夺走。

从根本上讲，亚里士多德的幸福观和梭伦的幸福观是一致的，只不过他用一套哲学的概念阐述了这种幸福观的原理，这就是《尼各马可伦理学》第一卷的主要内容。经过严密而透彻的论证，亚里士多德最终得出结论："幸福就是属于人的至善，它等同于以符合德性的方式履行人类的功能，也就是理性的活动。"这个定义完全没有提及财富、权力等事物，反而运用了一些我们不太熟悉的概念，例如"人类的功能"（笔者将在下文详细解释这个概念的意义）。亚里士多德认为，财富、权力等事物只是幸福生活的工具性条件，我们需要它们，只是因为它们能够帮助我们更好地从事符合德性的理性活动，因此，如果一个人为了这些事物本身的价值而去追求它们，那他就完全误解了幸福的本质；如果他为了追求这些事物而牺牲了德性，那就是一种最愚蠢的本末倒置和最极端的得不偿失。反过来讲，如果一个人拥有德性，却因为命运不济而未能获得（或者失去了）财富和权力，以至于无法充分发挥自己的德性，那么尽管他的人生存在遗憾，但是这种遗憾并不能从本质上减损他的幸福。事实上，真正有德性的人即便遭遇了重大的苦难和不幸，也仍然能够保有属于自己灵魂的善。亚里士多德说："如果一个人能够镇定自若地承受许多巨大的不幸，不是因为麻木，而是因为拥有高贵而伟大的灵魂，那么即便在苦难之中，他的高贵也依然会闪闪发光。"① 想要理解亚里士多德的幸福观，理解他如何用哲学的论证来捍卫这种高贵的理念，我们就必须从他的论证思路出发去理解"善""德性""人类的功能""理性的活动"这一系列概念的哲学意义以及它们所反映的伦理学思想。

下面，让我们一起进入《尼各马可伦理学》的第一卷，由笔者来为读者讲解亚里士多德的论证思路与核心概念，从而阐明亚里士多德对幸福的理解。

《尼各马可伦理学》第一卷第一章以这样一句话开头："每一种技艺与探究，类似的，每一种行动与选择，似乎都指向了某种善，因此，人们正确地宣称所有事情都以善为目的。"② 虽然亚里士多德是古希腊哲学体系的集大成者，但是他在进行伦理学论证的时候，并不是从哲学体系的框架出发，而是从普通人认可的经验出发。《尼各马可伦理学》开头这句话的意义是非常素朴的，比如，工匠造一张床（技艺）或科学家研究一个现象（探究）一定是为着某种善，也就是某种好处，推而广之，任何人在生活中的所作所为（行动与选择）都是为着某种善，某种好处。既然如此，那么"所

---

① *Aristotelis Opera*，*Nicomachean Ethics*，1100b30 – 33.

② Ibid.，1094a1 – 3.

有事情"就"都以善为目的",这里说的"事情"应该是对前面谈到的各种人类行为(技艺、探究、行动、选择)的概括。亚里士多德接着说,虽然人们做着各种各样的事情,但是这些事情并不是散乱无章的,一件事情的目的与另一件事情的目的之间往往存在某种关系,如果我们把这种关系分析清楚,我们就能够看到,所有事情汇聚在一起、不同事情的不同目的组合在一起,构成了某种秩序,而这种秩序其实就是我们的人生。亚里士多德认为,想要理解人生的幸福,我们就要理解人生的秩序,唯有先理解人生秩序是怎么构成的,我们才能探讨什么样的人生秩序是最完美的,而幸福其实就是完美的人生秩序。

为了帮助我们理解人生秩序的形成,亚里士多德举了这样一个例子:一个专门造马鞍的工匠所产生的目的就是马鞍,一个专门造缰绳的工匠所产生的目的就是缰绳,而这两样东西到了一个骑兵手中,就成了驾驭马匹的用具,而骑兵的目的则在于骑马射箭。在一个将军的战略布局中,骑兵、步兵以及其他兵种的行动都是他需要协调安排、统筹规划的,为的是实现更加重大的目的:战争的胜利。在这个例子里,不同人所做的事情以及各自产生的目的是层层递进、环环相扣的,亚里士多德认为,我们可以按照两种不同的思路来分析它们的关系。第一种思路是区分手段和目标①,例如工匠

---

① 中文的"目的"和"目标"两个词意思是一样的,为了便于讲解,笔者用"目的"一词来翻译亚里士多德在《尼各马可伦理学》开篇就提到的伦理学概念,即任何事情都以善为"目的"。笔者用"目标"一词来强调手段和目标之分。我们很快会发现,"目的"是比"目标"更广的概念,因为"目的"不仅可以指和手段相对的目标,还可以指和部分相对的整体。

造马鞍是为了骑兵作战，这里马鞍是手段，骑兵作战是目标；同理，骑兵作战是为了将军的战略部署，将军的战略又是为了获得战争的胜利，总而言之，手段性的善是为了目标性的善。另一种思路是区分部分和整体，例如马鞍、缰绳和其他马具一起构成了马具的整体，服务于骑兵的战术需要，骑兵、步兵和其他兵种一起构成了军队的整体，服务于将军的战略需要，总而言之，部分的善服务于整体的善。这两种分析人生秩序的思路是相辅相成、紧密交织的，但是二者又有细微的差别，甚至可能存在冲突。我们会发现，对于幸福，《尼各马可伦理学》最终给出了一个双重的理解：一种幸福是终极的善（其他的一切善都是实现它的手段），另一种幸福是完整的善（其他的一切善都是它的组成部分），这正是因为亚里士多德同时运用了以上两种思路来分析人生秩序的形成。

　　在第一卷第二章，亚里士多德就展现了以上两种思路的差异。他提出，一方面，人生的所有善不可能全是手段性的，必须要有一种终极的目标，它不是任何其他事情的手段，如果没有这样一种终极目标，那么手段和目标的链条就是无穷倒退的，整个人生就是空幻的。马鞍是为了骑术，骑术是为了战略，战略是为了胜利，那么胜利是为了什么呢？如果战争的胜利是为了享受征服的荣耀，那么这个目标听上去就像是一种终极的目标了，我们暂且不管这种目标是不是正确的。但是，如果战争的胜利是为了保卫祖国的和平，那么我们就有必要追问，和平又是为了什么呢？人在和平的生活中所做的事情，必然又有手段和目标之分，那么究竟什么样的事情才是终极的目标呢？回答了这个问题，就回答了何为幸福。亚里士多德最终会告诉我们，只有哲学沉思才是人生的终极目标，要得出这个结论，就需要把第一种分析人生秩序的思路（从手段到目标）贯彻到底，这是《尼各马可伦理学》后四卷的主线。特别是在第十卷，亚里士多德将会论证，哲学家是最幸福的，因为他所追求的善才是终极的，生活中其他的一切都可被视作实现这种善的手段。另一方面，人生各种局部的善必然构成一种整全的善，如果有一种事情是在最高的层面对人生进行总体规划，那么它所追求的善就一定不是局部的，而是整全的。亚里士多德告诉我们，这种最具统摄性的善就是政治家所追求的那种善。在古希腊城邦社会，政治家指的不是官员或者公务员，而是那些积极参加公共生活、行使公民权利的人，他们所需要的不是高深的思想，而是权衡利弊的周全思虑和脚踏实地的行动能力。还是回到上面的例子：假设将军的战略是为了胜利，战争的胜利是为了和平，那么政治家需要思考的是：在什么情况下应该果断参战？在什么情况下应该尽可能避免战争，哪怕付出一些退让的代价？战争和外交如何配合？公共生活应该遵循何种法律和道德的规范？城邦的公民如何在公共生活中相互助益并协调一致？整个社会应该具有什么样的风貌？在最理想的情况下，一个优秀的政治家能够将个人和集体的生活都安排得当，实现部分之善与整体之善的充分融洽，而这就是他追求的人生至善。那么，一个人需要什么样的卓越品质才能成为优秀的政治家，实现整全的幸福？对于这个问题，《尼各马可伦理学》前六卷给出了系统性的回答，特别是在第六卷，亚里士多德运用第二种分析人生秩序的思路（从部分到整体）指出，优秀的政治家必须具备一种独特的智慧，不是哲学家探究自然、追求真理的那种形而上的智慧，而是与城邦的社会政治生活息息相关的"实践智慧"。

从区分手段和目标的思路出发，我们得出哲学生活才是幸福的；从区分部分和整体的思路出发，我们得出政治生活才是幸福的。哲学家追求的善是人生的终极目标，哲学家认为，这种善不是其他任何事情的手段，相比之下，政治家追求的善不是终极的，它摆脱不了手段的色彩。但是在政治家看来，哲学家追求的善是局部的，它终归只属于一个人，只属于人生的某些时刻，而政治家追求的善才是整全的。从二者的不同视角出发，哲学家势必将政治家的成就（城邦的秩序）视作追求哲学智慧的手段，而政治家势必将哲学家的成就（哲学对真理的追求）视作政治秩序的构成部分，需要与其他部分相协调。亚里士多德认为，哲学生活和政治生活是以不同的思路构建人生秩序的结果，这两种生活都可以是幸福的，他的《尼各马可伦理学》就是要对这两种幸福的异同进行阐述，从而让读者们对幸福有一个尽可能全面和深入的理解，并且运用这种理解来反观自己的生活。当然，我们不必是哲学家，也不必是政治家，作为现代人，我们生活在一个越来越多元化的社会，拥有异常丰富的人生可能性，但是，无论选择什么样的职业道路和生活理想，我们都必然会遇到手段和目标、部分和整体的关系问题，对这些问题的处理直接决定着我们在一些关键的时刻将会做出什么样的选择，从而间接决定着我们将会拥有什么样的人生，甚至最终也将决定我们是否能够幸福。在这个意义上，亚里士多德的伦理学具有历久弥新的价值，因为他为我们思考人生和幸福的根本问题提供了一种非常值得参考的框架。

两种幸福的问题是《尼各马可伦理学》整本书探讨的总体性课题，下文会继续讨论这个问题。现在，让我们回到第一卷——亚里士多德在这一卷的主要任务是得出一个幸福的定义，这个定义既能够适用于哲学生活，也能够适用于政治生活，并且尽可能符合普通人关于幸福的经验直觉。在第一卷第七章，亚里士多德运用一个著名的论证得出了幸福的定义。整个论证的过程如下：

（一）如果一个事物具有某种功能，那么它的善就在于它的功能，当它以良好的方式履行自己的功能时，它就实现了属于它的善。

（二）如果人也具有某种功能，那么人的善也应该在于人的功能，当人以良好的方式履行自己的功能时，人就实现了属于人的善。

（三）所有的匠人都有功能，例如吹笛手的功能是演奏笛曲，木匠的功能是制造家具，所有的器官也都有功能，例如眼睛的功能是看，耳朵的功能是听；既然如此，那么人之为人，也应该具有某种功能。

（四）人的功能指的是人区别于其他事物的独特活动。首先，人是一种生命，生命的特有功能就是生命活动；其次，植物的生命活动总的来说就是个体的新陈代谢和族类的生殖繁衍，动物的生命活动不仅包括这些，还包括单纯的欲望和对于快乐和痛苦的感受；最后，人的生命活动不仅包括新陈代谢、生殖繁衍、感官欲望，还包括理性活动，这才是人区别于植物和动物的特有活动，因此，人的功能就是理性活动。不过，人类理性活动具有两个层面，一个层面是理性自身的思考，另一个层面是欲望听从理性的命令而进行选择、产生行动，这两个层面共同构成了广义的理性活动。

（五）将（一）和（四）联系起来，即可得出：人的善就在于以良好的方式从事理性活动。所谓"以良好的方式"就是"以符合德性的方式"，因此，人的善就可以定义为"以符合德性的方式从事理性活动"——这就是幸福。

（六）补充：如果有多个德性，那么人的幸福就是"以符合最完全或最完美的德性的方式从事理性活动"。

上述论证一般被称作"功能论证"。笔者译作"功能"一词的是古希腊语 ergon，这个词的意义非常广泛，它指的是一个事物根据其本性所做的事情，一个事物根据其本性所产生的结果。例如，火的 ergon 就是燃烧，刀的 ergon 就是切割，树的 ergon 就是生长，马的 ergon 就是奔跑，等等，这些例子都是"事物根据其本性所做的事情"，眼睛的 ergon 是看，耳朵的 ergon 是听，也属于这一类；再如，吹笛手的 ergon 是笛曲，木匠的 ergon 是家具，这些属于"事物根据其本性所产生的结果"。亚里士多德的论证，就是从万事万物的 ergon 出发，探讨人类的 ergon 是什么，即，人类根据其本性所做的事情、所产生的结果是什么。笔者遵从学术上的惯例，把 ergon 翻译成"功能"，但是需要特别提醒读者的是，中文的"功能"一词带有工具性的色彩，当我们说某物的"功能"时，我们一般是把该物当作工具，因此，"刀的功能"、"眼睛的功能"，甚至"木匠的功能"，都是比较自然的中文表达，但是古希腊的 ergon 一

词却并不必然要表达工具性的意义，例如，树的 ergon 和马的 er-
gon 就不是工具性的，而是属于树和马自身的生命活动（当然，我
们也可以把它们用作工具，例如在树下乘凉、把马驯化成坐骑，但
是这就并不符合它们自身的 ergon 了。亚里士多德并不认为，树的
ergon 是为人遮阳，马的 ergon 是被用作交通工具）。① 显然，人的
ergon 也是非工具性的，人的功能就是"人反映其本性的活动及其
结果"，它不是为了别的，而是为了实现人自身的本性。

亚里士多德的宇宙观是目的论的，他相信万事万物都有功能，
因此，万事万物都有属于自身的善，也就是自身功能的良好发挥，
人也不例外。然而，他对于"人具有功能"的论证却是备受争议
的。从匠人具有功能、器官具有功能，是否能推论出人也具有功
能？让我们来仔细分析一下这个论证，也就是上述六个步骤中的
（三）。首先，匠人也是人，只不过被限定在职业的角色中，社会分
工的每个职业都具有自身的功能，亚里士多德的推论相当于提出这
样一个问题：既然每个人的职业都具有区别于其他职业的功能，那
么人区别于动植物的功能是什么？难道人没有一种天性赋予他的功
能吗？这个问题隐含了一种逻辑的跳跃，因为社会分工的不同职业
都是工具性的，但是人在宇宙中的地位却不是工具性的，从社会中

---

① 在《尼各马可伦理学》第二卷第六章的开头，亚里士多德确实提到，马的德性
是跑得快、让骑手坐得稳，这似乎意味着马的功能就是被用作交通工具。笔者认为，这
只是亚里士多德从人的视角出发举的不严格的例子。《尼各马可伦理学》研究的是人的
幸福，这部伦理学著作的视角必然是"人类中心主义"的，但是在他的生物学著作中，
亚里士多德明确指出，每个物种的功能是它们各自的生命活动，所有生命都追求属于它
们自身的善。

广泛存在工具性的功能，其实推不出人具有非工具性的功能。一些现代学者就是这样批评亚里士多德的，他们指出，人之为人的本性，就在于人并不是必然要被限定在某一种职业之中，而是能够自由地选择自己的职业，而且人越是具备这种自由，就越是体现了人的本性，也就越是拥有幸福。换言之，与亚里士多德的观点相反，人的独特性恰恰在于人没有功能，而人的幸福恰恰在于追求一种摆脱了功能限定的自由。其次，器官是身体的组成部分，而亚里士多德讨论的人类功能和幸福，都是在灵魂的层面讲的。那些批评亚里士多德的学者指出，身体是服务于灵魂的，灵魂却并不服务于别的什么事物，因此，虽然身体的各种器官都是有功能的，但是灵魂自身却是没有功能的；如果说人的本性在于灵魂而非身体，那么，人在本性上就应该是没有功能的，这和亚里士多德的结论正好相反。

从逻辑的角度来讲，亚里士多德的论证（三）确实是不够严谨。不过，我们还是应该注意到这个论证背后的目的论宇宙观。亚里士多德表面上是通过匠人和器官都具有功能推论出人也具有功能，但是实际上，人也具有功能这个结论，是直接从他的目的论宇宙观推论出来的，简而言之就是：万事万物都有功能，人也不例外。亚里士多德和他的现代批评者之间真正的分歧在于：亚里士多德认为人类是自然的一部分，自然的基本原则也适用于人，而现代学者倾向于认为，人类完全超越了自然，自然的基本原则不适用于人。当然，这个分歧最终根源于一个更深刻的分歧，那就是：亚里士多德心目中的自然，本身就是目的论的，而现代学者心目中的自然，则是机械论的；亚里士多德理解的自然原则，指的是"自然万物的善在于其各自的功能"，而现代学者认可的自然原则，是牛顿力学、广义相对论、量子力学……在现代人看来，既然自然是一个服从科学规律的、没有目的性的世界，那么想要谈论人类的幸福，就必须完全超越自然。从伦理学的角度讲，对于自然的超越就是自由，因此，反对亚里士多德的学者通常都会提出，人之所以是没有功能的，就是因为人是自由的；根据这些学者的观点，亚里士多德对人类功能的论证无异于抹杀了人的自由。

不过，尽管存在宇宙观方面的深刻分歧，但是亚里士多德揭示出的人类功能和现代学者们希望守护的人类自由，其实并不是相互排斥。亚里士多德说人之为人具有某种他要履行的功能，好像是在限制人的自由，让人生如同一种职业或者一个器官，已经被规定好了要做些什么、要产生什么样的结果，但是实际上，他立即就在论证（四）中指出，人之为人的功能是广义的理性活动，包括理性自身的思考和欲望听从理性的命令来进行选择与行动，这样的功能显然并非一种个别、特殊、具体的活动，而是一种活动的方式，它并没有事先规定人要做些什么、要产生什么样的结果，而是揭示出，人作为拥有理性的生命，注定要过一种具有理性的生活。面对现代人对自由的强调，亚里士多德会说：人之所以拥有自由，就是因为自然赋予人这样一种能力，让他能够理性地思考自己应该如何选择、如何行动，并且让欲望听从理性的命令来执行自己的选择和行动。这样看来，亚里士多德对于人具有功能的论证其实并没有抹杀人的自由，而是从功能的角度解释了人何以具有自由。

当然，这并不能完全消解亚里士多德和现代学者在根本观点上的差异，毕竟，亚里士多德把"理性活动"（这是自由的前提）放在了功能的层面，而没有放在幸福的层面。拥有理性或是拥有自由，并不等于拥有幸福，幸福的定义不是"理性的活动"，而是"以符合德性的方式从事理性的活动"；关键不在于自由，而在于德性。那么，何谓"德性"？这个概念的古希腊语原文是 aretē，与ergon一样，它的意义也非常宽泛，一般而言，它指的就是事物的优秀品质。德性和功能是对应的，有功能，就有德性，例如，如果刀的功能是切割，那么它的德性就是锋利，锋利的刀才是好刀，也就是说，锋利实现了刀的善。同理，既然眼睛的功能是看、耳朵的功能是听，那么它们的德性就分别是视觉敏捷、听觉灵敏，这些德性让眼睛和耳朵成为好的，实现了眼睛和耳朵的善。同理，吹笛手的功能是演奏笛曲，他的德性就是精湛的艺术水准，这样的吹笛手才是一个好的吹笛手；木匠的功能是制造家具，他的德性就是高超的工艺技术，这样的木匠才是一个好的木匠。这样看来，"德性"这个概念的希腊语原文并不一定带有道德色彩，对它更加准确的翻译应该是"卓越"或"优秀"（excellence），在亚里士多德看来，"善"或"好"就是"卓越"或"优秀"。①

亚里士多德对人类幸福的论证和对人类功能的论证在思路上是

———————

① 古希腊语的 aretē 与古汉语的"德"既有明显的区别，又有一些相通之处，读者可参考郑开教授的文章：《德与 Virtue——跨语际、跨文化的伦理学范式比较研究》，《伦理学术》2020 年第 2 期，第 225 – 226 页。

一致的，都是要将自然万物的基本原则推及人类：正如万物都有各自的功能，人也有；正如万物的善取决于它们各自的德性，人的善也同样如此，而人的善就是幸福——这就是论证（五）所完成的任务。一些现代学者指出，亚里士多德的论证（五）混淆了道德意义上的善和非道德意义上的善。锋利的刀是好刀，这是非道德意义上的善，有德性的人是好人，这是道德意义上的善，亚里士多德从前者推到后者，这是不成立的。笔者认为，这种批判误解了论证（五），这个论证的任务不在于说明什么样的人是"好人"，而在于说明什么样的人能够实现属于人的"好"，也就是幸福。至少到目前为止，亚里士多德还没有着手论证，一个有德性的、幸福的人必定是道德意义上的好人。他只是告诉我们：幸福的人必定是一个卓越的、优秀的人。在亚里士多德的时代，已经有不少离经叛道的古希腊思想家开始质疑传统的道德观念，例如柏拉图笔下的那些"智者"①，他们甚至宣称，道德是弱者的挡箭牌，真正的强者，也就是卓越、优秀、有德性的人，是不屑于遵守道德的；自然界唯一的法则是优胜劣汰、弱肉强食，人也如此，有德性的强者战胜无德性的弱者就像狮子捕食绵羊一样。这些智者也讲幸福和德性，只是他们理解的幸福就是财富和权势，他们理解的德性就是获得这一切的

①　所谓"智者"，是指公元前5—前4世纪游走于古希腊城邦（特别是雅典）的一批收徒取酬的职业教师，柏拉图认为他们是善于诡辩、歪曲真理之人。这些人或许本来就自称"智者"，但是柏拉图这样称呼他们是对他们的讽刺。柏拉图认为，像苏格拉底那样真正热爱智慧的人，绝不会自称"智者"，而是自称"爱智者"，也就是"哲学家"（"哲学家"的古希腊语是 philosophos，字面意义就是"爱智的人"）。因此，在柏拉图笔下，"智者"指的是那些对智慧缺乏真正的热爱，却喜欢标榜自己拥有智慧的人。

能力，从他们的观点出发，也可以承认亚里士多德的定义："幸福是符合德性的理性活动。"既然亚里士多德的论证同样是将自然的原则推及人类，既然他在论证中采用的德性观念也是"卓越"或"优秀"的意思，那么，他如何能够反驳智者的思想呢？他如何能够论证，真正的德性不是夺取名利的能力，而是节制、勇敢、正义、智慧的品质？他如何能够论证，真正的幸福不在于任何的外在善，而在于灵魂的精神境界？简而言之，他如何能够论证，一个有德性的、幸福的人必定是一个道德上的好人呢？

　　这些问题确实不是功能论证能够回答的，也不是这个论证试图回答的，而是《尼各马可伦理学》全书要回答的，唯有仔细地读完这本书，我们才能够判断，亚里士多德是否成功地完成了伦理学的任务，论证了人的幸福在于道德上的卓越。功能论证只是一个起点，它将幸福与德性联系起来，为我们指明了伦理学论证的基本思路。亚里士多德没有告诉我们德性具体指的是什么，只是补充了一点：如果存在多个德性，那么幸福就是以符合最完全或最完美的德性的方式履行我们的功能——理性活动。笔者翻译成"最完全或最完美"的成分，古希腊语原文只是一个词：teleiotatēn，这个词既可以指"最完全的"（英文译为 most complete），也可以指"最完美的"（英文译为 most perfect），亚里士多德之所以用这个词，就是为了一语双关，使得功能论证的结论同时符合建构人生秩序的两种方式，即手段和目标之分、部分和整体之分。在《尼各马可伦理学》接下来的篇章中，亚里士多德会证明，"最完全的德性"是公民和政治家具有的那种实践的德性，它是勇敢、节制、慷慨、正义、实践智慧等各种德性组成的体系，能够面面俱到地应对生活各领域的问题，统筹协调自我和他人、个人与集体的各方面关系；而"最完美的德性"则是哲学家具有的那种沉思的德性，它是对于真理和智慧的至深洞察和至高领悟，是人生的终极善。至于何以这两种德性才是人类灵魂卓越品质的真正展现，何以这两种生活才是真正的幸福生活，就需要本书随后的内容来为我们解答了。

# 第三讲　什么是德性？如何获得德性？

在《尼各马可伦理学》第一卷，亚里士多德将幸福定义为"以符合德性的方式从事理性活动"，这个定义为伦理学的论证指明了基本的方向。既然幸福取决于德性，那么想要理解何谓幸福，我们首先就要理解何谓德性。《尼各马可伦理学》第二卷的主要任务，就是阐述德性的本质，正是在这里，亚里士多德提出了著名的"中道论"：德性是这样一种卓越的灵魂品质，它能够让我们在种种感受和行动中避免过度与不及，恰到好处地实现中道，从而让我们以最好的方式履行构成人类功能的理性活动，实现人生的幸福。那么，应该如何理解亚里士多德将德性等同于中道的理论呢？让我们仔细分析第二卷的论述。

第二卷可以分为两个部分：前四章讨论了德性的起源、培养方式和过程以及养成德性的标志，后五章讨论了德性的本质和种种特性。换句话说，亚里士多德首先阐述"人如何获得德性"，然后阐述"什么是德性"。这个论述顺序是比较奇怪的。亚里士多德是一个非常重视逻辑步骤的哲学家，他通常都会从一个概念的本质出发进行阐述。既然如此，为什么在阐述德性的时候，亚里士多德却不是从德性的本质出发，而是要先谈德性的养成呢？其实，这里的论述顺序是精心设计、富有深意的，它符合"人生的顺序"：唯有先在实践中成为一个有德性的人，才可能在理论上把握德性的定义。养成德性相当于"知其然"，理解德性的定义相当于"知其所以然"，人要"知其然，亦知其所以然"，但首先要"知其然"，这是"知其所以然"的前提。在第一卷第三章，亚里士多德就提出，缺乏人生经验、在道德上尚不成熟的年轻人不适合学习伦理学，因为他们需要的是实践的历练，而非理论的探讨。《尼各马可伦理学》的理想读者是已经在一定程度上具备德性的成年人，它旨在帮助这样的人更好地理解自己业已形成的灵魂品质和业已建立的生活秩序，而这样的读者也最能够理解第二卷的论证顺序：唯有先懂得德性是如何养成的，才能真正领会德性的本质。

# 一、德性的养成

关于德性的养成，亚里士多德探讨了三个问题：德性的起源、德性的培养方式、养成德性的标志。所谓德性的起源问题，就是德性与人性的关系问题，如果用传统中国伦理学的术语来讲，就是人性本善还是本恶的问题。我们一般认为，孟子主张人性本善，荀子主张人性本恶，而告子主张人性本来无所谓善恶。在这个问题上，亚里士多德持什么观点呢？在第二卷的开头，亚里士多德提出："德性的产生既不是出于自然，也不是违背自然，而是：我们自然地适于获得德性，并由习性来完善。"① 这里所谓的"自然"，指的就是人的"自然本性"，相当于中国古代思想讲的"性"。亚里士多德认为，"德性的产生既不是出于自然，也不是违背自然"，这样看来，他的观点既不是简单的性善论（即"人性本善"或"德性是出于人的自然本性"），也不是简单的性恶论（即"人性本恶"或"德性是违背人的自然本性"）。但是他紧接着说，"我们自然地适于获得德性"，这又让他的观点离性善论近了一些，人的自然本性虽然不包含德性，但是包含养成德性的潜能，至于这种潜能能否实现，实际上取决于后天的教养和塑造，也就是"习性"，正所谓"天命之谓性，率性之谓道，修道之谓教"（《中庸》）。总的来说，在阐述德性的时候，亚里士多德把重心放在后天的培育上面，而不是放在人的自然天性上面，这是他区别于性善论、性恶论的地方。

为了理解这里的微妙差异，我们不妨比较一下《尼各马可伦理学》第二卷的开头与孟子对性善论的辩护：

> 告子曰："性，犹杞柳也，义，犹桮棬也；以人性为仁义，犹以杞柳为桮棬。"孟子曰："子能顺杞柳之性而以为桮棬乎？

---

① *Aristotelis Opera*，*Nicomachean Ethics*，1103a23－26.

将戕贼杞柳而后以桮棬也？如将戕贼杞柳而以为桮棬，则亦将戕贼人以为仁义与？率天下之人而祸仁义者，必子之言夫！"

告子曰："性犹湍水也，决诸东方则东流，决诸西方则西流。人性之无分于善不善也，犹水之无分于东西也。"孟子曰："水信无分于东西，无分于上下乎？人性之善也，犹水之就下也。人无有不善，水无有不下。今夫水，搏而跃之，可使过颡；激而行之，可使在山。是岂水之性哉？其势则然也。人之可使为不善，其性亦犹是也。"（《孟子·告子上》）

告子把人性比作柳枝，把仁义比作木杯，他提出，让人性去遵从仁义，就像把柳枝制成木杯。孟子则问道：将柳枝制成木杯，是顺应柳枝的本性，还是违背柳枝的本性？孟子当然认为这是顺应了柳枝的本性（柳枝的质地柔韧，正适合制作木杯），但是告子恐怕会说这违背了柳枝的本性（柳枝是柳树生命的一部分，它自己的本性不是让人来编织木杯的）。单纯从字面上讲，这个"杞柳之辩"只是暴露了双方观点的对立，若仅凭这个辩论，孟子对性善论的辩护是很难成立的。

接着，告子又把人性比作水流，把善恶比作东方、西方。水流本来无所谓流向东方还是西方，这取决于人修建的渠道把水引向何方；同理，人性也无所谓善或恶，这取决于后天的教化。孟子则问道：水流虽然无所谓东西，但是必然区分上下，人性本善，就像是水自然而然要往低处流一样。还是单纯从字面上讲，与"杞柳之辩"相比，"湍水之辩"对性善论的辩护显得更有说服力。为何如此？根本原因在于，在"杞柳之辩"中，孟子和告子采用同样的比喻模式，即把人获得德性（对儒家来说，就是仁义）的过程比作用技艺改造自然（将柳枝编织成木杯）的过程，而在"湍水之辩"中，告子仍然采用这种比喻模式，只是把编织术换成了水利工程，但是孟子放弃了这个比喻模式，他不再提及任何一种改造自然的人工技艺，而是专注于自然本身：既然告子用水来打比方，那么我们就来看看水的本性——无须人造的沟渠，水自然而然要往低处流！"人性之善也，犹水之就下也"，对于性善论来说，这才是合适的比喻。

　　那么，亚里士多德的观点是更接近孟子，还是更接近告子呢？让我们再来看看他的表述："德性的产生既不是出于自然，也不是违背自然，而是：我们自然地适于获得德性，并由习性来完善。"亚里士多德说"德性的产生既不是出于自然，也不是违背自然"，这句话确实很像是告子说的"人性之无分于善不善也"，而且和告子一样，亚里士多德也非常重视后天的教化对于人的塑造，他认为德性不是自然，而是一种习性。然而，二者的区别也同样明显：告子不仅否认人性本善，而且认为，人性的潜能要么没有方向（正如水流无所谓向东还是向西），要么朝着与仁义道德相悖的方向（正如柳枝不是为了被制成木杯，而是为了柳树的生命所需），亚里士多德却说，"我们自然地适于获得德性"，也就是说，人天性就具备养成德性的潜能，德性的养成不只是对于人性的改变，更不是对于人性的戕害，而是对于人性的完善和成全。因此，在根本立场上，亚里士多德的观点与孟子是相通的，只不过，他或许会把孟子讲的"人性本善"改为"人性潜在向善"。为了说明人性的独特性，亚里士多德在第二卷开头举了一个与"湍水之辩"很接近的例子：石头的天性是向下运动，火焰的天性是向上运动，我们无法通过训练来让它们改变自己的天性，但人性并非如此。告子说水流无所谓东西，孟子说水往低处流，他们都是把人性比作自然物，然而亚里士多德从根本上反对这种比喻，因为无论是水流、石头，还是火焰，它们的本性都是固定的，它们的"行为"是无法被改变的，但是人不同于这些自然物的独特性恰恰在于，人的行为和品质是能够经由后天的训练来加以改变的；人性本身并不完善，需要"由习性来完善"。

那么，我们如何通过训练来养成德性呢？亚里士多德认为，人获得德性的方式是通过反复不断的练习来获得一种"习性"，他指出，"伦理"（ēthikē）的古希腊语词源就是"习性"（ethos），从词源上讲，"伦理学"（ta ēthika）就是"关于习性的学问"。通过反复训练来获得习性的过程就是"习塑"（habituation），因此，学术界常常将亚里士多德的德性养成理论概括为"习塑理论"。为了说明习塑的原理，亚里士多德将德性的养成和技艺的培训相类比：正如建筑师通过反复不断地造房子来掌握建筑技艺，竖琴师通过反复不断地演奏竖琴来掌握演奏技艺，同理，"通过做正义的事情，我们变得正义；通过做节制的事情，我们变得节制；通过做勇敢的事情，我们变得勇敢"。① 反过来讲，一旦习性得以成功形成，习塑的过程就将变得更加顺利，正如掌握了建筑技艺的建筑师造起房子来毫不费力，掌握了演奏技艺的竖琴师弹起琴来游刃有余，同理，"我们是通过克制快乐而变得节制的，而变得节制了就最能克制快乐"。②

---

① *Aristotelis Opera*，*Nicomachean Ethics*，1103b1 - 2.
② Ibid.，1104a33 - 35.

一种合理的伦理教化能够在习塑的训练和习性的发挥之间形成一种相互助益的良性循环，让人变得越来越有德性。

　　虽然亚里士多德关于习塑的理论是非常清楚的，但是他的上述阐述为我们理解德性的养成带来了两个难题。一个难题是，既然人的自然天性并不包含德性，既然人需要通过后天训练才能获得德性，那么在尚未获得德性的状态下，人如何可能"练习"德性呢？例如，一个尚未获得正义之德的人，如何可能"练习"正义之事呢？为了回答这个问题，亚里士多德还是将德性养成和技艺培训相类比。他指出，一门技艺的学徒，在尚未学会的状态下，是在老师的指导下练习这门技艺的，德性的训练也与此类似，只是这里的"老师"不是建筑师、竖琴师，而是城邦的立法者，他们制礼作乐，就是为了规范公民的行为举止，从而塑造公民的德性。问题在于，技艺的老师在最初的阶段一定是"手把手地"指导学徒的，而立法者无法"手把手地"规范公民的行为举止。反过来讲，立法者也不需要这样做，而只需对涉及节制、勇敢、正义等方面的事情进行规定，奖励符合德性的行为，惩罚违背德性的行为，就能实现对于公民行为的规范和对于公民德性的培养。相比之下，技艺的老师显然无法只通过这种方式来教导他的学徒，试想，如果一个竖琴老师除了规定"弹得好就奖励，弹得不好就惩罚"之外，什么也不教，谁能在这种指导下学会演奏竖琴的技艺呢？要想深入理解德性养成和技艺培训的区别，我们需要回到德性与人性的关系问题。虽然人的自然天性既不包含德性，也不包含技艺，但是亚里士多德认为，人具有养成德性的自然潜能，因此，立法者不必"手把手地"教导公民，只需要合理地制定奖惩的规范，公民就能够遵从德性的要求，进而通过练习德性来养成德性。相比之下，人不具有掌握技艺的自然潜能，因此，对于学习技艺来说，单靠奖惩的规定是不够的，还需要"手把手地教"，需要老师向学生灌输某些规则、传授某种动作要领，等等。

可是为什么说人不具有掌握技艺的自然潜能呢？要理解这一点，就要理解，亚里士多德讲的"自然潜能"并非一种"实然"概念，而是一种"应然"概念。人的"自然潜能"指的是人"应该"实现的可能性，而不是人"实际上"能够实现的可能性（例如，一个人完全可能因为缺乏教养而变成一个恶棍，但是亚里士多德绝对不会提出，"人具有成为恶棍的自然潜能"）。在上一讲，笔者已经提到，亚里士多德的自然观是目的论的，他认为万事万物都有反映自身本性的功能，都追求属于自身本性的善。如果说柳树的功能是生长和繁衍，属于它的善是繁茂、昌盛、郁郁葱葱，那么这就是柳树应该实现的自然潜能。同理，既然人的功能是理性活动，人的善是以符合德性的方式从事理性活动，那么就只有德性才是人应该实现的自然潜能。因此，虽然人是可以学会各种技艺的，但是在亚里士多德看来，掌握技艺并不能帮助我们实现我们的自然潜能；进一步讲，如果为了学习技艺而耽误了操练德性，这反而是对于人性的荒废、扭曲甚至败坏。当然，在一定程度上，这种观点反映了亚里士多德作为贵族阶层，对靠技艺谋生的劳动人民抱有偏见。不过，他认为致力于德性的公民不应该从事专业技艺，这与儒家讲的"君子不器"也有相通之处。总之，虽然亚里士多德运用德性养成和技艺培训的类比来说明习塑教化的原理，但是他并不认为二者是没有差别的。如果套用告子的比喻，那么可以说，把人培训成工匠就像是把柳条制成木杯，违背了柳条的本性，而德性的养成则是要顺应、成全、完善人的本性，通过习塑教化让人养成德性，就像是通过栽培术让柳树长得繁茂、昌盛、郁郁葱葱。

另一个难题是，德性的养成要满足一个重要的标志，那就是要乐于做符合德性的事，但是仅仅通过反复的练习，即反复遵守立法者的奖惩规定，我们如何能够变得积极主动地乐于做符合德性的事，而不只是习惯于被迫地、不情愿地做符合德性的事呢？亚里士多德以节制的德性为例指出："仅当一个人克制身体享乐并且感到这样做是快乐的，他才是节制的。"① 这句话提到了两种快乐：一是身体的快乐，这是节制的人需要克制的；二是节制的人因为成功地克制了身体的快乐而感受到的快乐，这种快乐或许是一种成就感，或许是一种自我实现的愉悦。那么，如何通过习塑来培养这种精神性的快乐？我们虽然能够在行为上克制某些不良的身体享乐（因为如果不克制的话，就会受到法律的惩罚或道德的谴责），但是或许在内心深处仍然认为这些身体享乐是值得追求的，而习塑的训练只会让我们越来越压抑，甚至越来越抵触节制，不会让我们乐于节制。因此，德性的培养绝不能止于外在行为的规范，而是要深入人的内心，使人的动机得到升华。

在第二卷第三章，亚里士多德提出，人追求的对象有三种：快

---

① *Aristotelis Opera*，*Nicomachean Ethics*，1104b5 - 6.

乐、高贵、有利，人避免的对象也有三种：痛苦、卑劣、有害。这三组对象（快乐/痛苦、高贵/卑劣、有利/有害）形成了人类动机从低到高的秩序，而德性的养成应该伴随着动机层次的上升。让我们还是以节制为例：如果一个人不加区分地追求身体的享乐，甚至追求不良的享乐，那么他的动机就只在第一层。德性的教化首先对他的行为加以规范，鼓励良性的身体享乐，禁止不良的身体享乐。然而，这种规范虽然能够改变他的行为，但是无法改变他的动机，他之所以克制不良的身体享乐，只是为了获得奖励带来的快乐、避免惩罚带来的痛苦罢了。不过，德性的教化不仅规范行为，还要树立新的价值观念，要让这个人懂得，节制是高贵的，放纵是卑劣的，并且培养他对于高贵的热爱和对于卑劣的厌恶，一旦做到这一点，他就不再是被迫做到节制，而是从内心深处追求节制的德性了。孔子说："导之以政，齐之以刑，民免而无耻。导之以德，齐之以礼，有耻且格"（《论语·为政》），也是类似的道理，"免而无耻"就是第一个动机层次，"有耻且格"就上升到了更高的层次。只不过，孔子认为要实现这种上升，就要通过道德和礼法来培养人的羞耻感，而亚里士多德更加重视培养人的高贵气质。羞耻感和高贵气质是两种不同的品性，它们的差别折射出儒家伦理和古希腊伦理不同的风格——古希腊伦理追求的是卓越，高贵气质就是一种卓越，羞耻感却不是。① 不仅如此，亚里士多德不同于孔子之处还在

———————

① 在《尼各马可伦理学》第四卷第九章（亚里士多德：《尼各马可伦理学》，第124-125页），亚里士多德谈到羞耻感，他认为羞耻感不能算是一种德性，因为它不属于人的卓越和善，而只是抑制人作恶的一种情感罢了。在他看来，如果一个人德性很高，从不作恶，那么他也就不需要羞耻感。

于，他并不满足于前两个动机层次，而是要求我们上升到第三个层次：有利/有害。从表面上看，这个层次显得不如第二个层次，我们直觉上会认为，一个气质高贵的人要优越于一个精于逐利的人，但是亚里士多德并不这样认为，因为他所说的有利和有害，指的不是钱财方面的利益和损害，而是对于灵魂而言的利益和损害，是对于整个人生而言的好与坏、善与恶。回到我们的例子：亚里士多德其实是在告诉我们，一个真正节制的人不仅在行为上能克制不良的身体享乐，在内心深处认为这种享乐是卑劣的，而且要清楚认识到这种享乐是有害的——对灵魂有害，对人生有害，妨害灵魂的完善，妨害人生的幸福。能够具备这种认识的人，才不仅是遵纪守法的、品行高贵的，而且是理性的、智慧的、有德性的。也只有这样的人才能真正乐于做符合德性的事，因为他懂得，符合德性的事才是对自己的灵魂、对自己的人生真正有利的事，做这样的事，怎么会不快乐呢？

　　从向善的自然潜能出发，通过正确的后天习塑，人最终能够获得德性。在第二卷第四章，亚里士多德正式提出了人拥有德性的三大标志："首先，他必须知道（自己在从事什么实践）；其次，他必须选择这种实践，并且必须因其自身之故而选择它；最后，他的实践必须出自稳固不变的品质。"[①] 所谓一个人"知道自己在从事什么实践"，指的不仅是他头脑清醒，知道自己在从事符合德性的实践行为，还包括理解行为的出发点、方式方法、过程和步骤、目标

---

　　① 　*Aristotelis Opera*，*Nicomachean Ethics*，1105a31 – 33.

以及行为的内在价值。所谓"选择这种实践，并且必须因其自身之故而选择它"，指的是有意识地、积极主动地决定从事符合德性的实践行为，而非出于偶然或迫于压力，且之所以做此选择，是为了行为本身的缘故，而不是为了外在于行为的因素，比如沽名钓誉、获取利益。上文谈到，有德性的人应该乐于做有德性的事，这一点其实就从属于这里讲到的第二项标志，因为乐于德性就是因德性本身的缘故而选择德性，而不是为了奖赏或名声。最后，"出自稳固不变的品质"指的是将德性的要求完全内化为灵魂的一部分，成为自己身上稳固不变的品质，换言之，就是让德性成为一个人的习性。以上三项标志同时满足，就意味着习塑的完成、德性的养成。其中，第二项标志是容易引发争议的。有些学者指出，亚里士多德要求我们因德性自身之故而选择符合德性的行为，这是一种不顾后果的动机主义，例如，士兵应该勇敢作战，无论自己的行动是否有利于战争的胜利，因为德性要求他"为了勇敢而勇敢"，他不应该考虑任何与勇敢的德性无关的因素。笔者认为，这种观点误解了亚里士多德的思想。首先，正如我们下面将讨论的，亚里士多德区分了勇敢和鲁莽，那种不顾后果的"勇敢"并不是真正的勇敢，而是鲁莽。真正的勇敢，一定是将行为的后果考虑在内的。其次，德性需要满足的第二项标志同样是将后果考虑在内的，所谓"因其（德性）自身之故"，指的不是"只看动机，不顾后果"，而是"只为满足德性的要求，不是为了奖励或名声"。一个勇敢的士兵是"为了帮助祖国获得胜利而勇敢作战"，这里整个引号之内的描述都属于"德性的要求"。这样看来，亚里士多德并非康德那样的动机主义者

（康德曾说，唯一无条件的善是善的意志，这种说法确实是不考虑后果的）。不过，亚里士多德也不是只关注后果的功利主义者，他的德性概念，重点在于灵魂的卓越品质及其现实发挥，行为的良好后果是附属于这个重点的。如果一定要在"以高尚的方式失败"和"以卑鄙的方式成功"之间做一个选择，笔者相信，亚里士多德还是会选择前者的。

## 二、德性的本质

以上内容，是笔者对于《尼各马可伦理学》第二卷前四章的讲解，这部分文本的总体任务是阐述德性的起源（人性向善的潜能）、德性的养成方式（习塑）、拥有德性的标志（上述三项标志），换言之，亚里士多德论述了一个人获得德性的起点、过程、终点。第二卷余下部分的任务是阐述德性的本质，就像第一卷为幸福的概念下定义一样，亚里士多德也要给德性的概念下一个定义。德性的定义采用了标准的"种加属差"的定义方式，也就是先确定某个事物所在的种类，再确定它与这个种类下属的其他事物之间的差别，例如，"人是理性的动物"，"动物"就是人所属的"种类"，而"理性"则是人与同样属于动物类的其他成员之间的"属差"。在第二卷第五章，亚里士多德指出德性是一种"品质"，这是相对简单的，紧接着在第二卷第六章，他进一步指出："德性是一种有关选择的品质，存在于相对于我们的中道，这种中道由理性来规定，这种理性是有实践智慧的人用以规定中道的理性。"① 这就是对于德性的完整定义。这个定义是很复杂的，让我们仔细分析它的各个要点。

首先，德性是"一种有关选择的品质"。所谓"品质"，指的是人的自然潜能被塑造成固定的习性，从而具有或好或坏的品质。单纯的自然潜能是无所谓善恶好坏的，例如我们拥有感官，能够体验身体的快乐，这是无所谓善恶好坏的，只是"能力"罢了。但是经过充分的后天塑造之后，有些人变得节制，有些人变得放纵，这时候单纯的能力就变成了具有伦理善恶的品质，好的品质就是德性（例如节制），坏的品质就是劣性（例如放纵），德性和劣性是伦理意义上最基本的好与坏、善与恶。进一步讲，德性不仅是好的品质，而且是"关于选择"的好品质。何谓"选择"？在前面的讨论中，笔者已经多次用到"选择"这个词，它的基本意义是很清楚的。在亚里士多德笔下，"选择"是一个专门概念，它指的是为实现某个目标而进行思虑、斟酌、权衡之后，人对于如何行动所做出的决定。既然是经过了思虑，那么选择就必然包含理性的因素（理性告诉我们"如何去做"）；同时，既然是朝向某个目标，并且直接导致行动，选择也必然包含欲望的因素（欲望让我们"想要去做"）。因此，亚里士多德这样解释选择："选择是实践的本原……它既可以说是欲望的理性，也可以说是理性的欲望，这样的一种本原就是人。"② 这句话把选择等同于理性和欲望的某种混合或者交

---

① *Aristotelis Opera*，*Nicomachean Ethics*，1106b36－7a2.

② Ibid.，1139a31－b5.

互。第一卷第七章的功能论证已经告诉我们，人的功能是理性活动，而理性活动包括理性自身的思考和欲望听从理性的命令，这样看来，人的功能本身就是理性和欲望的某种混合或者交互，也就是说人的功能就在于选择。选择反映了人的本性，说"人是理性的动物"，就等同于说"人是能够进行选择的动物"。这也是为什么，在上面那句专门解释选择的话中，亚里士多德会说"选择是实践的本原……这样的一种本原就是人"。① 这句话其实就是对于人类本质的一种刻画。让我们回到第二卷第六章对于德性的定义："德性是一种有关选择的品质"。现在我们能够更加充分地理解这句话了：首先，德性是关于选择的，这意味着德性既包含理性的要素也包含欲望的要素，理性和欲望都要具有好的品质，欲望负责追求好的目标，理性负责思虑好的方式方法，这才算是有德性。其次，德性是关于选择的，这意味着德性是对于人类本质的完善，那些不涉及选择的事情不能反映人类的独特本性，这类事情也就无所谓德性或者劣性。例如人的高矮、胖瘦、美丑、头发长短，这些事情通常而言都与选择无关，从而与伦理上的好坏善恶无关，既非德性也非劣性。

让我们继续分析德性定义的下一个要点：德性"存在于相对于我们的中道"。既然德性是关于选择的好品质，那么我们应该如何选择，才算是符合德性？亚里士多德对于这个关键问题的回答

① 在亚里士多德看来，其他动物是不具备选择的，例如，虽然一只狗可以在一个馒头和一块肉之间"选择"吃肉，但是这种现象并不是严格意义上的选择，因为狗并不是经过思虑、斟酌、权衡才做此决定，而是直接被欲望所驱使，只是它对于肉的欲望要比对于馒头的欲望更强烈罢了。

就是——"中道"。他说，首先，在所有事情中，都存在过度、不及、中道，所谓过度就是太多了，不及就是太少了，而中道就是不多不少，恰到好处；其次，中道又可以分为"绝对意义上的"和"相对于我们而言的"，例如，在一斤食物和二两食物之间，如果前者是过度，后者是不及，那么绝对意义上的中道就是六两，即一斤与二两的中间数，但是这个数目对于我们的选择是没有参考价值的，因为每个人的体质和食量不同，体弱的人吃一两就合适了，运动员吃两斤才合适。我们真正应该选择的不是绝对意义上的中道，而是相对于我们而言的中道，即，对于每个人而言，根据自身的不同情况和所在的不同处境，需要做出各方面都恰当的选择：在恰当的时间、地点、场合，针对恰当的人，出于恰当的原因，以恰当的方式和程度来感受和行动。如果一个人的选择在上述所有的意义上都是恰当的，那么他的选择就是符合中道的，也就是符合德性的。

这就是亚里士多德提出的"中道论"，这个理论听上去颇有道理，让人无从反驳，然而同时又显得非常空泛，令人困惑——说来说去，中道就是各方面都恰当。一个人如果各方面都做得非常恰当，那么他当然是一个非常优秀的人，从而是一个有德性的、幸福的人。问题在于，我们想要知道的是，究竟怎样做才算是恰当？中道就是要避免过度与不及，这种说法也没有解决我们的困惑，因为我们仍然不知道究竟怎样才算过度与不及，正如我们不知道究竟怎样才算中道。例如，一个士兵冒着枪林弹雨冲锋陷阵，他是勇敢还是鲁莽？一个士兵正在毫不犹豫地撤退，他是胆怯还是明智？再如，根据公平的分配原则，一个人因勤劳而变得富裕，另一个人因懒惰而变得贫穷，这时候我们是应该保持这种贫富差异，以便实现正义的要求，还是应该让前者给后者一定的施舍，从而彰显慷慨的德性？根据"中道论"，要回答以上问题以及所有类似的问题，就必须考察具体的情景，不能一概而论，也没有一定之规。这样的理论确实是睿智的，但是对我们的伦理生活很难提供具体的帮助，然而亚里士多德偏偏又反复强调，他的伦理学不是为了获得理论知识，而是为了服务于实践行动。《尼各马可伦理学》到目前为止的论述思路可以概括为：幸福在于德性，德性在于中道，中道就是各方面都做得恰当，但何谓恰当又不得而知……这样的一种论述，如何服务于实践行动呢？

要回答这个问题，或者说，要理解亚里士多德对于这个问题的独特见解，我们需要把目光投向德性定义的最后一个要点："这种中道由理性来规定，这种理性是有实践智慧的人用以规定中道的理性。"由此看来，要理解何谓中道，关键在于理解何谓实践智慧。我们的讨论到目前为止尚未区分德性的种类，但是早在第二卷的开头，亚里士多德就已经将德性分为两类：伦理德性和理智德性。第二卷阐述的实际上是伦理德性的本质，第三卷到第五卷阐述具体的伦理德性（勇敢、节制、慷慨、正义等），直到第六卷，亚里士多德才会专门阐述理智德性。理智德性又可以分为两种：实践智慧和哲学智慧。虽然对于实践智慧的专门阐述也被放在了第六卷，但是这个理智德性与伦理德性是息息相关的，亚里士多德说："如果没有实践智慧，那么我们就不可能在严格的意义上是好人，而如果没有伦理德性，我们也不可能有实践智慧"①，"若缺乏实践智慧或伦理德性的任何一方，选择都不可能是正确的，因为伦理德性决定了目的，而实践智慧让我们做实现目的之事"②。我们也已经看到，第二卷第六章对于德性的定义，尽管严格说来是对于伦理德性的定义，但是这个定义当中已经包含了实践智慧：伦理德性追求中道，实践智慧规定中道。由此可见，要理解如何实现中道，就要理解伦理德性和实践智慧的关系。

亚里士多德说"伦理德性决定了目的，而实践智慧让我们做实现目的之事"，很多学者据此认为，伦理德性决定了目的，而实践智慧决定了手段，因此，所谓中道，不过就是实现目的的最佳手段。笔者认为，这种解读是错误的。亚里士多德的原话是说，实践智慧"让我们做实现目的之事"，这里"实现目的之事"的古希腊语原文是 ta pros ta telē，这个词组表达的意义是很宽泛的，从字面上讲，它指的是"那些朝向（pros）目的的事情"，这里"朝向"就是"实现"的意思，因此，笔者译为"实现目的之事"。关键在于，"实现目的之事"并非只包含手段。例如，如果我的目的是度过一个愉快的假期，经过一番思虑，我决定去旅行，为此我需要购买机票。在这个例子里，"购买机票"和"旅行"都是"实现目的之事"，但是只有前者是手段，后者却不是。我们不能说"旅行是度过愉快假期的手段"，因为手段是完全工具性的，它的目的不在于自身，而当我们旅行的时候，我们不为别的目的，就是为了享受

---

① *Aristotelis Opera*，*Nicomachean Ethics*，1144b30 - 32.
② Ibid.，1145a4 - 6.

旅行的快乐，这种快乐就构成了愉快的假期，因此，旅行"就是"愉快假期，是后者的具体实现方式。当然，我也可以选择其他实现方式，例如踢足球或者逛博物馆，那么，哪种方式最恰当呢？如果说，在权衡了各方面因素之后，旅行确实是最恰当的选择，那么在"如何度过愉快假期"这个问题上，选择去旅行就是实现了中道。

由此看来，伦理德性和实践智慧的关系不是前者负责目的，后者负责手段，而是前者负责确定一种抽象的目的，制定一个大方向，后者负责将抽象的目的具体化，将大方向落实为特定的选择。根据上文的讨论，我们已经大概理解了伦理德性追求的目的，那就是：要做高贵的、对灵魂和人生有利的事，避免卑劣的、对灵魂和人生有害的事。然而，这个目的是非常抽象的，只说明了一个正确的方向，它并没有告诉我们具体该做什么、该怎么做。即便告诉我们高贵的、对灵魂和人生有利的事就是勇敢、节制、慷慨、正义的事，我们仍然不知道在具体的场景中，怎样做才是勇敢、节制、慷慨、正义的；即便告诉我们勇敢就是鲁莽和胆怯之间的中道，节制就是放纵和冷淡①之间的中道，慷慨就是挥霍和吝啬之间的中道，等等，我们也仍然不清楚如何具体界定所有这些过度、不及、中道之间的差别。正如亚里士多德随后指出的，勇敢的事，往往在鲁莽者看来是胆怯，在胆怯者看来是鲁莽；慷慨的事，往往在挥霍者看来是吝啬，在吝啬者看来是挥霍……②在古希腊，人们关于好坏善

---

①　这里"冷淡"的意思是"缺乏对于身体享乐的欲望"。在亚里士多德看来，冷淡和放纵一样，都是偏离中道的伦理劣性。

②　亚里士多德：《尼各马可伦理学》，第 54 页。

恶的争论是非常激烈的，不仅上述问题在每个具体的场景都充满争议，而且一些所谓的智者甚至认为，我们根本就不应该做符合道德的事，而应该遵从优胜劣汰、弱肉强食的法则，对他们而言，德性所追求的大目标就是在人生的斗争中获得胜利，而实践智慧负责思考获得胜利的具体方式，最有利于胜利的选择就是符合中道的选择。在上一讲的末尾，笔者指出，这些智者完全能够同意亚里士多德对幸福的定义：幸福是符合德性的实践，现在我们发现，他们似乎也完全能够同意亚里士多德对德性的定义：德性就是通过选择来实现相对于我们的中道，只不过他们根据自己的价值观赋予幸福、德性、中道以完全违背道德的内涵。那么，亚里士多德如何反驳这些智者呢？

回答这个问题的线索就隐藏在德性定义的最后一个要点之中："这种中道由理性来规定，这种理性是有实践智慧的人用以规定中道的理性。"我们已经讨论了，这个要点揭示出了伦理德性和实践智慧的关系，前者负责抽象的目的和大方向，后者负责具体的落实。智者的观点看似难以反驳，但是仔细思考一下，我们就会发现，他们所追求的生活实际上并不包含伦理德性和实践智慧的这种关系，从根本上讲，这是因为他们所追求的人生目标已经是非常具体的对象了（不外乎就是财富和权势），因此，他们的理性所要思考的就只是实现这些具体目标的手段，我们今天称这样的理性为"工具理性"。一个"优秀"的智者虽然可能具有发达的工具理性，但是他不可能具有真正的实践智慧，因此，即便他能够找到获得财富和权势的最佳手段，这种手段也并非中道。既然智者缺乏规定中道的实践智慧，那么他就必然缺乏伦理德性，而既然他没有伦理德性，那么他也就必然不会幸福。进一步讲，如果我们透过伦理德性和实践智慧的关系，回到亚里士多德对于人类功能的界定，我们就会发现，智者不仅没有德性，而且他的灵魂注定违背人类功能所反映的人类本性。人类的功能是理性活动，包括理性自身的思考和欲望听从理性命令所产生的选择和行动，这两个方面形成一种秩序：理性统治欲望。实际上，伦理德性追求中道，实践智慧规定中道，这是理性统治欲望或者理性指挥欲望的体现，而不是理性充当欲望的工具。智者所追求的人生，无论看上去多么的成功，实际上都违背了这种秩序，因为在他的灵魂中，欲望才是真正的统治者，理性只是满足欲望的工具。在亚里士多德看来，这样的人即便成为征服世界的帝王，也仍然不过是自己欲望的奴隶，没有真正的自由。在上一讲关于人类功能的讨论中，笔者指出，一些现代学者指责亚里士多德取消了人类的自由，这是一种误解，因为他所阐述的人类功能并不是要把人限制在某种具体的活动中，而是要指出，人类的功能是一种理性指挥欲望的活动方式，人之所以具有自由，正是因为人的灵魂能够建立理性统治欲望的秩序。不过，这种古典意义上的自由确实和现代人追求的那种自由有所不同，套用一个经典的区分来讲便是：现代人重视消极自由（negative freedom），也就是一个人在合理合法的范围内、在不妨害他人的前提下行动不受限制的自由，例如言论自由，婚姻自由，职业自由，等等，而亚里士多德强调的是积极自由（positive freedom），也就是一个人能够理性地决定自己的选择和行动而不受欲望和激情摆布的自由，这是一种更具精神性的自由，有德性的人所拥有的正是这种自由。

根据伦理德性和实践智慧的关系以及理性统治欲望的灵魂秩序，我们从亚里士多德的角度反驳了智者的观点（虽然《尼各马可伦理学》并没有明确批判智者，但是笔者认为，对智者的批判隐藏在亚里士多德的论述背后）。实际上，智者的观点不过就是以一种赤裸裸的语言表达了现实社会的主流观点，在这个意义上，亚里士多德的伦理学包含着对于现实的深刻批判。然而，我们还是没有解决最初的问题，那就是，即便我们应该维护灵魂的秩序、追求道德意义上的德性（勇敢、节制、慷慨、正义等），而不应该违背灵魂的秩序、追求违背道德的"强者德性"，我们还是不清楚，具体而言，究竟如何做才算是符合德性、符合中道？如何才能在恰当的时间、地点、场合，针对恰当的人，出于恰当的原因，以恰当的方式和程度来感受和行动？

在第二卷第八章、第九章，亚里士多德对过度、不及、中道进行了进一步分析，他指出，这三者的关系并非整齐划一的，而是在某些事情上，过度与中道更接近（例如，鲁莽要比胆怯更接近勇敢），在另一些事情上，不及与中道更接近（例如，冷淡要比放纵更接近节制）。这种现象的根源在于人类的自然本性：因为所有动物的本性都是追求快乐和享受、躲避痛苦和危险，所以，至少对于大多数人而言，如果不考虑后天教化的影响，人类是天生更加容易胆怯，也更加容易放纵的。这也意味着，我们在努力养成德性的过程中，要更加防范那些我们天生就更容易犯的错误，例如在涉及感官享乐的事情上要更加防范放纵，在涉及痛苦和危险的事情上要更加防范胆怯——"必须把自己拉向相反的方向，因为只有远离错误，才能接近中道，正如我们在矫正曲木时要过正一样。"① 亚里士多德认为，持之以恒地按照这种方法去练习德性，是可以帮助我们不断接近中道的。当然，虽然这样一则伦理学的建议确实具有指导实践行动的意义，但是它仍然是非常粗略的。亚里士多德承认，在具体实践中实现中道是极为困难的，何谓中道"很难依据理性来界定……因为这类事情取决于个别性，而个别性是由感觉来判断的"。② 乍一看，亚里士多德的说法前后矛盾，因为在德性的定义中，他明确提出"中道由理性来规定"，现在又告诉我们"中道很难依据理性来界定"。实际上，这两句话并不矛盾，因为亚里士多德认为人具有两种理性能力：实践理性和理论理性，前者是用来权衡善恶、思虑抉择的，后者是用来追寻知识、探究真理的，虽然他直到《尼各马可伦理学》第六卷才会专门讨论两种理性的区别，但是从第一卷开始，他在使用"理性"概念的时候就已经将上述两种意义区分开了——在"中道由理性来规定"这句话中，"理性"指的是实践理性，而在"中道很难依据理性来界定"这句话中，"理性"指的是理论理性。尤其是在阐述德性定义的时候，亚里士多德为了避免我们误解而特意加了一句："这种理性是有实践智慧的人用以规定中道的理性"，即，这种理性是实践理性，不是理论理性，它所对应的理智德性是实践智慧，而非哲学智慧。"中道由实践智

---

① *Aristotelis Opera*，*Nicomachean Ethics*，1109b4 - 7. 笔者认为，这里的说法并不是一种性恶论，因为亚里士多德只是在分析人如果缺乏教养的话，天性更容易犯哪种类型的错误，而并不是在评判人的天性是善还是恶。

② Ibid.，1109b21 - 23.

慧来规定"，这意味着，任何人想要学习何谓中道，唯一的办法是观察和效仿有实践智慧的人在具体的情形中是如何选择、如何行动的，而任何人想要掌握何谓中道，唯一的办法是自己成为一个有实践智慧的人。伦理学理论是无法直接帮助我们实现中道的，因为任何理论都只能在一个抽象的层面阐述普遍原理，而实践生活是由复杂多变、具体个别的情景与时机、冲突与难题、思虑与选择、感受与行动构成的。普遍抽象的理论理性无法将生活中丰富而微妙的个别情形统统考虑在内，然而，中道所关涉的对象恰恰取决于这些个别情形，这正是实践智慧发挥作用的领域。当然，亚里士多德自己就是一个有实践智慧的人，但是在他讲解伦理学的时候，他是在运用自己作为一个哲学家的理论理性，为我们阐述关于幸福、德性、中道的伦理学原理，而并没有展现他作为伦理主体的实践理性。这样看来，亚里士多德之所以在第二卷的末尾提出"理论理性难以界定中道"，就是在告诫他的读者们，千万不能满足于德性的理论定义，而是要把目光投向生活中自己的言行举止和身边值得效仿的榜样，见贤思齐、勤加修炼。① 实际上，如果一定要通过书本的阅读来帮助自己养成德性的话，那么阅读哲学远远不如阅读文学和历史，因为哲学论述的是抽象的原则，而文学和历史鲜活地再现了具体的事例。

---

① 在《尼各马可伦理学》第二卷第四章，讲完获得德性的三大标志之后，亚里士多德补充道："如果不去践行这些德性，一个人永远都不可能成为好人。许多人不去行动，而是躲进理论，自以为是哲学家，以为这样就能成为好人。他们的做法，就像是病人仔细听医生的话，却不按照医生所说的去做。"（Aristotelis Opera，Nicomachean Ethics，1105b11−16）

亚里士多德最后说："个别性是由感觉来判断的"，这里的"感觉"指的并非身体的感官，而是实践理性的"直觉"。在第六卷，亚里士多德会细致地分析，实践理性的思虑和权衡如何往往是以直觉的方式来运作的，而在第二卷，他已经看似不经意地提出了一个类比来帮助我们理解，实践理性如何依靠直觉来规定中道："无论是过度还是不及都会摧毁善，而中道维护善。因此，我们说好的匠师在从事制作的时候要着眼于此。"① 我们发现，在第二卷的论述中，无论是在养成方面还是在运用方面，德性都被类比于技艺。上述引文说，匠师运用他的技艺制作产品，想要让产品尽可能好，就需要努力实现属于产品的恰到好处的中道。古希腊语的"匠师"（technitai）既可以指手工业匠人，也可以指艺术家，笔者认为，把这里提到的匠师理解为艺术家是更加恰当的。亚里士多德提出的类比在于：正如优秀的画家着眼于画作的中道来绘制线条和色彩、优秀的音乐家着眼于歌曲的中道来谱写旋律与和声，具有实践智慧的人也是着眼于伦理的中道来选择每一个具体的行动。进一步讲，正如造诣极高的艺术家在从事创作的时候往往无须推论性的思考，而是在"灵感"的指引下恰到好处地完成每个创作的步骤，拥有实践智慧的人在生活中也往往无须推论性的思虑、权衡、斟酌，而是能够在直觉的指引下完成最恰当的选择和行动。从根本上讲，艺术创作的灵感源自艺术家胸有成竹的境界带给他的"艺术直觉"，与此类似，实践智慧也能够在有德之人的灵魂中建立敏锐而稳固的"伦

---

① *Aristotelis Opera*，*Nicomachean Ethics*，1106b11 – 14.

理直觉"，确保他在纷繁动荡的生活中总是能够做出最佳的选择，始终恰到好处地感受和行动。①

在第一卷第二章，亚里士多德说，伦理学理论对生活有重大的作用，它就像在靶子上标记出靶心，这样射手就更容易击中目标了。在笔者看来，"射手击中靶心"比喻的是"有德性的人在具体的情形中实现中道"。伦理学理论对于幸福、德性、中道的阐述能够为伦理实践提供巨大的帮助，只是我们必须理解这种帮助的性质，它就像在靶子上标记出靶心，能够让射手更加明确地看到自己应该击中的目标，但是它不能直接帮助射手击中目标，因为击中目标的能力取决于实践的训练，而非理论的指导。伦理学不能帮助我们实现中道，只能帮助我们理解中道，不过，对于中道的准确理解，确实能够为我们的实践指明努力的方向。

---

① 杜兰特讲得很对：中道"是一种变量，常常随着每种情况的多方面因素的变化而变化，而且只有成熟、灵活的理智之人才能看得清、断得准。美德是种艺术，非经训练或习惯不能掌握"（杜兰特：《哲学的故事》，第86页）。

# 第四讲　个人的伦理德性：勇敢和节制

　　一种文化的特质往往能够从它所推崇的德性列表中反映出来，例如，儒家推崇的德性是仁、义、礼、智、信，基督教推崇的德性是信、望、爱。古希腊文化推崇的德性主要是勇敢、节制、正义、智慧，这四个德性构成了所谓的"古典四大主德"。根据亚里士多德的区分，勇敢、节制、正义是伦理德性，智慧是理智德性，它又可以分为实践智慧和哲学智慧。所谓伦理德性，就是灵魂中非理性部分的德性；所谓理智德性，就是灵魂中理性部分（又分为实践理性和理论理性）的德性。①

---

　　①　在《尼各马可伦理学》第一卷第七章的功能论证中，亚里士多德说人类的功能是理性活动，包括两个层面，一个层面是理性自身的思考，另一个层面是欲望听从理性的命令；在第一卷第十三章，亚里士多德再次提到人类灵魂的理性部分和非理性部分，后者指的就是自身并非理性，但是能够服从理性的欲望。最后，他在第十三章的末尾这样总结道："德性的划分是根据灵魂的划分做出的，我们称其中一类为理智德性，称另一类为伦理德性。"（*Aristotelis Opera*，*Nicomachean Ethics*，1103a3 - 5）

这里说的"非理性"不是"不讲理性""违反理性"的意思，而是说，伦理德性并非我们在思虑和思考方面的卓越，而是我们在欲望、情感、动机、态度方面的卓越。当然，这两个方面是密不可分的，第一卷的功能论证已经指出，人的功能是这两个方面的结合，而第二卷对于伦理德性的定义也揭示出，伦理德性所要实现的中道是由实践智慧来规定的。至于哲学智慧与伦理德性、实践智慧是什么关系，亚里士多德会在第六卷详细阐发。总之，在《尼各马可伦理学》中，亚里士多德根据他对于人类功能和灵魂秩序的理解对德性进行了系统的分类，并且从第三卷开始，按照伦理德性、实践智慧、哲学智慧的顺序阐述具体的德性条目，其中"古典四大主德"处于核心的地位，是德性的主干。在本讲和接下来的两讲中，笔者也将着重讲解亚里士多德对勇敢、节制、正义、智慧这四种主要德性的阐述。

《尼各马可伦理学》的前两卷提纲挈领地论证了幸福是符合德性的理性活动，并且分别给出了幸福的定义（第一卷第七章）和德性的定义（第二卷第六章）。接下来，亚里士多德着手探讨具体的伦理德性，这便是第三卷至第五卷的主要内容。在本讲，笔者为读者讲解亚里士多德对于勇敢和节制这两个伦理德性的阐述。亚里士多德对各个伦理德性的阐述都是分两个步骤完成的：首先划定一种德性所属的生活领域或实践范围①，然后说明在它所属的生活领域或实践范围之内，这种德性如何让具有它的人避免过度与不及，实现中道。亚里士多德对勇敢和节制的阐述完全依照这种方式进行，一旦我们理解了这种阐述方式的用意，我们就能理解为何勇敢和节

---

① 注意这里所说的生活领域或者实践范围指的不是职业的划分，而是灵魂不同层次、人生不同方面的区分，亚里士多德并非依据职业的不同而将德性分为教师的德性、医生的德性、演说家的德性等，而是依据灵魂的不同部分和生活的不同层面来划分人之为人的德性。

制是四大德性的前两个。在亚里士多德看来，勇敢和节制并非从众多优良品质中随机选取的两个，而是两种基础性德性，它们属于人性最自然的层面，与人类避免痛苦、追求快乐的动物性本能有关，同时又取决于教化对于这种本能的改造。因此，勇敢和节制这两个德性以最鲜明的方式反映了"德性的产生既不是出于自然，也不是违背自然，而是：我们自然地适于获得德性，并由习性来完善"。在这个意义上，勇敢和节制是所有德性的自然起点。那么，亚里士多德是如何阐述这两个德性的呢？让我们仔细分析《尼各马可伦理学》第三卷第六至十二章的相关内容。

# 一、勇敢

勇敢的德性在哪个生活领域中发挥作用呢？在什么样的事情上我们会称赞一个人是勇敢的呢？在第三卷第六章，亚里士多德仔细地分析了这个问题。他指出，首先，我们通常都会认为，如果一个人不害怕某种令人害怕的事，那么他就是勇敢的。但是这样说并不严谨，因为令人害怕的事有很多，例如耻辱，一个不害怕耻辱的人是勇敢的吗？不见得，恐怕说他是无耻的才对。那么，究竟是哪些事，通常令人害怕，但是勇敢的人却不怕呢？亚里士多德指出，应该是那些所有人在本能上就会害怕的事，也就是痛苦、危险、死亡，其中最极端的当然是死亡，因此，勇敢的人一般而言就是不害怕死亡的人。然而，这样说还是不够精确，因为可能导致死亡的场合有很多，例如疾病，如果一个人不害怕在疾病中死去，我们不会据此就断定他具有勇敢的德性。那么，究竟是在何种场合，我们会不假思索地认为，一个不害怕死亡的人是勇敢的呢？亚里士多德指出，是那"最重大、最高贵"的场合，也就是战争。如果一个人为他的祖国而战，不害怕战斗带来的痛苦、危险、死亡，那么他毫无疑问就是勇敢的。战场上的勇敢是严格意义上的勇敢，其他事情上的勇敢只是衍生意义上的勇敢，我们确实常常会说一个人"勇敢地"对抗病魔、"勇敢地"讲真话、"勇敢地"辞掉工作等，但是这些用语都是衍生性的；也就是说，我们这样说的时候，其实是把战士的勇敢挪用在了生活的其他领域。

读者们多半会觉得，亚里士多德这里的分析看上去有些争斤论两，他给勇敢圈定的严格范围也显得有些过于狭窄了。不过，笔者相信，一旦我们理解了亚里士多德得出上述结论的深层原因，我们也就能够理解他阐述勇敢之德所要表达的伦理学思想了。那么，亚里士多德为什么认为只有战场上的勇敢才是严格意义上的勇敢呢？有两方面的原因。首先，这是因为他继承了古希腊传统道德对于勇敢的理解。"勇敢"一词的古希腊语是 andreia，这个词的词源是 aner，意为"男人"，andreia 的原始含义就是"男子气概"。从这种构词可以看出，古希腊传统认为，勇敢是一个男人最重要的品质，是一个男人之为男人的根本。这种传统观念的根源在于，从远古的青铜时代开始，古希腊民族就是非常好战的，战争几乎是这个民族的生活常态，对于这个不折不扣的"战斗民族"来说①，唯有在战场上奋不顾身、无所畏惧才能展现真正的"男子气概"。读者若是

---

① 在《伊利亚特》中，奥德修斯这样描述古希腊民族的命运："宙斯注定我们从青壮至苍老都要在艰苦的战争中度过，直到一个个都倒下。"（荷马：《荷马史诗·伊利亚特》，罗念生、王焕生译，北京：人民文学出版社，1994年，第318页）笔者认为，这两句诗准确表达了青铜时代古希腊民族的自我认知。

想要了解远古希腊的民族精神和道德风貌，最直观的方法就是阅读
《荷马史诗》。荷马歌颂的英雄人物个个都是骁勇善战的，这些英雄
就是古希腊传统认为的卓越之人，而他们的勇敢就是古希腊传统最
推崇的德性。亚里士多德将勇敢置于伦理德性列表之首，并且将严
格意义上的勇敢限定为战场上的勇敢，这反映了他对古希腊传统道
德的继承。那么，这是否意味着严格意义上的勇敢并非人之为人的
德性，而是专属于一种职业即军人的德性呢？对亚里士多德而言并
非如此，因为即便是到了古典时代，城邦之间以及古希腊人与异族
人之间，也仍然是经常发生战争的。在古希腊社会，大多数公民同
时也是战士。公民不是一种职业，而是城邦中的自由人、政治共同
体的成员，一般而言，不同的公民确实拥有不同的职业，但是所有
公民共同的任务在于抵御外敌、保卫城邦，正如船上的水手各有各
的分工，但是他们共同的任务是保护船只的安全。① 从原则上讲，

① 把城邦比作船，把公民比作水手，这是亚里士多德自己的说法，见亚里士多德：
《政治学》，吴寿彭译，北京：商务印书馆，1983 年，第 120 页。公民的共同职责在于保卫
城邦，就像水手的共同职责在于保护船只，这个比喻准确反映了古希腊社会现实。以雅典
和斯巴达为例，这是两个在政治文化上最具代表性的古希腊城邦。雅典公民大多都有自己
的职业，同时也是城邦的战士，富有的阶层往往是骑兵（因为马匹是很昂贵的），一般的
阶层往往是步兵（步兵的装备没有马匹那么昂贵，但也并非家家都能负担），贫困的阶层
往往是海军（上船当水手不需要任何花费，只要身体健壮，有力气划桨就行）。斯巴达的
情况比较特殊，斯巴达公民的生活所需完全依赖于奴隶的劳作，因而公民没有自己的职
业，全体公民唯一的职责就是作战，因此，我们可以说斯巴达的整个公民阶层都是职业军
人，但这种“职业”恰恰不是社会分工意义上的职业，而是全体公民的共同使命。对于雅
典和斯巴达这两个城邦而言，进而也对于它们所代表的整个古希腊社会而言，战场上的勇
敢并非仅仅是一种专属于某个职业的德性，而是一种公民之为公民的德性。当然，古希腊
城邦时代也存在为钱卖命的雇佣军，但亚里士多德认为，那些将战斗仅仅作为一种职业和收
入来源的雇佣军是不具备真正的勇敢之德的（亚里士多德：《尼各马可伦理学》，第 84 页）。

古希腊社会所有的自由成员都要时刻准备好为自己的城邦而战，因此，战场上的勇敢不是一种仅仅专属于军事职业的德性，而是一种公民之为公民的德性。

不过，亚里士多德并非亦步亦趋地追随传统，而是对传统观念进行了思想的转化和升华，他阐述勇敢的理论框架并非取自传统，而是源于他对人性和德性的哲学分析。第二卷在探讨伦理德性之初就已经指出："德性的产生既不是出于自然，也不是违背自然，而是：我们自然地适于获得德性，并由习性来完善"，这句话可谓亚里士多德伦理学对于人性论与德性论的总体陈述。回到这句话的框架下，笔者认为，亚里士多德之所以要将严格意义上的勇敢限定为战士的勇敢，更深刻的原因在于，这种品质以最鲜明的方式展现了人性和德性、先天自然和后天习性的复杂关系。亚里士多德对勇敢的严格界定建立在两个支点之上：第一，什么是任何人在本能上就害怕的事？第二，什么是导致这种事的最高贵的场合？第一个支点是在陈述人的自然本性。任何人，乃至任何动物，都会害怕死亡，这是一种自然的、普遍必然的、根源性的本能。如果说我们想要探讨勇敢的本质意义，而非各种各样的衍生意义，如果说勇敢就是"不害怕某种令人害怕的事"，那么我们就应该把这里的"事"限定在自然的、普遍必然的、根源性的层面，因为只有在这个层面我们才能抓住人的自然本性。人天生都是害怕死亡的，因此，勇敢并非"出于自然"；不过，它也并不"违背自然"，因为人不是一种只能遵循求生本能的存在，人还可以经由后天的教化和塑造而培养一种超越求生本能的对于高贵的热爱。一旦养成了热爱高贵的习性，且一旦认识到在某些场合死亡是高贵的，人就能够做到不惧死亡，甚至慷慨赴死。亚里士多德分析的第二个支点，就是要找到一种与死亡密切相关的高贵，找到那个让死亡变得高贵的场合，那就是为祖国而战。在战场上，凭着对高贵的热爱，为了保卫祖国而置生死于度外，这就是勇敢的德性，它并非人的先天本能，而是后天培养的优良习性。

亚里士多德界定勇敢的两个分析支点呼应了"德性的产生既不是出于自然，也不是违背自然"这句话背后的理论框架，然而，勇敢如何体现"我们自然地适于获得德性，并由习性来完善"呢？如果人天生都是怕死的，那么人的本性中何以存在"适于获得"勇敢之德的自然成分呢？勇敢的德性又何以是对于这种自然成分的完善呢？

在第三卷第八章的一个重要段落，亚里士多德谈到，人身上有一种天然的激情，它常常被人们误认为是勇敢，但实际上并不是真正的勇敢，这就是血气或者怒气。他紧接着指出，其实许多动物身上也存在这种激情，例如，一头被猎人射伤的狮子会不顾危险，怒气腾腾地冲向猎人，或者一头饥肠辘辘的驴，无论人怎么用鞭子抽打它，也不离开食物。动物都是本能地惧怕痛苦、危险、死亡的，但是当它们被怒气所激发，它们就会显得毫无畏惧，表现得像是具有勇敢的品质，我们可以在一种拟人化的意义上说，狮子"勇敢地"面对危险、冲向猎人，驴"勇敢地"承受痛苦、坚持进食。亚里士多德之所以举动物的例子，就是为了说明怒气这种激情是先天的、自然的，来自动物的本能。人类当然也是有怒气的，特别是古希腊民族所推崇的那种人，实际上，《荷马史诗》中的那些英雄们，就经常表现得像狮子一样狂暴或是像驴一样固执，荷马也经常用野兽的比喻来表现他们的勇猛无畏。既然怒气能够让人在怒发冲冠的时刻不惧痛苦、危险、死亡，那么显然，怒气就是人性所具备的一种适于被塑造成勇敢之德的自然成分。不过，也正因为怒气只是这样一种"未加工"的自然成分，所以它还不是真正的勇敢。亚里士多德精辟地说："出于怒气的'勇敢'看上去是最自然的，如果再加上选择和目的，就是真正的勇敢了。"① 怒气"再加上选择和目的"就是勇敢，引号里的这句话实际上指的就是我们在上一讲讨论过的"习塑"，即德性养成的过程。怒气是一种自然激情，而选择和目的代表着理性对于激情的习塑，在理性的引导和规范下，怒气不再是盲目的冲动，而是出于有意识的选择，服从于有价值的目的，最终，一个真正勇敢的人所选择的目的就是高贵。亚里士多德说："勇敢的人是出于高贵而做勇敢的事，而怒气为他们提供协助。"② 在一个勇敢的人身上，怒气的激情服务于理性对于高贵的追求，让他能够为了保卫祖国而直面战斗的痛苦和危险，甚至为国捐躯、视死如归，而非仅仅是暴躁好斗，这样的勇敢者才算是实现了对怒气的良好习塑。怒气和勇敢的区别与联系，完美地体现了"我们自然地适于获得德性，并由习性来完善"。

　　第三卷第六章的分析是为了划定勇敢所属的生活领域，在接下来的第七章，亚里士多德着手说明在这个领域之中，勇敢如何让我

---

① *Aristotelis Opera*，*Nicomachean Ethics*，1117a4 – 5.
② Ibid.，1116b30 – 31.

们避免过度与不及、实现中道。首先，勇敢是胆怯和鲁莽之间的中道。笔者认为，既然勇敢是从怒气而来的德性，那么它所对应的过度与不及也必然是对于怒气而言的，也就是说，勇敢是怒气的中道，胆怯是怒气的不及，鲁莽是怒气的过度。胆怯者之所以贪生怕死、谨小慎微、忍气吞声、逆来顺受，从根本上讲，就是因为他的怒气太过孱弱；相反，鲁莽者之所以什么都不怕，横冲直撞、冒失急躁，就是因为他的怒气太过旺盛，一旦被激怒就血脉偾张，不受理性的控制。与他们相比，勇敢者的怒气在理性的规范和指挥下实现了完美的平衡，这让他能够在怒气的发挥上实现中道。亚里士多德这样概括勇敢所实现的中道："为了恰当的目的，以恰当的方式，在恰当的时间承受和害怕恰当的对象，并在类似的条件下有信心的人，是勇敢的。因为勇敢者根据情形所需、按照理性的要求去感受和行动。"① 我们发现，这里的说法完全运用了第二卷对于中道的定义，并且再度强调中道"取决于个别性"，也就是说，究竟如何感受和行动才是恰如其分的勇敢，这是需要每个人"根据情形所需"，运用自己的实践理性去判断的。勇敢的大方向是为了保卫祖国这个高贵的目标而无惧战场上的痛苦、危险、死亡，这是确定的，但是具体到各种各样的情形和场景之中，究竟作何选择才算是真正的勇敢，这是无法在一种抽象而普遍的层面预先给出实践规则的。对此，亚里士多德用了一句极为精炼的概括：勇敢的人应该"承受和害怕恰当的对象"，也就是说，他既要能够承受所该承受

---

① *Aristotelis Opera*，*Nicomachean Ethics*，1115b17 – 20.

的，也要能够害怕所该害怕的。在前面的讨论中，我们一直强调勇敢者"能够承受""不会害怕"，但这并不是绝对的，有时候勇敢者恰恰应该害怕，而不应该承受。究竟该承受还是该害怕、该承受和该害怕什么，这些问题没有一定之规，完全取决于勇敢者的具体处境。

为了说明这一点，亚里士多德以《伊利亚特》中的赫克托尔为例。我们知道，这部史诗讲述的是希腊联军为了夺回海伦而攻打特洛伊的故事，赫克托尔是特洛伊王子，肩负着保卫城邦的使命。与诱拐海伦的帕里斯不同，赫克托尔是一个非常正直的人，也是一个尽职尽责的战士。在阿基琉斯退出战场之后，赫克托尔率领特洛伊人击退了希腊联军，但是在他杀死阿基琉斯的好友帕特洛克罗斯之后，阿基琉斯重返战场，誓为朋友复仇，战局立即就被彻底扭转了。在《伊利亚特》第二十二卷的开头，面对无人能敌的阿基琉斯，全体特洛伊人都已退回城内，只有赫克托尔一个人不顾父母的哀求而坚守在城墙之外，荷马用下面这段独白来表现他的思想挣扎：

> （赫克托尔）不无忧虑地对自己的傲心这样说：
> "天哪，如果我退进城里躲进城墙，
> 波吕达马斯会首先前来把我责备，
> 在神样的阿基琉斯复出的这个恶夜，
> 他曾经建议让特洛伊人退进城里，
> 我却没有采纳，那样本会更合适。
> 现在我因自己顽拗损折了军队，

　　愧对特洛伊男子和拽长裙的特洛伊妇女，

　　也许某个贫贱于我的人会这样说，

　　'只因赫克托尔过于自信，损折了军队。'

　　人们定会这样指责我，我还远不如

　　出战阿基琉斯，或者我杀死他胜利回城，

　　或者他把我打倒，我光荣地战死城下。"①

　　《尼各马可伦理学》当时的受众大多是雅典的上层公民，他们都非常熟悉《伊利亚特》的故事，赫克托尔在城墙下的独白更是一个著名的段落，因此，亚里士多德只需要提到其中最重要的一行诗就够了，他引用的是"波吕达马斯会首先前来把我责备"。这一句之所以是最重要的，是因为它揭示了赫克托尔拒绝回城的根本原因。波吕达马斯是特洛伊的参谋官，他曾经多次建议全军撤退，但是赫克托尔被一时的胜利冲昏了头脑，没有采纳波吕达马斯的明智建议，导致许多特洛伊人被阿基琉斯杀死，军队损失惨重，局势急转直下。赫克托尔自觉愧对同胞，他害怕回城之后遭到波吕达马斯和其他特洛伊人的责备，于是选择了独自坚守在城墙之外，与强大的阿基琉斯对决。从他最后说的话来看，赫克托尔似乎决定放手一搏，"或者我杀死他胜利回城，或者他把我打倒，我光荣地战死城下"，但事实上，他清楚地知道自己并非阿基琉斯的对手，因此，其实他最终选择了"光荣地战死城下"。

　　赫克托尔的选择是勇敢的吗？从表面上看，他面对强敌毫不退

---

　　①　荷马：《荷马史诗·伊利亚特》，第 503 页。

缩，宁愿光荣地死也不愿屈辱地活，这是勇敢的表现。但是在亚里士多德看来，赫克托尔的选择并不是勇敢的，因为这个选择偏离了真正的勇敢所要实现的中道。勇敢是为了保卫祖国而不惧死亡，尽管拒绝回城的赫克托尔确实不惧死亡，但是他此刻的勇敢并不是为了保卫祖国，而是为了维护他自己的光荣。作为特洛伊阵营最强大的战士和不可或缺的军事统帅，赫克托尔是特洛伊的希望，他的死亡将直接葬送这份仅存的希望，而他自己也清楚地知道这一点。这样看来，赫克托尔最终的选择与其说是勇敢的，不如说是自私的。亚里士多德说，真正的勇敢者既要能够承受所该承受的，也要能够害怕所该害怕的。那么，在这个特殊的时刻，赫克托尔应该承受和应该害怕的分别是什么呢？他应该承受自己的过失所带来的指责和愧疚，他应该害怕自己的死让特洛伊城失去她的保卫者——也就是说，他应该选择勇敢地退回城邦。① 赫克托尔的选择其实不是勇敢，而是软弱。亚里士多德指出："对困境的逃避是一种软弱的表现，因为这样做并不是高贵的，而只是在逃避可怕的事。"② 虽然赫克托尔没有逃避死亡，但是他选择了逃避对他而言比死亡更可怕的事。

在上一讲讨论德性养成的时候，笔者提到，亚里士多德认为，人追求和避免的对象按照从低到高的秩序分别为快乐和痛苦、高贵和卑劣、有利和有害，德性的养成就是一个动机层次逐渐上升的过

---

① 对赫克托尔这个悲剧人物的分析，请读者参考拙著《荷马史诗与英雄悲剧》，上海：华东师范大学出版社，2021 年，第 96 – 122 页。

② *Aristotelis Opera*，*Nicomachean Ethics*，1116a14 – 15.

程。第三卷第六章对于勇敢的分析强调的是高贵和卑劣之分，在战场上贪生怕死是卑劣的，英勇就义是高贵的；第七、八章的分析则上升到了有利和有害的维度，因为勇敢的德性终究是为了保卫祖国，而不是像赫克托尔那样，不计后果地执着于一种看上去高贵的英雄主义姿态，把个人的光荣置于城邦的安危之上。真正的勇敢一定是有利的，从最表浅的层面讲，勇敢首先要对勇敢者致力于保卫的家人、朋友、同胞有利，然后还要尽可能对他自己有利。置生死于度外不等于以卵击石，勇敢者应该在有机会取胜的情况下竭尽全力争取胜利，尽管最终的结果往往取决于命运。所谓"尽人事，听天命"，勇敢者应该做到的就是勇敢地"尽人事"。从一个更加深刻的层面讲，真正的勇敢对于人生是有利的。虽然勇敢者必然要经受许多痛苦和危险，甚至可能英年早逝，但是人的生命本来就是有限的，生命的意义并不依赖于长寿、安稳或享乐。人必有一死，或重于泰山，或轻于鸿毛，真正的勇敢者绝非木讷的傻瓜，而是比旁人更清醒地领悟了生死的真相。

# 二、节制

和分析勇敢的方式一样，亚里士多德对于节制的分析，也是从以下问题开始的：节制的德性在哪个生活领域中发挥作用呢？在哪些事情上我们会称赞一个人是节制的呢？在第三卷第十章，亚里士多德首先指出，节制显然是与快乐相关的，因而，要划定节制的严格范围，就要分析与节制相关的快乐是哪一种快乐。他接着讲道，快乐分为三种：身体的快乐、荣誉的快乐、思考的快乐，并且提出，与节制相关的快乐只是身体的快乐，而不包括荣誉的快乐和思考的快乐。

在讲解亚里士多德的上述观点之前，笔者需要对他的用语做一番说明。在《尼各马可伦理学》第二卷第三章，亚里士多德提到人追求的对象有三种：快乐、高贵、有利，此处作为最低对象的"快乐"指的是身体的快乐，而在第三卷第十章，他又区分了三种不同的快乐，这里谈到的"快乐"就是一种广义的快乐了，它不仅包含身体的快乐，还包含两种精神性的快乐，即荣誉的快乐和思考的快乐。事实上，在第二卷第三章，亚里士多德在区分了三种对象之后，随即就谈到了广义的快乐："快乐伴随所有值得追求的事物，因为高贵和有利也明显是快乐的。"① 可见，亚里士多德始终持有一种广义的快乐观念，他有时候告诫我们要警惕快乐，有时候又鼓励我们追求快乐，这些说法并不矛盾，因为我们应该警惕的是狭义的身体快乐，而我们应该追求的则是精神性的快乐。每当看到亚里士多德谈论快乐时，读者都需要注意上下文的语境，才能准确地判断他说的是哪一种快乐。

另一个需要说明的问题是，我们现在已经发现，在《尼各马可伦理学》中反复出现了某种三层秩序：快乐、高贵、有利，或者身体、荣誉、思考，这些并非随随便便的区分，而是体现了柏拉图对亚里士多德的影响，同时也反映了古希腊哲学对于人类灵魂的理解。在他最著名的对话录《理想国》中，柏拉图提出人的灵魂有三

---

① *Aristotelis Opera*，*Nicomachean Ethics*，1104b30 - 5a1.

个部分：欲望、血气、理性。欲望满足我们最基本的身体需要，是人和动物共有的感官能力；血气追求胜过他人的优越感，捍卫我们的尊严和荣誉，是一种政治激情，我们发怒的能力就根源于血气，事实上，上文谈到的"怒气"和柏拉图讲的"血气"在古希腊语中是同一个词：thumos①；理性负责思考，辨别善恶，热爱真理和智慧。在《尼各马可伦理学》出现的三层秩序，往往都是以柏拉图对灵魂的三层划分为基础的，第三卷第十章对三种快乐的区分就几乎原封不动地援用了《理想国》对灵魂三部分的区分，指出每个灵魂部分都追求属于它的快乐，而第二卷第三章的区分则对柏拉图的区分稍作了改动，把血气追求的优胜和荣誉换成了高贵，把理性的功能归结为思考何为有利。为何要用高贵替换优胜和荣誉呢？因为优胜取决于与他人的比较，荣誉是来自社会的评价，二者都是外在于一个人自身的，而高贵是属于一个人自己的，是一种内在的善，内在的高贵要比优胜和荣誉这些"身外之物"更有价值，养成德性的关键环节在于热爱高贵，而非追求优胜和荣誉。为何要把理性的功能归结为思考何为有利呢？在柏拉图笔下，理性自身所追求的就是永恒的真理和智慧，一个全身心服从理性、让理性在自己的灵魂中占据统治地位的人，必然要成为一个超然世外的哲学家。与柏拉图不同，亚里士多德认为理性的功能应该更加全面，他区分了实践理

---

　　①　柏拉图在《理想国》中讲的"血气"是一种只有人才具备的追求荣誉和尊严的政治化激情，动物是不具备这种激情的，而亚里士多德在《尼各马可伦理学》第三卷第八章讲的"怒气"则是一种更加自然和原始的激情，人和动物都具备。不过，我们可以将"怒气"和"血气"理解为同一种激情在灵魂不同层次上的具体展现，这或许就是古希腊语用同一个词 thumos 来指称这种激情的原因。

性和理论理性，其中，理论理性和柏拉图讲的理性是相似的，但实践理性追求的不是超越性的哲学智慧，而是与生活息息相关的实践智慧，一个拥有实践智慧的人也不必成为哲学家，他所追求的不是永恒的真理，而是如何在纷繁变动的生活中实现中道。不过，无论是哲学的真理，还是实践的中道，都是对于人生真正有利的，这就是为什么亚里士多德把理性的功能归结为思考何为有利。在灵魂的三层秩序中，亚里士多德最忠实地继承柏拉图思想之处，还是在于对欲望的理解，这两位哲学家都认为，欲望满足的是最原始的身体需要，追求的是最低级的感官快乐。

让我们回到第三卷第十章的分析：亚里士多德指出，只有身体的快乐，也就是灵魂中欲望追求的那种感官快乐，才是和节制相关的快乐。[①] 日常语言也证明了这一点：当一个人过度地追求身体的快乐时，我们会说他是放纵的，但是当一个人过度地追求荣誉的快乐和思考的快乐时，我们通常不会说他是放纵的，而会说他荣誉心太重或痴迷于思考。对于精神性的快乐而言，既然无所谓放纵，那么也就无所谓节制了，因此，严格意义上的放纵是指过度沉溺于身体的快乐，严格意义上的节制是指恰如其分地享受身体的快乐。不过，亚里士多德讲到这里还不满足，他认为这个界定还不是最严格

---

① 这里的说法可能会让读者困惑：既然是身体的快乐，为何又是灵魂中欲望追求的快乐？这涉及亚里士多德对身体和灵魂的理解：在他看来，对快乐和痛苦的感受是灵魂的一个功能，但是灵魂需要身体作为载体和工具才能发挥这种功能，例如，我们需要舌头才能感受到味觉的快乐，但是真正去感受味觉快乐的其实并不是舌头，而是灵魂中的欲望。因此，所有的感官快乐，都既可以说是身体的快乐，也可以说是灵魂中欲望追求的快乐。

的，因为身体的快乐也分为很多种，我们应该进一步追问，究竟哪一种身体的快乐才是和节制相关的？只有回答了这个问题，才能明白什么是严格意义上的节制。

亚里士多德按照感官的不同，将身体的快乐分为视觉快乐、听觉快乐、嗅觉快乐、味觉快乐、触觉快乐。他依次分析了这些快乐，最终得出结论：只有触觉快乐才是与节制和放纵相关的快乐。视觉快乐的典型例子是观看绘画，听觉快乐的典型例子是聆听音乐，这两种快乐实际上都是精神性的，尽管它们需要运用身体的感官。亚里士多德认为，我们在这些快乐方面是无所谓节制或放纵的。嗅觉快乐可以分为两种，一种是芬芳（例如花香）带来的嗅觉快乐，这是纯粹的嗅觉快乐，是无所谓节制或放纵的；另一种是食物香气带来的嗅觉快乐，亚里士多德认为，对于这种快乐的享受是存在节制或放纵的，究其原因，是因为这种快乐并非纯粹的嗅觉快乐，而是和食欲相关。既然如此，那么问题就不在于对于香气的欲望，而在于对于食物的欲望。一般人会很自然地认为，饮食涉及的快乐是味觉快乐，但是亚里士多德出人意料地提出，在严格的意义上，饮食甚至与味觉无关，因为味觉所辨别的是食物的美味，正如嗅觉所辨别的是食物的香气，这两种感官都是辅助性的，因为进食的本质并非享受美味或者香气，而在于摄入食物、获得营养、维持生命、增进健康。我们之所以要把食物做得色香味俱全，最终还是为了能够吃下它、消化它、吸收它，而这些过程涉及的快乐其实是从口腔到食道再到肠胃的触觉快乐。为了论证饮食的本质在于触觉，亚里士多德提到一个令人难忘的例子。他说，某个贪食者希望他的脖子比天鹅还要长，这说明此人享受的是喉咙吞咽食物的快感。与这个贪食者相比，如果一个人极度追求食物的香气和美味，但是每顿饭都细嚼慢咽，只吃七分饱，我们显然不能说他是放纵的，只能说他是挑剔的。贪食者就是在食欲上放纵的人，这种人过度追求进食的触觉快乐，既然如此，那么节制也就同样只和进食产生的触觉快乐有关，与其他感官快乐无关。

当然，认为进食的过程是一种触觉的运用，这是不科学的看法，亚里士多德不知道这个过程涉及许多复杂的生化反应。不过，他做这番分析的用意并非阐述人体生理学，而是要找到与节制相关的感官快乐，而他之所以要把除了触觉以外的感官都排除掉，根本目的在于揭示出人作为一个生命体最原始的欲望，那就是通过进食来维持生命，然后将这种欲望所涉及的快乐划定为节制所属的领域。我们不难发现，这番分析的作用和第三卷第六章对于勇敢的初步分析是类似的，都是为了建立第一个支点，那就是人的自然本性。勇敢涉及的人性是对痛苦、危险、死亡的恐惧，与此相反，节制涉及的人性是通过进食来维持生命，并从中获得触觉快乐。在讲完食欲之后，亚里士多德又提到性欲，在最自然的层面，性欲的快乐就是生殖器的触觉快乐。总之，无论饮食还是性爱，在本质上都是一种底层的、最具肉身性的触觉快乐。正如告子讲的"食色，性也"，亚里士多德也认为食欲和性欲是人类最基本的自然欲望，他为节制划定的严格范围就是这种欲望带来的感官快乐，这是人类身上原始的动物本能或者兽性的展现。

第一个支点是自然，第二个支点是习性。在第三卷第十一章，亚里士多德从另一个角度区分了两种不同的快乐：普遍快乐和特殊快乐，前者指的就是所有人甚至所有动物都具有的自然快乐，后者指的是人才具有的经由习性形成的快乐。所有人天生都有食欲和性欲，但是由于后天养成的不同品味和嗜好，每个人追求的具体对象又是不同的。各人在自己因习性而偏爱的对象上面获得的快乐，就是对于各人而言的特殊快乐。亚里士多德指出，人很少在普遍快乐上面犯错，但是极易在特殊快乐上面犯错。例如，很少有人不加分辨地贪食，对什么食物都大吃特吃，即便桌上只有馒头，也要狼吞虎咽地吃到撑。要是真的有人这样做，那么他想必是处于不正常的状况，要么是因为他极度饥饿，要么是因为他患有暴食症，但是这些状况都和一个人的伦理品性无关，我们也不能说处于这种状况的人是放纵的。然而，在我们偏爱的各种各样的特殊快乐上面，每个人都是极易犯错的，这些错误的性质是伦理的，而且种类繁多，例如享受某种错误的快乐，在错误的时间、地点、场合享受某种快乐，与错误的同伴一起享受某种快乐，以错误的方式享受某种快乐，在错误的程度上享受某种快乐，等等。笔者认为，亚里士多德对于普遍快乐和特殊快乐的区分，仍然是为了圈定节制的德性发挥作用的生活领域：既然我们在特殊快乐上面特别容易犯错，那么作为一种伦理德性，节制就应该在这个领域帮助我们避免错误，实现中道。问题在于，第三卷第十章将节制的范围限制在食欲和性欲带来的触觉快乐上面，这是一种普遍而自然的快乐，第十一章又提出节制的范围在于每个人偏爱的特殊快乐，这是由习性形成的，其特殊性肯定不在于触觉方面，而在于其他感官方面（让我们还是以饮食为例：假设一个人特别喜欢吃甜食，这显然不是因为喉咙吞咽甜食带给他的触觉快乐，而是因为舌头品尝甜食带给他的味觉快乐）。那么，这两章的分析是否矛盾呢？我们或许可以这样理解第十章和第十一章的关系：第十章之所以要排除其他的感官快乐，只留下触觉快乐，主要是为了确定节制所关涉的范围是饮食和性爱，这个范围确定之后，第十一章的任务就是进一步指出，在饮食和性爱方面，我们应该更加关注特殊快乐而非普遍快乐，因为一般而言，我们如何享受特殊快乐决定了我们的伦理品性，而这里的分析就没有必要继续局限在触觉上面了。

尽管如此，亚里士多德在第十章和第十一章的论述还是有些矛盾的。然而，如果我们更加深入地理解了他的分析框架，我们就会发现，与其说他的论述自相矛盾，不如说他如实揭示出了一种人类生活无法逃避的内在矛盾，也就是自然与习性之间的矛盾。进食本是所有动物的自然本能，但是唯有人类并不满足于单纯的进食，而是创造出烹饪的技艺，发明了各种各样的美食，这是文明取得的成就，是人类胜过其他动物之处。然而，也正是这些丰富的美食给人类带来了五花八门的诱惑。自然界中的野兽通常只有胃口大小之分，不存在节制和放纵之别，而人类却特别容易放纵，也特别需要节制。节制的德性是一种将自然欲望加以完善的优良习性，但是它存在的必要恰恰源自文明对自然的偏离，它既是属于人的卓越，也是只有人才需要的解药。在分析节制的适用范围时，亚里士多德之所以如此明显地采取了两种冲突的视角，建立起两个充满张力的支点，就是为了揭示出自然和习性的复杂关系。其实对勇敢的德性而言，也存在类似的张力：一方面，只有人类才能够凭借对于高贵的热爱来克服对于死亡的恐惧，做到宁死不屈、舍生取义；另一方面，也只有在人类这个物种内部才存在战争这种规模巨大、持久激烈的同类相残现象，如果没有战争这种恶，人类也就不需要勇敢这种善了。因此，勇敢既是人的成就，也暴露了人的困境。人性的悖谬就在于，人类往往正是为了克服自己给自己造成的恶，才实现了许多伟大的善。

按照步骤，在确定了节制的范围之后，亚里士多德接着探讨节制如何在这个范围之内帮助我们避免过度与不及、实现中道。他指出，节制是放纵和冷淡之间的中道，放纵就是过度享受食欲和性欲带来的特殊快乐，冷淡就是对这方面的享乐完全缺乏感受力。放纵是一种伦理劣性，这是很好理解的，古今中外几乎任何一种伦理观念都会谴责放纵的人，有意思的是，在亚里士多德看来，冷淡也是一种伦理劣性。我们或许会认为，放纵之所以是恶，是因为它既会损害放纵者的身心，也会侵犯他人的权利，因为一个人占有太多可供享乐的事物，留给他人的就不够了。这样看的话，只要不损害身心，冷淡就没有什么不好的，甚至还是值得提倡的，因为冷淡者把本该由自己享受的事物留给别人了。要理解冷淡何以是一种劣性，我们需要回到古希腊伦理的基本出发点：幸福和德性。亚里士多德的幸福观念虽然不同于通俗的幸福观念，但也必然是包含快乐的，既包含精神性的快乐，也包含最基本的身体快乐，这些快乐都是一个好人应该适度地追求和享受的。因此，亚里士多德不可能赞同一种禁欲主义的生活方式，在他看来，这样的生活不可能是幸福的。

同时，幸福取决于德性，而德性原本的含义是卓越，它强调一个人的自我完善，至于对他人和集体的贡献，应该从一个人的自我完善生发出来，而非以牺牲自我完善的方式来有益于他人和集体。因此，即便冷淡者对他人和集体确实有益，冷淡也不值得提倡，因为它牺牲了冷淡者自己在身体享乐方面的自我完善。读者可能会问：那些天生寡欲的人该怎么办呢？对此，亚里士多德的回答很简单：德性不是出于自然，而是由习性来完善的，天生寡欲的人，就是要通过后天的引导和培养来学会享受适度的快乐，这就正如天生多欲的人必须努力纠正自己一样。相比之下，冷淡还是要比放纵更接近节制，正如鲁莽要比胆怯更接近勇敢，教一个冷淡者学着享乐，要比教一个放纵者克制享乐容易多了。这主要是因为，放纵者有一个特点，那就是当他得不到自己追求的那种快乐时会感到非常痛苦。当然，任何处在欲望未满足状态中的人都会感到痛苦，但是放纵者所感到的痛苦是过度的，正如他追求的快乐也是过度的。与他相反，冷淡者在自我纠正的时候至少不会感到强烈的痛苦。至于节制者，他既能适度地享受他所偏爱的快乐，在未能享受时也不会感到痛苦，或者只会感到适度的痛苦。

在第三卷的末尾，亚里士多德总结道："节制者的欲望应该与理性和谐一致，因为二者的目标都是高贵。节制者以恰当的方式、在恰当的时候追求恰当的对象，这是理性的安排。"① 我们再次发现，亚里士多德并未明确规定何谓恰当的享乐对象、享乐方式、享

---

① *Aristotelis Opera*，*Nicomachean Ethics*，1119b15 – 18.

乐场合和享乐程度，而是把对于这些具体问题的判断交给实践理性对具体情形的考察。不过，上面这句话包含一则重要的教导，那就是节制者的欲望和理性是"和谐一致"的，这意味着节制并非理性对于欲望的压抑，而是双方的完美配合。一个人如果怀有不恰当的欲望，但是能够克制自己的欲望，服从理性的命令，那么他虽然不是放纵的，但也并非节制的。亚里士多德把这样的人称作是"自制的"，也就是"能够自我控制的"。节制者并不需要这种自我控制，因为他的欲望已经在长期的教化和培养中得到了充分的净化和陶冶，在享乐的方方面面都能做到恰如其分，并不需要先让理性告诉自己应该如何做，再努力让自己的欲望听从理性的指挥，而是欲望的追求与理性的命令相融洽，因为"二者的目标都是高贵"。唯有达到这种"从心所欲不逾矩"的境界，才算是真正的节制，也只有这样的节制者，才是一个在身体享乐方面实现了幸福的人。

# 第五讲 社会的伦理德性：正义和公道

在讲完勇敢和节制之后，亚里士多德继续阐述其他的伦理德性，例如，在钱财的接受和付出方面符合中道就是慷慨，这方面的过度与不及分别是挥霍和吝啬；在荣誉和耻辱方面符合中道就是大度，这方面的过度与不及分别是虚荣和谦卑；在愤怒（不是对敌人，而是对同胞和亲友）方面符合中道就是温和，这方面的过度与不及分别是暴躁和麻木；在待人处事的言行方面符合中道就是诚实，这方面的过度与不及分别是自夸和自贬；甚至在开玩笑方面也存在中道、过度与不及，分别是风趣、滑稽与呆板……以上就是第四卷的主要内容。由于这些德性都不属于我们要着重分析的主要德性，而且亚里士多德阐述这些德性的思路与他对勇敢和节制的探讨是基本一致的，笔者就略过不讲了。总而言之，通过第三卷和第四卷对于各种伦理德性的阐述，亚里士多德为我们描绘了有德性的人在生活的方方面面是如何做到恰如其分的，这样的一个有德者在人生所有的实践领域都符合中道，他总是在恰当的时间、地点和场合，针对恰当的人，以恰当的方式，在恰当的程度上去感受和行动，做到了全方位的卓越和优秀，因此，他实现了人之为人的完善，他所过的生活是真正的幸福生活。

在讨论伦理德性的时候，亚里士多德反复强调，所有的伦理德性都是为了内在的高贵，这是因为对高贵的热爱是人走向德性的第一步。让我们再次回顾第二卷第三章关于人类追求和避免的三层对象的区分：快乐和痛苦、高贵和卑劣、有利和有害。如果一个人遵循德性只是因为可以获得奖励（例如钱财和名誉）、避免惩罚（例如罚款和骂名），那么他就只是在外在行为方面显得有德性，而不具备内在的德性。真正的德性，始于一个人对高贵的热爱和对卑劣的厌恶，在生活的各个领域努力实现中道、避免过度与不及。但是高贵并非人类追求的最高目标，符合德性的实践还需要实现有利的结果，这指的不是给有德者以奖励，而是实现对他的灵魂和人生而言真正的善；与此同时，德性带来的有利结果不仅仅是对有德者自己而言的，还包括对于别人而言的，体现为有德者对于他人和集体的贡献，这就涉及德性的另外一面了：德性既是个人的完善，也是人际关系的完善。例如，勇敢既是勇敢者在战场上的卓越，同时也帮助了他的同胞和祖国；节制既是节制者在享乐上的卓越，同时也充分尊重了其他人的享乐权利。伦理德性对于他人产生的有利结果、在社会关系方面实现的良善状态，就是正义。亚里士多德这样解释正义："在一种意义上，我们说正义行动就是那些能够产生和保存政治共同体的幸福及其组成部分的行动"①，哪些行动能够带来政治共同体的幸福呢？当然就是勇敢、节制、慷慨、大度等符合伦理德性的行动，这些行动不仅展现了行动者自身的高贵，也对他人和集体有利。因此，一个良好的政治共同体就应该制定相应的法律，鼓励或规定公民做这样的事，劝诫或禁止公民做相反的事。②古代法律与现代法律不同，现代法律强调权利与义务的对应，重视人的消极自由（也就是说，只要法律并未禁止的事情，都允许人们去做），而古代法律既包括这个基本的层面，也包括伦理和道德方面的规范，不仅维护人的消极自由，而且提倡人的积极自由。因此，亚里士多德认为最好的法律应该和德性完全一致，规定人们必须做勇敢、节制、慷慨、大度的事，禁止人们做相反的事，正是在这个意义上，他认为正义就是合法，不义就是违法。③作为合法的正义并非众多伦理德性中的一个，而是包括了所有的伦理德性，是伦理德性作为一个整体所产生的对社会有利的结果，因此，亚里士多德又说正义和伦理德性"是同一种品质，但是二者的本质有别；正义是该品质关涉他人的方面，而德性是单纯意义上的品质"④，正义者"不仅能够在自身之中使用德性，而且能够在自己与他人的关系中使用德性"⑤。如此看来，正如勇敢和节制并非从

---

① *Aristotelis Opera*，*Nicomachean Ethics*，1129b17 - 19.

② 亚里士多德：《尼各马可伦理学》，第 129 - 130 页。

③ 同上书，第 129 页。这里不妨回顾一下消极自由与积极自由之分（笔者在本书第二讲讲解功能论证的时候提到过这两种自由的区分）：消极自由是在合法合理的范围内、在不妨害他人的前提下行动不受限制的自由；积极自由是能够理性地决定自己的选择和行动而不受激情和欲望摆布的自由，有德性的人所拥有的正是这种自由。

④ *Aristotelis Opera*，*Nicomachean Ethics*，1130a8 - 13.

⑤ Ibid.，1129b30 - 33.

众多优良品质中随机选取的两个，正义也不是任意选取的；如果说勇敢和节制所属的领域是人趋乐避苦的本能，那么正义所属的领域就是人的社会性，是人与人发生种种道德和法律关系的政治共同体。

那么，能不能说勇敢和节制是自然层面的德性，是对于人类自然本性的完善，而正义是政治层面的德性，是对于人类社会性的完善？亚里士多德确实认为勇敢、节制、正义等德性都是对于人的完善，但是他不会用自然和政治对立的框架来区分这些德性，因为这种对立框架不利于伦理学对德性进行捍卫。在古典时代，真正倾向于将自然和政治对立起来的是智者，他们提出了著名的"自然与习俗之争"，意思是，政治仅仅是一种习俗，是违背人类自然本性的。在本书第二讲，笔者已经向读者介绍过智者的思想，他们往往或明或暗地反对城邦的道德规范和法律秩序，认为这些都是对于人性的扭曲。古希腊智者的思想与告子的思想有些接近，区别在于，告子认为人的自然本性主要是"食色之欲"，只是追求欲望的满足，而智者则更加强调人与人的冲突，他们提出自然的法则是优胜劣汰、弱肉强食，强者理应征服和支配弱者，因此，智者往往猛烈地抨击正义。在《理想国》中，柏拉图借修辞学教师色拉叙马库斯和受他影响的雅典青年格劳孔之口，阐述了智者的正义观。色拉叙马库斯提出，所谓的正义不过就是强者的利益，道德和法律只是统治者维护自身利益的工具；格劳孔进一步提出，人天生都喜欢作恶，厌恶行善，但由于大多数人是弱者，他们既没有能力对他人作恶，也没有能力抵抗他人对自己作恶，于是相互缔结所谓正义的契约，这种契约就是道德和法律，因此，正义并不符合自然，是对于人性的压抑。① 色拉叙马库斯和格劳孔的观点并不完全相同，但是他们共同的出发点是自然与习俗、人性与政治的对立。根据这种智者思想，真正的勇敢肯定不是为城邦而战，而是勇敢者为自己的私利而战；至于节制，要么根本就不是德性，要么仅仅是为了节制者自己的健康，而不是为了对他人有利。总之，在智者眼中，只有那些对一个人自己有利的品质才是德性，那些为他人、社会和城邦做贡献的品质全都不是德性，而只是一种习俗罢了，这种习俗是对于人类自然本性的扭曲。因此，智者倾向于将他们理解的像勇敢这样的德性同正义对立起来，认为既然前者实现自我的善，后者实现他人的善，那么前者就是符合自然的，后者则是违背自然的。

亚里士多德当然是反对这种智者观点的，不过，他批判这种观点的思路并非论证个人应该服从集体，更不是简单地提倡"舍己为人""舍小我成大我"，而是在一个更深的层面论证政治生活也是人的一种自然本性。在《尼各马可伦理学》第一卷第七章，当谈到幸福是自足的善时，亚里士多德补充了一句重要的话："我们说的自足指的不是一个人自己过一种孤独的生活，而是指他有父母、儿女、妻子、朋友和公民同胞，因为人在天性上就是一种政治的存在。"② 在《政治学》第一卷第二章，亚里士多德更加充分地

---

① 柏拉图：《柏拉图全集》第二卷，王晓朝译，北京：人民出版社，2003 年，第 289 - 290 页（色拉叙马库斯的发言），第 314 - 318 页（格劳孔的发言）。柏拉图的这篇对话录标题一般译为"理想国"，王晓朝教授译为"国家篇"。此外，王晓朝教授将这两位发言者的名字分别译为"塞拉西马柯"和"格老孔"。

② *Aristotelis Opera*，*Nicomachean Ethics*，1097b8 - 11.

论证了城邦是一种符合自然的共同体，人类就自然而言是"政治的动物"。① 在《政治学》第三卷第六章，他更是深刻地指出，人的天性并非相互争斗，恰恰相反，"即便不需要彼此的帮助，人们也想要过共同的生活"。② 换句话说，人想要和其他人结为种种社会关系，在一个共同体中生活，这种政治欲望和人想要吃饭、喝水、做爱、休息的欲望一样，都是完全自然的。只不过，人类和其他的群居动物（例如蚂蚁、蜜蜂）不同，人类共同体总是充满内部冲突，这是因为人虽然是政治的存在，但是每个人作为个体的自我意识也是极为强烈的，人人都有自己的利益、诉求和主张，因此人与人之间难免发生争执、侵害甚至残杀。亚里士多德完全承认这些冲突的存在，但是他坚决认为，冲突的存在并不意味着人性是非社会、非政治的，而只是说明人无法仅仅依靠自然本性来缔造良好的社会关系和政治秩序，这和人无法仅仅依靠自然本性就变得勇敢和节制是一样的道理。笔者在上一讲谈到，勇敢和节制的德性既是对于人类基本自然本能的完善，也是对于人类特有病症与困境的解救，其实正义也是如此，它既根源于人类天生的政治本性，又是对于人类社会异常频繁、格外剧烈的内部冲突的防范和纠正。既然如此，那么如果人想要实现自身本性的充分完善，就既需要那些追求个体卓越的品质，例如勇敢和节制，也需要那些缔造良好社会的品质，例如正义。智者认为正义是"他人的善"，亚里士多德同意这种观点，但是他指出，"他人的善"也是"自我完善"的一部分，

---

①　*Aristotelis Opera*，*Politics*，1252b30 - 31，1253a2 - 3.

②　Ibid.，1278b20 - 21.

这种善并不是违背自然的，因为人就自然而言是政治的动物。

不过，作为一种德性，正义并非仅仅体现为全体伦理德性的社会性层面。在《尼各马可伦理学》第五卷第一章，亚里士多德区分了两种正义：一种正义就等于合法，也就是上文谈到的这种正义，这是一种普遍的正义，它不是一种具体的伦理德性，而是所有伦理德性构成的整体在人际关系中的展现，是勇敢、节制等德性对于他人和城邦的贡献；另一种正义是特殊的正义，它是一个具体的伦理德性，因而它所负责的是生活的一个具体领域，第五卷主要阐述的其实是这种特殊的正义。① 那么，特殊正义属于哪一个生活领域？它在什么事情上面帮助我们实现中道？亚里士多德指出，特殊正义和普遍正义一样，都存在于人与人的社会关系之中，区别在于，普遍正义体现为伦理德性所缔造的良好社会关系，以及由此而实现的政治共同体的幸福，这是一种内在的善，而特殊正义指的是对于外在善（主要是财富和荣誉）和外在恶（也就是各种各样的惩罚）的恰当分配，这种恰当分配就是特殊正义所负责的具体实践领域。

根据阐述伦理德性的固定步骤，在划定了一种德性的领域之后，亚里士多德接下来就要讲解这种德性如何在该领域让我们避免过度与不及，实现中道，这构成了第五卷余下部分的主要内容。在本讲的余下部分，笔者将为读者解读亚里士多德对于特殊正义的阐述，为了避免行文的累赘，接下来，笔者凡使用"正义"一词，若没有加"普遍"这一修饰语，指的都是特殊正义。

---

① 关于两种正义的区分，见亚里士多德：《尼各马可伦理学》，第 127 - 131 页。

　　亚里士多德首先指出，一切分配都可能太多或者太少，太多就是过度，太少就是不及，而既不多也不少就是平等，平等就是中道，符合中道的分配就是正义的分配。从这个初步的讲法来看，亚里士多德似乎持有一种平均主义的分配观，但事实上并非如此，因为他立刻就补充道，平等又分为两种：算术平等和几何平等。所谓算术平等指的是绝对的平均，但是正义的分配原则应该遵循的不是算术平等，而是几何平等。所谓几何平等，就是按照比例而言的平等，例如，假设 A 和 B 是两个人，a 和 b 是他们各自分配到的外在善，如果 A∶B＝a∶b，那么就实现了几何平等。所谓 a∶b 是容易理解的，指的就是 a 和 b 之间的比例，如果该比例等于 2，就意味着 A 获得了两倍于 B 的外在善；而如果这是一种正义的分配，那么 A∶B 也就应该等于 2。这个比例指的是什么呢？在什么意义上，A 是 B 的两倍呢？对于这个问题的回答是理解正义的关键。亚里士多德指出，不同的人对这个问题有不同的理解，最常见的分歧发生在富人与穷人之间。富人阶层认为人与人之间的关键差别在于财富，因此，如果 A 的财富是 B 的两倍，那么就应该以这个比例为标准来分配其他的外在善，比如在荣誉方面，A 也应该获得 B 所获得的两倍，这样就满足了几何平等的原则：A∶B（财富）＝a∶b（荣誉）＝2。在古希腊政治的日常语汇中，所谓"荣誉"实际上指的是统治权，因此，上述正义观实际上反映了富人阶层对统治权的诉求，是一种支持寡头政体的立场。这种立场必然会遭到穷人阶层的反对，穷人阶层提出人与人之间的关键差别不在于有无财富，而在于有无自由，既然在一个城邦中所有的公民都是自由人，那么任何两个公民的比例，以及他们所应得的荣誉即统治权的比例，就都应该等于1，即 A∶B（自由）＝a∶b（统治权）＝1，这当然就是民主政体的立场了。亚里士多德既不赞同寡头派的正义观，也不赞同民主派的正义观，他这样概括双方的错误："一方认为只要人们在某个方面不平等，例如在财富方面，那么在所有方面就都不平等；而另一方认为只要人们在某个方面平等，例如在自由方面，那么在所有方面就都平等。"① 这句话精辟地揭示出，寡头派和民主派都是将某种关于平等和不平等的片面观点推向了极端，双方的正义观完全只是根据各自对统治权的诉求来设计的，是典型的"屁股决定脑袋"。

我们发现，亚里士多德将正义所要实现的中道解释为几何平等，这在实质上是一种关于如何分配统治权的理论，因为在古希腊城邦时代，财富或自由都不是由制度来分配的，而是自然而然地形成的——贫富差异是经济发展的后果，自由人和奴隶的区别则主要是战争所带来的后果，因为奴隶主要来自战俘。真正需要遵循一种原则来进行分配的是统治权，这也是城邦政治的典型特征。同时代的东方帝国（例如古希腊人知道的埃及和波斯）都实行世袭君主制的政体，在这种政体中不存在统治权的分配问题，只存在君主掌握统治权的前提下如何分配执行权的问题，也就是各种官职的设定。早期古希腊城邦也实行君主制，但是古希腊君主制很快就衰落了，被一种广义的共和制所取代。所谓共和制是指，从原则上讲，城邦

---

① *Aristotelis Opera*，*Politics*，1280a22 – 25.

的全体自由成员在政治上都是平等的，人人都有权参与统治，至于实际上由哪个人或哪些人来统治，则取决于现实的权力斗争和观念斗争，例如，如果一个城邦的富人阶层在权力和观念的斗争中取得压倒性的胜利，那么这个城邦就实行由少数富人掌权的寡头制，如果穷人阶层取得胜利，就实行由多数穷人掌权的民主制。

　　面对古希腊城邦的政治现实，亚里士多德提出了一种极具理想主义色彩的观点，那就是对于统治权的分配而言，唯一正确的标准应该是德性，因为只有德性的高低才是人与人之间真正的差异，因此，他所赞同的正义原则是 A：B（德性）＝a：b（统治权）。亚里士多德的这种观点有一个重要的前提，那就是不仅个人的伦理生活应该追求善，城邦的政治生活也应该追求善；既然只有德性才能实现善，那么不仅个人的灵魂应该由德性来统治，城邦的秩序也应该由德性来统治。在《政治学》的开篇，他这样阐述城邦的本质："每种共同体都追求某种善，而最具统摄性的共同体追求最具统摄性的善，并且囊括所有其他的善，这种共同体就是我们说的城邦。"① 在某种意义上，政治生活就是所有公民的伦理生活的加总，因此，伦理和政治只有范围之别，没有性质之别，二者都应该服从德性、追求幸福。亚里士多德的这种古典政治观念和现代政治观念迥异。主流的现代政治思想认为，国家的根本任务是对内维持治安、对外维持和平，例如，德国社会学家马克斯·韦伯提出"国家就是在一定的领土范围内垄断了合法暴力的机构"，这就是对于现

---

　　① *Aristotelis Opera*，*Politics*，1252a4 – 6.

代政治观念的经典表达。换句话说，现代政治追求的目标不是人的德性、幸福、至善，而是国家的安全、和平、发展。而且，现代政治强调公私之别，公共生活是由权利和义务的网络组成的，由国家力量加以规范，而伦理和道德方面的问题属于私人生活的领域，不属于国家负责的范围，公民的私生活只要不触犯法律和公共利益，国家就无权干涉。不过，尽管古今政治存在巨大的差异，对于现代政治而言，亚里士多德的观点也能有所教益。现代政治无论怎么严格地区分公私，担任各级官职的公务员或政治家也必然是具体的个人，他们的私德状况往往会决定他们能否认真负责、卓有成效地履行国家和人民赋予他们的公职。再者，即便现代国家的目标不再是古典意义上的至善，而是社会治安与经济发展这些"更低的"目标，这些目标的实现仍然在很大程度上取决于政治精英的品质、国民的素养和整个国家的社会风气，而这些方面的问题严格说来都属于伦理和道德的领域。换言之，现代政治虽然主张"权利优先于善"，但是不应该也不可能完全抛弃对善和德性的追求。亚里士多德认为正义在于按照德性高低来分配统治权，这是一种贤良政治的思想。中西方古典思想都追求贤良政治，例如，墨子在《墨子·尚贤上》中讲道："贤良之士众，则国家之治厚；贤良之士寡，则国家之治薄。"虽然墨子不是在谈论统治权的分配问题，而是在给掌握统治权的君主提建议，希望他任人唯贤，所以他的结论是"故大人之务，将在于众贤而已"，但是其观点的基本精神是同亚里士多德的正义分配观相一致的。在笔者看来，对贤良政治的提倡是中西方古典思想留给后世的宝贵遗产，任何时代、任何民族的政治思想都应该从中汲取营养。

然而，贤良政治并非没有自身的局限性。从现代思想的视角来看，这种古典观念存在的真正问题其实在于以下两个方面。首先，国家治理的许多领域并非仅靠公民和政治家的德性就能完成的，而是需要专业的知识和能力，但古典贤良政治的观念往往伴随着"君子不器"的理想，重视灵魂修养，轻视专业分工，这很容易导致统治者"眼高手低"，即政治理想高远而行政效率低下。其次，在古代的政治现实中，一个人究竟能否成为有德性的贤良之士，从而是否有资格获得统治权，这在很大程度上取决于他的家庭出身、社会阶层和教育经历，而在这方面，人与人之间是极不平等的，已经占据统治地位的阶层自然享有压倒性的优势，他们的后代当然更有可能养成德性，这样一来，统治权迟早会被一些强势的贵族家族所垄断。一旦这种垄断形成，那么统治权的分配标准就将是表面上"论德性"，实际上"论出身"。笔者认为，这正是亚里士多德正义观的主要缺陷，他提出正义的分配必须符合德性高低所决定的几何平等，但是他只关注公民业已形成的品质之优劣，不关注养成德性的条件、资源、途径是否对所有公民都是公平开放的。用今天的话来说就是，亚里士多德的分配理论忽视了"机会平等"和"社会流动"，虽然他的正义观念用德性的竞争取代了现实政治中财富、血统、人脉、力量的竞争，但是他并未致力于建立一个从根本上更加公平开放的竞争环境和竞争机制。在这个意义上，亚里士多德关于分配正义的阐述实际上带有强烈的贵族等级制色彩，对此他也毫不讳言，在第五卷第二章，他明确讲道："所有人都同意分配正义必须基于某种配得的标准，但是对此不同的人有不同的理解，民主派认为是自由，寡头派认为是财富或门第，贵族派则认为是德性。"①显然，亚里士多德自己是贵族派，他说寡头派认为分配标准是"财富或门第"，因为财富是在家庭内部继承的，而在笔者看来，这恰恰暴露出亚里士多德忽视了德性也是与"门第"息息相关的，以至于现实中的贵族无一例外都以血统来论德性。

不过，亚里士多德讲的正义除了负责"分配"之外，还负责"矫正"，也就是对于违法和犯罪的惩罚。虽然分配正义依据几何平等的原则来分配统治权，并且人与人之间的比例标准在于德性，因而带有贵族等级制的色彩，但是矫正正义服从的是算术平等，即，对于任意两个公民 A 和 B 而言，只要是 A 侵犯了 B，那么无论他们在财富、出身、社会地位乃至德性上有什么差别，城邦都必须对 A 施加惩罚，并且强迫 A 对 B 进行补偿，惩罚和补偿的程度在原则上等同于侵犯的程度，这就是算术平等，用大白话来说就是"扯平了"。亚里士多德说："法律只关注伤害的差异，而把涉事的双方视为平等的"②，在公民的范围之内，这种观点已经表达出"法律面前人人平等"的思想了，只是古希腊文明的历史局限决定了，这种法律面前的平等只存在于城邦公民之间，且实际上只存在于有公民权的成年男性之间，无论是奴隶阶层，还是女人和未成年人，都并不享有这种平等。

此外，正义还负责"交易"的平等，所谓交易也就是互通有无

---

① *Aristotelis Opera*，*Nicomachean Ethics*，1131a27 – 29.
② Ibid.，1132a4 – 5.

的市场经济。亚里士多德指出，交易的双方必须采用某种东西作为通约的尺度来衡量不同产品在价值上的比例，进而按照比例来进行交易，这种东西就是货币，正是货币使得交易的平等得以实现。这种朴素的经济学思想应该是读者非常熟悉的了，不过，作为古典哲学家，亚里士多德的经济学带有明确的价值导向，他提出："所有的东西都必须由一种东西来衡量，正如前面谈到的，这种东西真正说来就是需要……而货币已经约定俗成地成为了需要的代表。"①也就是说，衡量不同产品的通约物"真正说来"是需要，"约定俗成地"讲才是货币，因此，需要和货币的关系从属于自然与习俗的关系。从这个视角看，良好的经济一定是以人的需要为导向的，而不是盲目发展货币经济，因为前者是符合自然的，后者仅仅是习俗性的。举例来说，可口而富有营养的食物是人的自然需要，象牙做成的奢侈品并不是人的自然需要，如果一个人没有象牙首饰就活不下去，那么他的需要一定是出问题了，他错误地把虚荣心和攀比心当成了真实的需要。从现代经济学的视角来看，奢侈品产生的利润是要远远高于日常必需品的，对奢侈品的需要比单纯的自然需要更有利于发展货币经济，然而，这种唯利是图的观点正是亚里士多德强烈反对的。进一步讲，如果抛开实体产品的交换，纯粹用货币来产生货币，用钱来生钱，也就是从事放贷或者发展金融业，那就更是严重违背自然的。在《政治学》第一卷，亚里士多德将健康的经济严格限定在互通有无的市场交换方面，在他看来，只有这样才能

---

① *Aristotelis Opera*，*Nicomachean Ethics*，1133a25 - 29.

实现交易的正义。①

让我们总结一下第五卷阐述的正义的三大功能：合理分配统治权、矫正违法犯罪、实现公平的市场交易。在一个宽泛的意义上，后两个功能也属于分配，矫正其实就是对于惩罚的分配，交易其实就是对于需要的分配。在这三种分配中，正义追求的都是平等，尽管是不同意义上的平等，而平等就是正义所要实现的中道。值得注意的是，亚里士多德自始至终都将正义视为人身上的一种德性，在他看来，正义是灵魂的一种优良品质，而不是一种规章制度。那么，正义的德性究竟是属于中立的裁决者，还是属于统治权分配、法律纠纷、市场交易的参与者呢？在第五卷，只有在探讨矫正的正义时，亚里士多德才提到了中立的裁决者，也就是法官。在探讨分配统治权和市场交易的时候，他没有提到裁决者，这也符合现实的情况，因为在现实中，统治权的分配是不同的人或党派争夺最高权力的结果，这种斗争当然不存在什么裁判，而市场交易也是一种完全自发的现象，既没有也不需要仲裁者，除非发生了欺诈或违约，但这就不属于交易的领域，而是属于矫正的领域了。因此，亚里士多德讲的正义，首先指的是一种属于参与者的德性，在衍生的意义上也可以指一种属于仲裁者的德性，正如他在第五卷第五章的总结

---

① 亚里士多德：《政治学》，第 20－32 页。在探讨政治社会的发展时，亚里士多德反对将自然和习俗对立起来的思想框架，但是在探讨经济的发展时，他自己又采用了这种思想框架。原因在于，亚里士多德认为政治社会越是发展就越是能够完善人的自然本性，但经济却不见得如此，高度发展的经济完全有可能败坏人的自然本性。归根结底地讲，这是因为在亚里士多德看来，人在自然上就是政治的动物，故而在政治方面不存在自然和习俗的对立，但人并非在自然上就是经济的动物，因此在经济方面存在自然与习俗的对立。为什么人在自然上是政治的动物，却不是经济的动物？这是因为亚里士多德的"自然"概念是目的论的，政治是生活的一大目的，但经济只是生活的工具和手段。

中说的："在自己和他人的分配中，不让他人得到的过少、自己得到的过多，或者自己受损害过少、他人受损害过多，而是达到合乎比例的平等，这就是正义。在其他两个人之间进行分配时，也是如此。"① 这句话表明，正义的适用范围主要是所有人都参与分配的情况，至于某个仲裁者自己不参与分配、对其他人进行分配，这是一种只需附加说明的附带现象。亚里士多德认为正义主要是参与者的德性，这在很大程度上是由古希腊政治文化的特点决定的，笔者已经提到，古希腊城邦政治是一种鼓励公民广泛参与、彼此博弈、共同协商的共和政治，而不是追求大一统集权的帝国政治。帝国政治往往倡议君主成为高高在上、不偏不倚的仲裁者，但是城邦政治在大多数时候并不需要这样的仲裁者，它所提倡的共和政治文化是在公民中间营造出一种良性竞争的氛围，让政治生活变得像是一场没有裁判的运动会，每个运动员应该自觉做到遵守规则、公平竞赛，而能够完全做到这一点的人就是拥有正义之德的人。既然正义与参与竞争有关，那么它就既要避免不公平地对待他人，也要避免不公平地对待自己，正是本着这个原则，亚里士多德对正义何以是一种中道做出了最终的解释："正义是行不义和受不义之间的中道。"② 所谓"行不义"指的是自己不公平地对待他人，所谓"受不义"指的是他人不公平地对待自己。这里的关键在于，这两种情况都是伦理意义上的劣性，"行不义"是过度，"受不义"是不及，唯有同时避免这两种情况，才是符合中道的正义。也就是说，在涉及权力分配、法律纠纷、市场交易的事情上面，一个人既要懂得尊

---

① *Aristotelis Opera*，*Nicomachean Ethics*，1134a2 – 6.

② Ibid.，1133b30 – 31.

重他人的诉求，也要能够捍卫自己的诉求，既不应该违规越界，也不应该无原则地谦让和隐忍，这才是拥有正义之德的体现。

当然，古希腊城邦的公民不仅是政治生活的成员，也都有自己的家庭，在标准的情况下，公民往往是一个家庭中的父亲和丈夫，用政治哲学的术语来讲，就是"家父长"。城邦是公民之间平等交往的生活领域，家庭则是家父长一人统治其他家庭成员的生活领域。亚里士多德指出，正义只存在于城邦的政治生活之中，家庭内部是不存在正义的，他的理由是：家庭的其他成员都是"属于"家父长的，而一个人与"属于"自己的事物之间不会发生违背正义的状况，既然没有违背正义的可能性，那么也就不需要正义的德性了。亚里士多德的这种观念无疑是古代父权社会和男权文化的产物，和中国古代伦理主张的"三纲"是类似的：所谓父为子纲、夫为妻纲、君为臣纲。在亚里士多德看来，在家庭中，父亲和丈夫同时也扮演着类似君主的角色，他是一家之长，是家庭的统治者。中西方古代伦理对父子关系和夫妇关系的理解是基本一致的，但是中国古代讲的君臣关系，在亚里士多德的思想中相对应的就不是政治关系了，而是家庭中主人和奴隶的关系。一方面，中国社会很早就废除奴隶制了，古希腊社会则长期实行奴隶制，一个完整的古希腊家庭是拥有奴隶的；另一方面，古希腊城邦的公民之间不存在君臣关系，即便是在统治者和被统治者之间也不存在君臣之别，因为双方毕竟都是自由的公民。由此可见，在古希腊城邦社会，公民之间的相对平等和公民与奴隶之间的绝对不平等是相伴而生的。亚里士多德认为相对平等的公民构成了政治共同体，而主人和奴隶之间没有政治共同体，只存在主人对奴隶的独裁统治。他进一步认为，像埃及和波斯这样的君主制帝国，本质上就是将家庭中主人对奴隶的独裁统治扩展到了整个国家之中，所以他提出，正如在一家之内，奴隶是属于主人的，在一国之内，臣民也是属于君主的；因此，正如家庭内部不存在正义，帝国内部也不存在正义，因为严格意义上的正义——尤其是负责统治权分配的正义——只存在于相对平等的城邦公民之间。

亚里士多德认为严格意义上的正义只属于城邦，不属于父权制家庭和君主制帝国，这种观点集中体现了中西方政治思想的核心差异（尽管亚里士多德所针对的不是古代中国，而是埃及和波斯）。古代中国政治思想主张"家国同构"，这在亚里士多德的思想中就成了"家庭和帝国的同构"，他认为这种同构是负面的，因为它的表现就是家庭和帝国都实行没有正义的独裁统治。当然，从中国思想的视角来看，"家国同构"主要是将父亲和子女的关系和君臣关系相类比，要求君主关爱臣民，就像父亲关爱子女一样，而亚里士多德所理解的"家庭和帝国的同构"则主要是将主人与奴隶的关系和君臣关系相类比，认为君主统治臣民，就像主人统治奴隶一样。问题的关键在于，双方之所以采用不同的类比，恰恰是因为古希腊社会实行奴隶制，而且亚里士多德也认可奴隶制[①]，但是古代中国

①　亚里士多德在《政治学》第一卷第四至七章提出，奴隶制是符合自然的。不过，正如他认为政治统治权应该依据德性来分配，他也认为，在理想的情况下，主人和奴隶的差别必须符合理性能力的差别，才算是符合自然的。现实中的奴隶往往是由于战败被俘才沦为奴隶的，这种奴隶是习俗意义上的奴隶，而非自然意义上的奴隶（亚里士多德：《政治学》，第 11-20 页）。不过，亚里士多德关于奴隶制的思想的确带有强烈的种族主义色彩，在《政治学》第七卷第七章，他提出东方人的天性中缺乏捍卫自身自由的血气，因而天生就适合做奴隶（同前书，第 360-362 页）。

社会废除了奴隶制。这样看来，亚里士多德对东方政治的批判，尤其是他不分青红皂白地把所有东方君主制都等同于主人对奴隶的独裁统治，是不是反过来暴露出古希腊政治的某种根本症结呢？亚里士多德是不是先把古希腊的奴隶制投射在了东方政治上面，然后再加以批判呢？这个问题，就留给读者自行判断吧。

亚里士多德认为家庭内部不存在正义，这一点呼应了他对于东方政治"家国同构"模式的批判，然而，这也对他自己的政治思想提出了一个难题，那就是究竟如何看待君主制这种政体。虽然亚里士多德反对将家父长对于家庭的统治模式扩展到国家之中，从而形成独裁统治的君主政体，但是根据他自己的正义观，他又不得不认可另一种性质的君主政体，那就是，如果城邦之中存在一个德性极高以至于远超于众人之上的人，那么这个人就应该成为君主，整个城邦应该交给他一个人来统治。这种君主制完全符合亚里士多德的正义观：城邦应该依据德性高低、按照几何平等来分配统治权，德性越高的人应该得到越多的权力，一个德性远远高于其他所有人之和的人就应该得到高于其他人权力总和的最高权力，从而成为独揽大权的君主。在亚里士多德的思想中，这种君主制并不是东方帝国那样"家国同构"的君主制，因为城邦君主和其他公民的关系并非被类比于家父长和其他家庭成员的关系，而是被类比于神和人的关系——这样的一位君主是"人中之神"①，城邦理应由他来统治，这就像凡人理应接受天神的统治一样。尽管如此，亚里士多德并非

---

① *Aristotelis Opera*，*Politics*，1284a10 - 11.

无条件地认可这种基于德性的君主制，而是"不得不"认可它，因为即便是这样的君主制，也必然违背了古希腊城邦政治的平等共和精神。城邦毕竟是一种鼓励公民参政的共同体，而任何性质的君主制都将剥夺除君主之外其他公民的参政权利，这必然导致绝大部分自由人的政治天性被压抑。亚里士多德关于分配正义的理论本来就是共和政治的产物，但是如果将分配正义的逻辑推向极端，又将危及共和政治的基本精神，这不得不说是一种悖谬。那么，他如何解决这种难题呢？

在《政治学》第三卷，亚里士多德提到了现实中民主制城邦实行的一种解决方案，也就是所谓的"陶片放逐法"（ostracism）。这个独特的制度是公元前 5 世纪雅典民主派改革家克里斯提尼（Cleisthenes）创立的。简单地讲，陶片放逐法就是全体公民通过投票的方式决定放逐某一个对城邦有潜在危害的公民。在古代雅典，纸莎草纸是非常昂贵的，而且需要从埃及进口，但是不花钱的碎陶片随处可见，因此，雅典人将人名刻在陶片上作为选票，每次得票最多且总票数超过 6 000 的公民，就必须被放逐，十年之内不能返回雅典。被放逐者在雅典的地位和财产不受影响，放逐期满后需悉数归还给他，但是放逐期间严禁私自返回，否则就是死罪。雅典之所以创立陶片放逐法，是因为民主派忌惮强势的贵族，害怕他们中的佼佼者夺取政权成为僭主，而在实际的执行中，陶片放逐法又往往沦为党派斗争、排除异己的政治工具。不过，亚里士多德从这个制度中看到了城邦共和政治的某种根本特性，在《政治学》第三卷第十三章，他这样解释陶片放逐法的合理性：正如画家不会把动物的脚画得特别大，造船匠不会把船尾或其他某个零部件造得特别大，合唱队领队不会允许某个队员远比其他队员的声音更响亮、更动听，城邦也不能允许某个公民拥有远超过其他公民的优越性，无论是在财富、名誉、地位、社会资源方面，还是在德性方面。①亚里士多德还援引一个神话故事来说明这个道理，他说，传说中陪同英雄伊阿宋出海寻找金羊毛的阿耳戈船员们不让赫拉克勒斯上他们的船，因为他太强壮了，他一个人的体重远远超过了其他人。②总之，亚里士多德认为"支持陶片放逐法的理由是具有一定政治正当性的"③，尽管这种制度在现实中的运用往往是为了谋取私利，但是在理想情况下，它确实能够维护城邦共和政体，从而服务于城邦公共利益。尽管如此，在《政治学》的讨论中，亚里士多德最终还是承认，如果某个公民超过其他公民之处完全在于他的德性太高，与其他人不成比例，那么城邦是没有足够正当的理由放逐他的，面对这样一个人，唯一符合正义的选择就是让他成为君主。

亚里士多德一方面推崇重视公民平等、强调公民参政的城邦共和，反对东方帝国的君主独裁，另一方面又主张德性超群者理应成为独揽大权的君主，这里的矛盾根植于他对于古希腊政治文化的深刻理解：在理念上，古希腊城邦同时追求着两个彼此并不融洽的目标，那就是公民之间的平等和每个公民的德性。既然德性是卓越和优秀的意思，那么对德性的追求就必然分化人的高低层次，从而威

① 亚里士多德：《政治学》，第 156 页。
② 同上书，第 155 页。
③ *Aristotelis Opera*，*Politics*，1284b16－17.

胁到公民之间的平等；如果进一步将统治权的分配与德性的高低直接挂钩，那么对德性的追求就迟早会将统治权交到某个德性超群的人手上，从而完全破坏公民之间的平等。

对于这种矛盾，《政治学》第三卷提到的陶片放逐法是一种制度性的防范措施，然而它并不能真正化解超群德性和城邦共和的冲突。笔者认为，针对这个难题，亚里士多德其实在伦理学中提出了一种更好的解决方案，那就是《尼各马可伦理学》第五卷第十章讲的"公道"："正义和公道是同一类，然而，虽然二者都是善，公道却更好……公道就是正义，但是并非法律的正义，而是对于这种正义的纠正。"① 这句话中提到的"法律的正义"指的不是普遍正义，而是特殊正义，因为普遍正义指的是伦理德性在社会关系方面的展现，它所实现的是政治共同体的幸福，这是不需要纠正的。特殊正义有时候是需要纠正的，因为它是由普遍规则构成的，例如，依据德性的高低、按照几何平等的原则来分配统治权，这就是一项普遍的法律规则，甚至可以说这种规则是一个城邦的最高宪法，因为它决定谁是统治者。既然是普遍规则，就不可能永远正确，因为现实生活充满了各种各样的特殊状况，导致我们在某些情况下必须对普遍规则进行适当的变通。亚里士多德所说的公道，就是一种对普遍的正义规则进行"纠正"，也就是进行灵活变通的德性：

> 当法律制定了普遍的规则，而又出现一个不服从普遍规则

---

① *Aristotelis Opera*，*Nicomachean Ethics*，1137b10 – 13.

的案例，这时候如下做法就是正确的：在立法者制定的规则因
绝对化而忽视具体情况从而犯错之处，纠正其疏漏，给出立法
者自己如果身临其境便会给出的裁决，执行立法者自己如果知
悉情况便会立的法。因此，公道就是正义，而且好于其中一种
正义；它并不好于绝对意义上的正义，而是好于正义因绝对化
而犯的错误。①

这段话提到的"立法者"指的不是现实中的具体某人，而是假
想中创立一套符合正义的法律体系的人。亚里上多德说，立法者是
可能犯错的，他的意思不是说这位立法者不是合格的立法者，或者
他创立的法律还不够好，而是说，即便是一个完美的立法者制定的
一套完美的法律，也只能尽可能顾全大多数情况，不可能适用于一
切情况，或者说，只能尽可能顾全普通的情况，无法同时适用于特
殊的情况。统治权的分配就是如此：在一般情况下，城邦公民之间
的德性虽然会有差异，但是不至于达到类似于"神人之别"的程
度，因此，在大多数时候严格依据德性的高低、按照几何平等的原
则来分配统治权，就完全可以做到既满足正义的要求，又符合城邦
政治的共和精神，顾全公民之间的平等和对于德性的追求。这样的
法律就是正确的法律，正如亚里士多德所说："法律并没有错，立
法者也并没有错。"如果出现某种极端特殊的情况导致分配正义的
原则不再合理了，那么这里的错误实际上是"实践的特性所导致
的，因为实践事务的性质向来就是如此"。②

---

① *Aristotelis Opera*，*Nicomachean Ethics*，1137b19 - 25.
② Ibid.，1137b17 - 19.

　　此处"实践事务的性质向来就是如此"这句话尤为关键。从第一卷开始，亚里士多德就反复提醒读者，实践事务充满了变动不居的复杂性和各式各样的特殊情况，因此，任何伦理问题都不可能一概而论，任何伦理规则也都不是一定之规。例如，在第一卷第三章，他警告读者切莫将伦理学与数学相提并论，数学研究的对象是永恒必然的量化规律，但是伦理生活充满了变迁与偶然，二者的性质完全不同。在第二卷第九章，他提出伦理德性追求的中道是由实践理性来规定的，但是很难用理论理性的话语来确定。我们已经在本书第三讲的末尾讨论过他的这个说法了，笔者当时指出，亚里士多德实际上把中道的实现类比于艺术家凭借直觉而创作出完美的艺术品，这是无法用理论的语言来解释的。在第五卷第十章对于公道的阐述中，亚里士多德再次提出"实践事务的性质向来就是如此"，这正是为了呼应先前反复谈到的伦理实践的复杂性和个别性，而在第五卷的语境中，伦理实践的这种特性导致我们必须灵活地对待法律的正义。法律是对伦理事务的规范，不可能像数学一样精确；法律的缺陷和理论理性的缺陷是相似的，二者作为普遍性的表达难以覆盖所有的个别性。在关于统治权分配的法律方面，如果城邦中出现了一个极有德性的人，其德性之高，以至于根据正义的原则理应成为君主，那么这就是一个法律难以顾及的特殊案例了。在这种情况下，让德性超群的人成为君主就是不对的，但是"法律并没有错，立法者也并没有错，错误是实践的特性所导致的"，所以，这时候我们就需要公道的德性来对分配统治权的法律进行变通了，正如亚里士多德所说："对于不确定的对象需要用不固定的尺度，就像勒斯比亚的建筑师所用的铅尺一样，这种尺子不是固定的，而是能够适应石头的形状发生变化，同理，公道的判定也是因事制宜的。"① 公道的人就像是善用柔性铅尺的建筑师，懂得根据实际情况来变通规矩的曲直，这样才能真正符合正义，正所谓"义者，宜也，则因时制宜，因地制宜，因人制宜之意也"。笔者认为，在分配正义与城邦共和发生冲突之时，公道的人一定会顾全大局，纠正分配正义的规则，宁愿牺牲德性的合法诉求，也要避免城邦的政体变成君主制。在一种理想化的情况下，做出这种公道判定的人，就是那个具有超群德性的人自己，因为如果其他公民将这种判定强加给他，那就违背正义了，但是如果德性超群的人自愿表现出公道，满足于和其他公民分享统治权，从而维护城邦的共和政体，那就既没有违背正义，又解决了统治权分配的难题。

笔者在上文已经谈到，亚里士多德理解的正义，主要是属于参与者的，而不是属于仲裁者的。在外在善的分配方面，正义是行不义和受不义之间的中道，正义的人就像是参与竞技的运动员，既不应该犯规，也不应该谦让，第五卷第十章讲的法律正义就是严格服从这种原则的。作为对法律正义的纠正，公道也是正义的一种，既然如此，它就同样是一种主要属于参与者的德性。虽然在一般情况下，参与者既不应该犯规，也不应该谦让，但是在某些特殊情况下，参与者应该采取谦让的姿态，以便维护整个比赛得以正常进行的环境，而这就是公道者的选择：为了维护以公民平等为前提的共

---

① *Aristotelis Opera*，*Nicomachean Ethics*，1137b29-32.

和政治，公道者牺牲了自己根据分配正义所应得的最高统治权，自愿选择偏离中道的不及，以自己"受不义"为代价来纠正"正义因绝对化而犯的错误"。公道的人相信，恰恰是通过这种纠正，他才实现了城邦的立法者制定分配正义原则的初衷——"给出了立法者自己如果身临其境便会给出的裁决，执行了立法者自己如果知悉情况便会立的法。"在第十章的末尾，亚里士多德总结道："不斤斤计较，而是满足于获得少于自己所配得的，尽管他在法律上占理，这种人就是公道者，他的这种品质就是公道。"① 稍后在第六卷第十一章，他又提出："我们认为，公道的人是最能体谅别人的人，而且在某些情况下，公道就在于体谅。"② 那么，驱使公道者做此选择的是一种为了顾全城邦而牺牲自我、为了体谅他人而迁就忍让的精神吗？也不尽然，因为在古希腊文化中，以及在亚里士多德的伦理学思想中，公道者仍然是"竞技"的参与者，只不过他更想要参与的是德性的竞技，而非权力的竞技，他更希望在灵魂品质而非政治地位方面获得超乎常人的卓越。这样看来，公道者自愿选择在统治权分配的方面"受不义"，这与其说是体现出一种虚心和谦让的精神，不如说是体现出一种升华了的好胜心和优越感。对于城邦共和与超群德性之间的潜在冲突，亚里士多德心目中最理想的解决方案不是强行牺牲德性的陶片放逐法，也不是完全推翻根据德性高低来分配统治权的共和原则，而是提倡德性超群者怀着更加纯粹的心态追求德性。如果城邦中最有德性的人都能具有公道之心，那么对

---

① *Aristotelis Opera*，*Nicomachean Ethics*，1138a1 - 3.
② Ibid.，1143a21 - 22.

城邦共和的维护与对德性的追求就可以两全其美。

除了在统治权分配方面，在法律纠纷和市场交易方面，公道的德性也能够发挥对普遍的正义规则进行灵活变通的作用，而在所有这些领域，都应该由公道者自己，作为法律纠纷的当事人和市场经济的交换方，自愿地选择"获得少于自己所配得的，尽管他在法律上占理"。在亚里士多德看来，唯有正义的普遍规则和公道的灵活变通相配合，才能在城邦生活的方方面面都做到合法、合情、合理，从而缔造良善的社会秩序。当然，在什么情况下应该严格遵从正义的规则，在什么情况下又应该选择公道的变通，以及具体如何变通，这些问题和其他伦理德性如何实现中道的问题一样，都只能交给有德者的实践理性来进行因时、因地、因事制宜的判断。这样看来，公道者就是孟子说的"圣之时者"，意思是像孔子那样总是能够根据具体情势做出准确判断、善于通权达变而又处处致中庸的人，这样的人可谓是在伦理德性方面的"集大成者"。①

《尼各马可伦理学》第五卷对于正义的论述从普遍正义开始，在重点阐述了特殊正义的各种功能之后，最终以公道对特殊正义的补充作为高潮，整个论述的思路是循序渐进而又高度连贯的。正义的德性，无论是普遍正义、特殊正义，还是公道，都是为了尽可能让自我的善和他人的善相融洽，使个人卓越和城邦秩序相协调，将每个公民的幸福与政治共同体的幸福结合在一起，在这个意义上，第五卷可谓是伦理学中的政治学。事实上，亚里士多德的伦理学从

---

① 见《孟子·万章下》："伯夷，圣之清者也；伊尹，圣之任者也；柳下惠，圣之和者也；孔子，圣之时者也。孔子之谓集大成。"这是孟子对孔子的至高评价。

一开始就带有政治学的视角，早在在第一卷第二章，他就提出："个人获得至善诚然是可欲之事，群体和城邦获得至善则是一件更高贵和更神圣的事。因此，既然我们的研究是关于这类事情的，那么它也就是一种政治学。"①

---

① *Aristotelis Opera*，*Nicomachean Ethics*，1094b9 – 10.

# 第六讲　两种理智德性：实践智慧和哲学智慧

　　到目前为止，我们已经探讨了古典四大德性中的三个：勇敢、节制、正义（公道是正义的一种）。亚里士多德对伦理德性的阐述，是采用固定的步骤、沿着循序渐进的思路层层展开的。对于每个伦理德性，他都首先划定该德性发挥作用的生活领域，再分析该德性如何在它所属的领域中帮助人们避免过度与不及，实现中道。经过第三至五卷的讨论，亚里士多德的讲解基本覆盖了人类生活的所有方面。他首先分析人最原始的自然本能：一方面躲避痛苦、危险和死亡，另一方面在饮食和性爱中感受生命的快乐，这两方面的本能是人和其他动物共有的，而人通过后天教化与习性来塑造这些本能的独特场合是战争和享乐，分属于这两种场合的伦理德性就是勇敢和节制。接着，亚里士多德从生命本能过渡到身外之善，主要包括财富和荣誉，人面对财富和荣誉的伦理德性分别是慷慨和大度，对于这两种德性以及其他的伦理德性，笔者就不详论了。在全面分析了展现个人之善的种种德性之后，他又在第五卷从个人之善过渡到社会之善，系统阐述了正义的德性。其中，普遍正义就是所有伦理德性对于他人和集体的贡献；特殊正义就是在政治共同体中实现分配、司法、交易的公平；公道就是对普遍的正义规则进行灵活变通，从而更好地实现个人之善与社会之善的融合。

亚里士多德论述具体德性的另一条线索是灵魂秩序的上升。在伦理学所关心的实践生活范围之内，也就是在人类功能的范围内，人类灵魂分为非理性部分和理性部分，伦理德性是灵魂非理性部分的德性，是人在欲望、情感、动机、态度方面的卓越，理智德性是灵魂理性部分的德性，是人在思虑、斟酌、求知、爱智方面的卓越。虽然所有的伦理德性都需要服从实践理性的指挥，但是不同的伦理德性依赖于实践理性的程度有所不同。勇敢和节制同实践理性的关系是相对比较松散的，在面对危险的紧急关头或是面对感官诱惑的时刻，我们能否表现出勇敢和节制，这更多取决于我们的性情具有何种品质，而非我们的头脑进行了何种计算和思量。因此，亚里士多德明确说："勇敢和节制是灵魂非理性部分的德性。"① 在面对财富和荣誉这些外在善的时候，要想实现真正符合中道的慷慨和大度，我们就需要动用更多的理性思考。到了正义所负责的社会生活方面，尤其是特殊正义所负责的统治权分配、法律纠纷、市场交

---

① 　*Aristotelis Opera*，*Nicomachean Ethics*，1117b23 - 24.

易的领域，实践理性的重要性将变得越来越显著。最后，公道对于
正义规则的灵活变通尤其需要实践智慧的运用，唯有极具实践智慧
的人才能在每个具体的情况中准确地判断是否应该变通，以及如何
变通。①

　　沿着灵魂秩序从非理性逐渐向理性上升的线索，到了第六卷，
亚里士多德就该集中探讨理智德性了。在本书第三讲的末尾，笔者
已经提到，亚里士多德将人类的理性能力分为用来追寻知识、探究
真理的理论理性和用来权衡善恶、思虑抉择的实践理性，对于这两
种能力的完善就分别是哲学智慧和实践智慧。这个区分是在第六卷
的开头正式提出的，亚里士多德其实总共区分了三种理性，他说理
性有两个部分，一个部分用于考察不变的事物，另一个部分用于考
察可变的事物，前者就是理论理性，后者包括制作理性和实践理
性。理论理性追求知识和智慧，研究万物的本原和自然的规律，在
亚里士多德看来，这些都是永恒不变的。实践理性和制作理性考察
可变的事物，因为无论是实践（也就是伦理、道德、政治领域的感
受和行动）还是制作（也就是各种技术、技艺、艺术、生产活动）
都是充满变动的。②

　　由于人的本质是理性的动物，通过对理性的三重区分，亚里士

---

①　事实上，公道究竟是伦理德性还是理智德性，这是学术界争论的一个重要问
题。笔者认为，从性质上讲，公道应该是一个伦理德性，因为它首先要求的是一个人的
态度（体现为不斤斤计较、通过一种谦让的姿态来升华自己的好胜心，等等），其次才
要求一个人的思考。所有的伦理德性都离不开实践智慧，我们不能因为公道涉及实践智
慧的程度更深，就认为它不是伦理德性而是理智德性。

②　亚里士多德：《尼各马可伦理学》，第 165–167 页。

多德实际上区分了人类生活的三个层次，从低到高依次是：制作、实践、理论。许多古希腊哲学家都持有和亚里士多德相似的观点，例如，柏拉图在《理想国》中把人类社会的发展分为三个阶段：第一个阶段是各种劳动者互通有无所形成的共同体。第二个阶段出现了战士，他们是统治阶层，劳动者成了被统治阶层。有了统治和被统治的关系，就出现了政治秩序，也就是完全意义上的城邦，战士阶层需要经由德性的教育和实践被塑造成城邦的"护卫者"。第三个阶段出现了哲学家，他们热爱真理和智慧，致力于过一种既摆脱了物质劳动也超越了城邦政治的生活。尽管柏拉图认为这些哲学家才真正有资格做城邦的统治者，但是他们不愿意统治城邦，而宁愿全身心投入沉思。柏拉图讲的这三个阶段实际上就是人类生活的三个层次：制作、实践、理论。这种三重区分也不只是柏拉图、亚里士多德这师生俩的观点，据说，一位更早的哲学家毕达哥拉斯把人生比作一场运动会，把来到这场运动会的人分为三类：第一类是来做买卖、追求物质利益的，第二类是来参与竞技、争取荣誉的，第三类是来观看比赛的。毕达哥拉斯重点描述了第三类人，他说："他们既不求取掌声也不求取利润，而是为了观察的缘故前来……把其他一切视为虚妄，就勤勉地凝神于万物的本性。"① 显然，这三种人比喻的分别是劳动者、政治家、哲学家。毕达哥拉斯的故事与亚里士多德的区分完全一致，在后者看来，劳动者负责制作，生产各种生活物资；公民和政治家追求荣誉，在伦理、道德、政治的

---

① 这个故事是由西塞罗记载的，见西塞罗：《图斯库路姆论辩集》，顾枝鹰译，上海：华东师范大学出版社，2022 年，第 204 页。

生活中既彼此竞争又相互联合；哲学家则致力于沉思真理，"凝神于万物的本性"。在古希腊语中，"沉思"的原文是 theōria，这个词的字面意义就是"观看"，这就是为什么毕达哥拉斯用观众来比喻哲学家，将哲学家"沉思"真理比作观众"观看"比赛。随着西方语言的发展，theōria 后来演变为英文的 theory，中文一般翻译为"理论"。因此，所谓"理论理性"，其词源的意义是"观看理性"或"沉思理性"，即人类灵魂中负责观察万物的本性从而探求智慧、思索真理的理性能力。

接下来，我们也按照三种理性和三种生活的秩序，从低到高地讨论《尼各马可伦理学》第六卷对理性能力和理智德性的阐述。在此之前，笔者先对术语做一番简要的说明：三种理性的区分是对于理性能力的区分，"理性能力"是一个中性概念，所有的正常人类都应该具备全部的理性能力，只是程度各有高低、种类各有侧重。"理智德性"则是理性能力的完善状态，当一种理性能力由于天赋和训练而变得卓越，就是具有理智德性的。三种理性能力各有各的卓越：制作理性的卓越是技艺，实践理性的卓越是实践智慧，理论理性的卓越是哲学智慧。然而，由于亚里士多德认为制作理性和人类的完善无关，只是服务于物质生产的工具和手段，因此，他虽然承认制作理性也可以拥有属于自身的卓越（比如一个工匠可以是技术精湛的），但是拒不使用"德性"或"智慧"来指称这种卓越，而只是称之为"技艺"。综上所述，理性能力有三种：制作理性、实践理性、理论理性，它们各自的卓越分别是：技艺、实践智慧、哲学智慧，其中，实践智慧和哲学智慧是两种不同的理智德性。

# 一、制作和技艺

让我们从"制作"开始。在亚里士多德的思想中，在大多数时候，制作概念是和技艺概念结合在一起的。所谓制作就是工匠、技师或艺术家运用技艺来造出某种产品，这里产品的含义是很宽泛的，例如，木匠把木材造成床，建筑师用砖头建成房子，医生治愈患者的疾病从而"制造"出健康，诗人创作诗歌，乐师演奏音乐，这些都是技艺制作。亚里士多德认为，将所有这些现象统一在一起的是某种关于"原因和本原"的知识，技艺的本质就在于掌握这种知识并运用它来实现制作，例如，木匠掌握了床的原因和本原，建筑师掌握了房子的原因和本原，医生掌握了健康的原因和本原，诗人掌握了诗歌的原因和本原，乐师掌握了音乐的原因和本原，等等。总之，制作理性的任务是掌握关于产品的原因和本原的知识，而熟练掌握这种知识的人就是拥有技艺的人。在《形而上学》第一卷第一章，亚里士多德提出，科学也是关于原因和本原的知识，因此，纯粹从知识的性质上讲，技艺和科学实际上是相通的。我们现在也常常把科学和技术统称为"科技"，但是现代社会中科学和技术的关系与亚里士多德讲的科学和技艺的关系是完全不同的。我们已经看到，古代技艺概念的含义范围要比现代技术概念广得多。更加重要的是，现代社会发展"科技"，实际上是要求科学为技术服务，"科技"概念的重心是技术为人类造福的效用，而非科学对于知识的追求，这一点与亚里士多德的思想完全相反，因为在他看来，只有毫无功利目的、纯粹追求知识的活动才称得上是科学。《形而上学》开篇的第一句话就是："人在天性上就渴望求知"①，科学是对于求知欲的满足，而不是为了造福人类。亚里士多德接着说，人类的物质文明始于对各种技艺的发明，最初是那些为了满足生存所需的技艺（例如木工术、建筑术、医术）；当生存所需基本上得到满足之后，人类又发明了审美和消遣的技艺（比如诗歌和音乐），从物质文明上升到了精神文明；最终，当某个阶层的人既不再需要为生计发愁，也不再满足于享乐的生活，而是拥有了真正的闲暇，他们就必然会觉察到天性深处的求知欲，从而在他们之中就会自然而然地诞生科学，例如，占据统治地位的埃及僧侣阶层首先发明了数学。② 技艺和科学的根本区别就在于，尽管双方都是关于原因和本原的知识，但是技艺是要运用这种知识来制作出产品，而科学只是纯粹地追求这种知识本身。亚里士多德最后说：关于宇宙万物"最初的原因和本原的知识就是智慧"，追求这种知识的科学

① *Aristotelis Opera*，*Metaphysics*，980a21.

② 亚里士多德：《亚里士多德全集》第七卷，第 29 页。数学到底是不是埃及的僧侣发明的？笔者对此不甚了了。不过，笔者认为亚里士多德关于科学诞生的说法与其说是对历史的描述，不如说是对人性的分析。事实上，据笔者所知，尽管埃及的统治阶级确实拥有闲暇，但是埃及的科学成就往往并非出于纯粹的求知欲，而是具有非常实用的目的，例如天文学和数学，恐怕是为了制作精确的历法，从而防范尼罗河的周期性泛滥，而几何学和力学应该是为了修建金字塔。反过来讲，古希腊社会从未实现内部统一，城邦之间战乱频发，又持续面临来自波斯帝国的威胁，这导致古希腊贵族相对来说是最缺少闲暇的古代统治阶级，然而恰恰是在这里诞生了以纯粹求知为目的的科学。由此可见，产生科学的决定性因素不是闲暇，而是求知欲。并非任何人群或民族在拥有了闲暇之后，都会像亚里士多德说的那样自然而然地走向科学。

就等于哲学。①

在《形而上学》的语境中，亚里士多德故意忽视了实践，也就是人类生活的伦理、道德、政治方面，把人类文明的历程概括为从技艺到科学的发展，以这种方式揭示出制作是人类生活的最低层次，只是为了满足生存所需，或者是为了娱乐和消遣。与科学相比，制作活动的根本特征就在于：它不是以自身为目的，而是追求某种外在于自身的产物。在《尼各马可伦理学》第六卷，亚里士多德讨论了制作和实践的关系，他运用同样的思路谈道："所有的制作者都是为了某种目的才制作的，但是，他们的产品也不是绝对意义上的目的，而只是某个范围内的目的。相比之下，实践才是绝对意义上的目的，因为良好的实践本身就是目的。"② 这句话的前半句是很好理解的：首先，制作是为了外在的目的，而不是为了制作活动本身，例如，铁匠锻打铁料是为了造出兵器，而不是喜欢锻打铁料这项活动本身（如果某人以铁匠活儿为乐趣，不是为了造出兵器，而是享受锻打铁料的过程本身，那么他所进行的活动在性质上就不是在制作，而是在玩乐）；其次，在上面这个例子里，虽然兵器是目的，但是它只在铁匠的工作范围内才算是目的，对于士兵来说它就是工具（如果某人拿到兵器不是为了用来作战，而是用来欣赏、收藏，这就是把兵器当作目的来对待，而不是当作工具，但是在这种情况下，兵器在性质上就不再是兵器，而成了一件艺术品）。总之，制作是一种手段性的活动，不具备内在目的，而且任何具体

---

① *Aristotelis Opera*，*Metaphysics*，981b28 - 29.
② *Aristotelis Opera*，*Nicomachean Ethics*，1139b1 - 4.

的制作生产出来的产品，也仅仅在一定范围内才算是目的，一旦超出这个范围就不再是目的了。亚里士多德接着说："实践才是绝对意义上的目的，因为良好的实践本身就是目的"，这句话需要仔细分析。所谓"良好的实践"指的就是符合德性的伦理、道德、政治活动，亚里士多德在第二卷第四章说过，良好的实践应该以自身为目的，有德性的人"必须选择这种实践，并且必须因其自身之故而选择它"。笔者在本书第三讲谈到，这句话的观点不是一种不顾后果的动机主义，而是主张良好的实践纯粹是为了满足德性的要求，不是为了奖励或名声，正是在这个意义上，它本身就是目的。既然德性的要求是将后果考虑在内的，那么良好的实践就一定是需要造成良好后果的，这就意味着它必然指向了某种外在于实践自身的目的，例如，勇敢的实践是为了保护同胞的生命，慷慨的实践是为了切实帮助他人，正义的实践是为了实现公平的分配，等等。不过，尽管实践和制作都指向了外在于自身的目的，二者的区别还是非常根本的：首先，制作活动完全不具备内在目的，而实践活动则在一定程度上具备内在目的；其次，制作活动所指向的外在目的是各种各样的产品，这些产品实际上又是工具和手段，为的是实现其他目的，而实践活动所指向的外在目的（例如同胞的生命、帮助他人、公平的分配）并不是工具和手段，而是幸福生活的组成部分。总之，制作活动完全是手段性的，一旦未能生产出合格的产品，制作活动就变得毫无意义了，而实践活动却具有自身的高贵，即便它未能带来良好的后果，甚至彻底地失败了，也丝毫无损于它的高贵——当然，前提是实践者已经按照德性的要求尽到了自己的努力。亚里士多德当然知道，符合德性的实践不一定取得成功，但是，"如果一个人能够镇定自若地承受许多巨大的不幸，不是因为麻木，而是因为拥有高贵而伟大的灵魂，那么即便在苦难之中，他的高贵也依然会闪闪发光"。[1]

　　当然，不得不承认的是，亚里士多德严格区分制作与实践，认为制作是工具性、手段性的生产活动，而实践是具有内在价值的目的性活动，此种观点不仅从属于他区分灵魂秩序和生活层次的论证思路，也根植于他所处的时代与阶层。作为一个古希腊贵族，亚里士多德对劳动人民持鄙夷和排斥的态度。在《政治学》中，他提出农民、匠人、雇工、商人等劳动者只是城邦的工具和手段，不是城邦的内在组成部分，因此，他们不应该拥有公民权；在理想的情况下，最好让异族奴隶来承担一切必要的劳动，把自由和闲暇留给古希腊公民去从事高贵的实践。[2] 抛开奴隶制不谈，由于古代社会的生产力比较低下，以是否需要出卖劳动谋生为关键差异的等级制思想无论在哪里都是主流，例如孟子的"劳心者治人，劳力者治于人"这句话就与亚里士多德的观点相通。只不过，孟子绝不会认为"劳力者"是任由"劳心者"使用的奴隶，他的说法实际上拓展了"劳动"的含义，在支持等级制的同时，也在教导统治者要尽职尽责地"劳心"，正如被统治者应该勤勤恳恳地"劳力"。现代社会追求人人平等，主张合法的职业不分贵贱，人人都是自由的，人人也都是劳动者，都需要依靠自己的（脑力或体力）劳动来谋生，同时

---

[1]　*Aristotelis Opera*，*Nicomachean Ethics*，1100b30 – 33.
[2]　亚里士多德关于劳动阶层的看法，见亚里士多德：《政治学》，第 126 – 129 页。

尽可能赢得属于自己的闲暇，去从事一些有高贵价值、具有内在目的性的活动。现代社会取得的进步毋庸置疑，然而，亚里士多德恐怕会认为，绝大多数现代人根本就没有真正的闲暇，只是将周末和假期的消遣娱乐误当成了闲暇，殊不知消遣娱乐的本质是休息，而休息的目的是为了更好地工作。① 换句话说，现代社会的"闲暇"只不过是资本或体制用来实现劳动力再生产的渠道而已，为的是不让我们这些摩登大机器上的螺丝钉们磨损折旧得太快……现代社会的生产力要比古代社会先进多了，但是发达的生产力似乎并没有为普通人创造更多的闲暇。当然，笔者这里并不是要为亚里士多德或孟子的等级制思想辩护，只是希望指出，亚里士多德提出的制作和实践的区分、必要劳动和高贵闲暇的冲突以及孟子提出的"劳心"和"劳力"之别并不是古代社会特有的现象，此类现象很有可能会永远伴随人类社会而存在，只不过不同的时代有不同的应对方案，而任何一种应对方案皆难完美，都需要面对复杂的利弊取舍。亚里士多德的选择很直白：他宁愿牺牲大部分人的自由和完善，也要成全少部分人的幸福和德性，这种根深蒂固的等级制确实是古希腊伦理（以及儒家伦理）的一大特点。

## 二、实践智慧

在上文对亚里士多德的制作和技艺概念的讲解中，笔者主要是

---

① 关于闲暇和消遣的区别，见亚里士多德：《尼各马可伦理学》，第 302－305 页。

从生活秩序的层次出发，而淡化了制作和技艺作为一种理性能力的方面，因为在第六卷，亚里士多德毕竟将理智的卓越品质——智慧保留给了实践和理论这两种更高的、摆脱了劳动束缚的生活。虽然他承认在日常用语中，人们常说某些技艺精湛的工匠或艺术家是有智慧的，但他认为，这种"智慧"仅仅局限于某种技艺所负责的狭窄领域，例如雕塑、绘画，因而并不是真正的智慧。真正的智慧是总体性的，实践智慧和哲学智慧就是如此——实践智慧是关于人生整体的智慧，哲学智慧是关于宇宙整体的智慧，这两种智慧是第六卷论述的核心主题。

接下来，我们首先讨论实践智慧，再讨论哲学智慧。

要理解什么是实践智慧，我们首先需要理解什么是实践理性。第一卷第七章的功能论证已经指出，人类特有的功能是广义的理性活动，包括理性自身的思考和欲望听从理性的命令来进行选择与行动，这里说的理性指的就是实践理性。亚里士多德认为，实践理性的运作可以从理论上被拆分为三个环节，从而在逻辑形式上构成了一种三段论的推理，这种推理的公式如下：

> 大前提：这样的人应该做这样的事，
>
> 小前提：甲是这样的人而乙是这样的事，
>
> 结论：甲应该做乙。①

在他的逻辑学思想中，亚里士多德认为三段论是最基本的逻辑

---

① 亚里士多德：《亚里士多德全集》第三卷，苗力田主编，北京：中国人民大学出版社，1992 年，第 89 页。

推理，一个标准的三段论是由大前提、小前提、结论这三个环节组成的，例如："所有人都是会死的（大前提），苏格拉底是人（小前提），苏格拉底是会死的（结论）"。按照这个模式，亚里士多德又提出了实践三段论，也就是实践理性的基本推理模式。其中，"这样的人应该做这样的事"是大前提，这句话表达的是一个人最根本的人生态度和理念，即，自己应该是一个什么样的人，应该在生活中做一些什么样的事。对于一个有德性的人来说，他的实践理性思考一切问题的大前提就是"有德性的人应该做有德性的事"，这个根本的出发点为他的一切选择和行动提供了原初的驱动力和瞄准的大方向，反映了他的总体欲望和人生目的。"甲是这样的人而乙是这样的事"是小前提，这句话表达的是当一个人面对一个需要他做出选择和行动的场景时，明确地意识到他自己是一个什么样的人，在这样的场景具体应该做什么样的事。例如，当祖国遭到敌国入侵，一个有德性的古希腊公民会立刻意识到，他是一个勇敢的人（甲），现在应该毫无畏惧地拿起武器走上战场（乙），一旦这种意识出现，那么结论也就顺理成章了：他会把这种意识转化为实际的选择和行动（甲做乙）。

经过上述分析，我们发现，实践三段论的大前提是由一个人的总体欲望来负责的，反映出他"想要"做什么，小前提是由一个人的实践理性来负责的，反映出他"怎样"去做他想要做的事。如果大前提是正确的，说明一个人"想要"做的事是正确的，也就说明他具有伦理德性；如果小前提是正确的，说明一个人知道"怎样"去做他想要做的事，也就说明他拥有实践智慧。亚里士多德说"伦理德性决定目的，实践智慧让我们做实现目的之事"，就是在向我们解释实践三段论的推理模式。在本书第三讲，笔者已经指出，伦理德性和实践智慧的分工并非前者指明目的，后者寻找手段，而是前者指明一种抽象的目的，后者将抽象的目的具体化，落实为个别的选择和行动。伦理德性指明：有德性的人要做有德性的事，也就是高贵的、对个人和社会真正有利的事，这是确定无疑的，然而在每个具体的场景中，究竟什么是有德性的事，到底怎样做才符合德性的要求，这些问题往往取决于各种各样的因素以及它们之间错综复杂的关系和轻重缓急的分量，唯有运用实践理性仔细考虑、全面衡量、认真思虑和斟酌，才能得出准确的答案。让我们回到上文的例子：当祖国遭遇侵略，勇敢的人参军入伍，这时候他的任务才刚刚开始。如果经历了一连串事件之后，这个勇敢的人成了举足轻重的将军，而在某一次战役之后，他所面临的局面恰恰和《伊利亚特》第二十二卷的开头赫克托尔的处境非常接近但又不完全一样，那他应该做何选择呢？这当然取决于此时此刻的具体情况，但无论如何，眼下的情况要比他当初奔赴战场时的情况更复杂了，他需要思虑权衡的因素也更多了，得出正确答案也就不那么容易了。或许他的任何一种选择都需要牺牲掉某些重要的东西，这就将他置于两难的困境，使他的实践理性面临严峻的考验。在亚里士多德看来，一个人能否通过这样的考验将直接决定他是否具有实践智慧，反过来讲，也正是这种考验的历练才能培养一个人的实践智慧。

古希腊文学热衷于讲述那些让人性面临严峻考验的困境，因为这种困境最能揭示出生活的深层真相，也最能展现人的苦难与高贵，充满了悲剧精神。[①] 例如，埃斯库罗斯的悲剧系列《俄瑞斯忒斯三部曲》就是由一连串道德困境组成的，先是迈锡尼国王阿伽门农为了顺利出征特洛伊而不得不献祭自己的女儿伊菲吉妮娅。特洛伊战争结束之后，胜利归乡的阿伽门农被自己的妻子吕泰涅斯特拉暗杀，而导致迈锡尼王后杀死丈夫的一个重要的动机就是为女儿复仇。多年之后，阿伽门农的儿子俄瑞斯忒斯返回城邦，为了替父亲复仇，他杀死了自己的母亲。弑母之后，俄瑞斯忒斯发了疯，在复仇女神的追杀下逃往雅典，最终，智慧女神雅典娜为双方主持了一场正式的审判，实现了俄瑞斯忒斯与复仇女神的和解。雅典娜的智慧就体现在这里：她深知整个事情的来龙去脉和是非曲直太过复杂，无论是阿伽门农、吕泰涅斯特拉还是俄瑞斯忒斯，都既是罪孽深重的，又在某种意义上是值得同情的。为了避免无休止的冤冤相报，雅典娜投票支持俄瑞斯忒斯无罪，导致有罪的票数和无罪的票数正好相等，双方根据雅典的法律程序达成和解。[②] 另一个悲剧大家索福克勒斯的作品也充满了类似的道德困境，例如在《安提戈涅》中，一方是为了忠于家族、遵从神法而坚持为哥哥波吕尼刻斯举行葬礼的安提戈涅，另一方是为了维护城邦尊严、重振政治秩序而禁止安葬叛国者波吕尼刻斯的克瑞翁，关于双方到底孰是孰非，

---

[①] 下面，笔者将举一些古希腊悲剧中的例子来说明人生的两难困境。中国古代的历史和文化中也不乏此类事例和相关思考，读者可参考熊逸：《治大国：古代中国的正义两难》，南京：江苏文艺出版社，2014 年。

[②] 见埃斯库罗斯的《俄瑞斯忒斯三部曲》，即《阿伽门农》《奠酒人》《报仇神》，收于埃斯库罗斯：《埃斯库罗斯悲剧集》，罗念生、王焕生译，上海：上海人民出版社，2020 年。

我们难以给出非黑即白的判别。① 再如《菲罗克忒忒斯》的故事：特洛伊战争时期，希腊英雄菲罗克忒忒斯被蛇咬伤，伤口恶臭不止，被希腊联军遗弃在孤岛上。后来，希腊人获知一个预言：他们必须取得赫拉克勒斯临终时赠给菲罗克忒忒斯的弓箭才能攻陷特洛伊城。于是，奥德修斯与阿基琉斯的儿子涅俄普托勒摩斯前去执行这个任务。奥德修斯让涅俄普托勒摩斯骗取菲罗克忒忒斯的弓箭，涅俄普托勒摩斯本来已经成功了，然而，他继承了父亲阿基琉斯的性情，良心上认为这是可耻之举，对菲罗克忒忒斯行了不义。在经过一番心理斗争之后，涅俄普托勒摩斯将弓箭还给了菲罗克忒忒斯，并将事情的真相坦诚相告，试图说服对方自愿帮助曾经遗弃他的希腊军队。② 奥德修斯的计谋确实显得可耻而不义，然而事实证明他的方案是高明而有效的；涅俄普托勒摩斯差点断送了整个希腊联军的胜利希望，然而他的良知与真诚又是极为高尚而无可指摘的。在《安提戈涅》讲述的困境中，我们应该支持安提戈涅还是克瑞翁呢？在《菲罗克忒忒斯》讲述的困境中，我们应该支持奥德修斯还是涅俄普托勒摩斯呢？或许普通人难得遭遇如此极端的状况，但是人生在世难免在某些问题上进退维谷，陷入"忠孝不能两全"

---

① 见索福克勒斯的《安提戈涅》，收于索福克勒斯：《索福克勒斯悲剧集》，罗念生译，上海：上海人民出版社，2020年。德国哲学家黑格尔这样评价这部悲剧的主题："《安提戈涅》……说明家礼主要是妇女的法律……这种法律是同公共的国家的法律相对立的。这种对立是最高的伦理性的对立，从而也是最高的、悲剧性的对立；该剧本是用女性和男性把这种对立予以个别化"，见黑格尔：《法哲学原理》，范扬、张企泰译，商务印书馆，2019年，第208页。

② 见索福克勒斯的《菲罗克忒忒斯》，收于索福克勒斯：《古希腊悲剧喜剧全集》第二册，张竹明、王焕生译，南京：译林出版社，2015年。

"鱼与熊掌不可兼得"的境地。亚里士多德认为，所有这些问题都是没有标准答案的，人的生活太过于复杂，"我们往往很难判断应该以什么为代价去选择什么，应该以什么为目的去承受什么"。①

不过，面对这些问题，伦理学的任务本身也不在于提供标准答案，而在于阐述实践理性发挥作用的方式和实践智慧的判断标准。那么，面对种种复杂的人生难题，我们的实践理性应该以什么为指引来进行思虑呢？什么样的选择才是符合实践智慧的选择呢？在《尼各马可伦理学》第六卷第五章，亚里士多德说："我们认为，有实践智慧的人善于思虑对他自身而言是善的、有利的事情，不过并非局部的，比如对健康或强壮而言，而是对好的生活作为一个整体而言。"② 这里提到的"有利"指的就是第二卷第三章区分人类追求的三种对象即快乐、高贵、有利中的"有利"，笔者已经指出，所谓"有利"指的不是属于外在善的利益（例如财富、名誉、权势），而是对于灵魂和人生而言真正的利益，也就是真正的善。在第六卷第五章的这句话中，亚里士多德强调的是善的整体性。在《尼各马可伦理学》的开篇他就指出，"每一种技艺与探究，类似的，每一种行动与选择，似乎都指向了某种善"，接着，他从马具的例子出发来说明人生各种局部的善要汇聚在一起形成一种整体的善：马鞍、缰绳和其他马具一起构成了马具的整体，服务于骑兵的战术需要，骑兵、步兵和其他兵种一起构成了军队的整体，服务于将军的战略需要。从各种马具到各个兵种，每个部分都有各自的

① *Aristotelis Opera*，*Nicomachean Ethics*，1110a29 – 30.
② Ibid.，1140a25 – 28.

善，所有这些局部的善汇聚起来，服务于将军所追求的整体的善：实现战争的胜利、保卫祖国的和平。严格说来，这个例子属于技艺的领域，我们也早已发现，亚里士多德喜欢用技艺领域的现象来说明实践领域的道理。我们不妨把他的例子继续推论下去：虽然在战场上将军追求的是整体的善，但是当我们上升到整个人生的维度，胜利与和平也只是一个局部的善，因为战争只是生活的一部分，生活还有其他很多部分的善需要我们全面规划、统筹考虑。亚里士多德接着指出：包括战略在内的各种事业都隶属于政治的管辖，政治所追求的善是"最具统摄性"的善，因此，政治家需要思虑权衡的事情是最全面的，例如，在什么情况下应该果敢地参与战争？在什么情况下又应该审慎地避免战争？战争和外交如何配合？如果成功保卫了和平，城邦的内政应该设计何种制度和习俗？经济发展、社会民生、道德风俗等方方面面的政策应该如何规划和执行？所有这些问题都是政治家需要回答的，而一个优秀的政治家一定善于从最宏大的格局出发进行纵横取舍，着眼于"好的生活作为一个整体"来协调、统合各种局部的善。由此可见，政治家是最需要实践智慧的人，反过来讲，具有实践智慧的人也最有资格做政治家。亚里士多德以雅典全盛时期的伟大领袖伯利克里为例谈道："我们认为伯利克里以及像他那样的人是有实践智慧的，因为他们善于考察自身的善以及人类的善，这样的人是适合领导家室和城邦的。"①

　　当然，有实践智慧的人并不必然是政治家，但是他一定具备做

---

　　①　*Aristotelis Opera*，*Nicomachean Ethics*，1140b8 – 11.

政治家的天赋，如果他并没有成为政治家，而只是一个普通公民，那么虽然他有德无位，没有领导国家、管理社会的机会，但是他一定能够像一个政治家一样领导自己的灵魂、管理自己的人生。古希腊哲学家都喜欢将灵魂的秩序类比于城邦的秩序，例如，柏拉图在《理想国》中提出，城邦的三个阶层就相当于灵魂的三个层次：劳动者相当于欲望，护卫者相当于血气，哲学家相当于理性，正如城邦应该由哲学家来统治，人的灵魂也应该由理性来统治。亚里士多德基本上赞同柏拉图的观点，但他进一步区分了理论理性和实践理性，认为哲学家应该专注于理论理性，政治家应该专注于实践理性，然后指出，正如城邦应该由政治家来统治，人的灵魂也应该由实践理性来统治。正如政治家在领导国家的时候要着眼于内政外交的宏观格局，实践理性在领导灵魂的时候也要从整个人生的视野出发，在面对任何局部的抉择和取舍时，都要善于从局部层层上升到整体，始终站在一个更高的层面来看问题。善于做到这一点的人就是一个有政治家天赋的人，就是合格的灵魂统治者，也就是一个有实践智慧的人。这样的人在面对生活中任何具体问题的时候都不会被无足轻重的个别因素和一时一地的利弊得失所左右，而是始终牢记自己是一个什么样的人，要做什么样的事，要过什么样的人生，并且运用实践理性的思虑将这些纲领性的大目标与眼下的具体问题结合起来，着眼于生活整体的善来对当下的各方面情况进行斟酌和权衡，最终做出符合德性、实现中道的选择。这一点如果用实践三段论的公式来讲就是，一个有实践智慧的人在分析任何一个小前提的时候，都一定要从人生最高层面的大前提出发。亚里士多德关于实践智慧和实践三段论的论述常让笔者想到一个生活中的事例：前些年，有一个来自农村的女孩高考考入了北大考古系，这件事被媒体报道之后引发热议，许多人感到困惑不解，为女孩惋惜，甚至指责她不懂事，成绩这么好却选择了如此冷门的专业，未来就业堪忧，也挣不了大钱。我们既不知道这位女孩的志向和理想是什么，也不知道她选择考古专业是经过了深思熟虑还是出于一时兴起，更不了解关于她别的方面的任何信息，因此，我们无法评判她的选择到底是不是正确的——在大前提和小前提都不清楚的情况下，如何判断结论是否正确呢？然而可以肯定的是，那些仅凭现有的信息就认定她选择错误的人，大多都是缺乏实践智慧的，因为他们的惋惜和指责已经暴露出，对于选择专业这个事关人生理想和生活道路的大问题，他们所考虑的最重要甚至唯一的因素就是未来的收入预期。在亚里士多德看来，如果一个人思考所有问题的根本前提是经济利益，那么他的生活视野和人生格局就太过狭窄了。这样的人往往精于算计，在金钱问题上十足聪明，但是缺乏真正的智慧，他把小事算得很清楚，却没有把大事算明白。生命短暂，人皆有死，尽管穷困潦倒实属不幸，但是到底把多少时间和精力投入于挣钱，才不会虚度一生呢？亚里士多德会建议我们，每当面临重要的人生抉择，我们都应该跳出一时一地的局部处境，回过头来好好思考一下那些真正的大问题。

　　实践智慧的特征一方面在于关注人生整体的善，另一方面在于能够源源不断地将整体的善转化为局部的善。正如一个优秀的政治家绝不是眼高手低的空想家，而是具有实际执行力的行动者，有实践智慧的人在个人生活中也是如此，他既能坚守人生的大方向，又能将具体的细节考虑到位；既能站得高看得远，又能脚踏实地地走好每一步。用亚里士多德的话来说就是，实践智慧要结合普遍性和个别性。例如，如果一个人知道多吃白肉对身体好，却不知道哪种肉属于白肉，那么"多吃白肉对身体好"这个知识对他就毫无用处；相比之下，如果另一个人虽然不知道多吃白肉对身体好，但是知道多吃鸡肉对身体好，那么他在饮食养身方面就会做得更好。类似的，如果一个人想要成为一个有德性的人，想要在生活中做有德性的事，但是在任何一个具体场景中都不知道怎样做才是符合德性的，那么他就像那个想要吃白肉，却不知道哪一种肉是白肉的人一样，无法实现自己的目标。用实践三段论的公式来说就是，这样的人具备大前提，但是不具备小前提，因此也就无法得出结论。实践理性的良好运作需要将大前提和小前提结合起来，如果说对于大前提的正确意识体现了实践智慧的宏大格局（实践智慧的这个方面是和伦理德性相配合的），那么对于小前提的准确把握就体现了实践智慧的精微缜密，这两个方面是相辅相成的。笔者在本书第四章谈到了《荷马史诗》中赫克托尔的例子，总的来说，赫克托尔是非常有德性的人，然而在最紧要的关头，他却误解了德性对于他的要求：面对重返战场的阿基琉斯，赫克托尔选择了勇敢赴死，但是他实际上应该选择退回城邦，勇敢地面对战局的失利和同胞的指责。赫克托尔的错误一方面在于他未能从整体的大局出发把握眼下的具体情势，另一方面在于他未能将抽象的善转化为具体的善，未能领悟此时此刻如何去做才是真正的勇敢。总之，赫克托尔想要遵从德性，却不知道怎样遵从德性，就像那个想要吃健康的白肉，却不知道具体应该吃哪一种肉的人一样。对于亚里士多德的伦理学来说，赫克托尔的例子具有典型的意义。中道是困难的，在实际生活中，中道所涉及的种种恰当——在恰当的时间地点，针对恰当的人，以恰当的方式，在恰当的程度上，做恰当的事——往往以错综复杂而又充满张力的方式纠缠在一起，难以一并顾全，而实践智慧的任务就在于着眼于生活整体的善来对所有的细节进行斟酌和权衡，得出恰到好处的选择，从而尽可能全面地实现中道的目标、尽可能充分地满足德性的要求。在亚里士多德看来，唯有坚持不懈、持之以恒地做到这一点，我们才能度过幸福的一生。

实践智慧能够帮助我们克服生活中各式各样的困境和层出不穷的难题，也正因为如此，它和勇敢、节制、正义一样，既是人性的卓越，也是对人性的补救。只有在人类内部才会发生持久而剧烈的战争，因而只有人才需要勇敢的德性；只有人类文明才创造出各种放纵享乐的诱惑，因而只有人才需要节制的德性；只有人类社会才存在如此多的对立和冲突，因而只有人才需要正义的德性；同理，只有人的伦理、道德、政治生活才充满善恶利弊的艰难取舍以及由此牵连的一切纠结与纷扰，因而只有人才需要实践智慧。勇敢、节制、正义、实践智慧既是高贵的，也是必要的，我们对于这些德性的追求反映了人性的复杂，也揭示出人在宇宙万物中的独特地位，在这个意义上，这四种德性是完全"属人"的德性。

在讲解实践理性和实践智慧的过程中，笔者反复提到了实践三段论的公式，这个公式是亚里士多德为了方便我们理解他的论述框架而提出来的。需要注意的是，实践三段论所表达的并非人在生活中实际发生的意识过程，而只是一个理论模型。笔者相信，包括亚里士多德自己在内，没有任何人在处理现实问题的时候，会真的套用实践三段论的公式来帮助他分析和思考，实践三段论也起不了这个作用。事实上，我们在大多数实践场景中是根本无须思考的过程来帮助自己做出选择的，而一些确实需要思考的问题又往往要求我们当场或者在极短的时间内做出选择，由于情景的急迫性，根本不存在慢条斯理的思考机会。从这个角度看，实践三段论与其说反映了一种思考的过程，不如说反映了人的经验和直觉，我们用实践三段论来解释实践理性的运作，就正如我们用物理参数来解释蜻蜓翅膀的震动、用力学公式来描述蜻蜓飞行的原理，然而蜻蜓只是在运用自己的本能罢了。在第六卷对实践智慧的阐述中，亚里士多德极为重视经验的作用，他提出，虽然年轻人可以在数学或者几何学方面取得优异的成绩，但是很少有年轻人能够拥有实践智慧，因为实践智慧的养成需要日积月累的经验，而年轻人往往是缺乏生活经验的。① 不同于技艺和科学关于原因和本原的知识，由经验的积累所形成的实践智慧是无法用普遍而抽象的原则来概括的，它的实际运用更像是一种微妙而精准的直觉，一种敏锐而透彻的洞察力，一种只可意会、不可言传的悟性。正因为实践智慧的本质是一种以经验为基础的直觉，使得有德性的人在这种直觉的指引下"击准"生活各方面的中道，亚里士多德才在第二卷的末尾提出"中道很难依据

---

① 亚里士多德：《尼各马可伦理学》，第 178−179 页。

（理论）理性来界定，因为这类事情取决于个别性，而个别性是由感觉来判断的"（这里说的"感觉"指的就是实践智慧的直觉）。与第二卷末尾这句话相呼应，亚里士多德在第六卷第十一章谈到，那些拥有实践智慧的人"从经验中获得慧眼，从而能够看得正确"。①

# 三、哲学智慧

实践智慧是一种关于整个人生的智慧，哲学智慧则是一种关于整个自然、整个世界乃至整个宇宙的智慧。在本讲讨论制作和技艺的部分，笔者已经谈到，技艺和科学在本质上都是关于原因和本原的知识，区别在于技艺是要运用这种知识来制作出产品，而科学是纯粹地追求这种知识本身。在《形而上学》第一卷第一章的末尾，亚里士多德说，"关于最初的原因和本原的知识就是智慧"②，此处"智慧"指的是哲学智慧。由此可见，哲学是一种独特的科学，或者说是科学的最高层次，想要理解哲学智慧的本质，我们就必须理解科学和哲学的关系。在《尼各马可伦理学》第六卷第三章，亚里士多德对科学进行了界定：科学是以某种原因和本原为前提，由必然、永恒、普遍的命题所构成的推论性知识体系。任何推论都需要初始性的前提，任何一门具体的科学都是从一种具体的初始前提出发的，例如，假设几何学的初始前提是"同一平面内两点决定一条

---

① *Aristotelis Opera*，*Nicomachean Ethics*，1143b13 – 14.
② *Aristotelis Opera*，*Metaphysics*，981b28 – 29.

直线"，假设其他所有的几何知识都可以从这个初始前提推论出来，那么这个初始前提就是几何学的原因和本原；又例如，假设逻辑学的初始前提是"X不等于非X"，假设其他所有的逻辑知识都可以从这个初始前提推论出来，那么这个初始前提就是逻辑学的原因和本原。亚里士多德认为，科学是从某种必然、永恒、普遍的原因和本原出发，推论出它所蕴含的必然、永恒、普遍的全部结论，从而形成某个领域的知识体系。紧接着，他提出一个深刻的观点：任何科学必须预设某种原因和本原，但是任何科学都无法证明它所预设的原因和本原。例如，根据我们的假设，几何学从"同一平面内两点决定一条直线"出发推论出其他的几何知识，但是几何学无法证明为什么"同一平面内两点决定一条直线"；逻辑学从"X不等于非X"出发推论出其他的逻辑知识，但是逻辑学无法证明为什么"X不等于非X"。由此可见，科学只是"关于"原因和本原的知识，而不是"对于"原因和本原的知识。科学无法证明自身的开端，这是科学的局限，但是科学也不应该承担这个任务。这是因为，科学的本质就是推论，而推论就是从前提推出结论，如果要求科学证明一个前提A，那么科学只能从一个更加根本的前提B出发去证明前提A是前提B的结论，但是这样一来，我们就又引入了一个前提B，为了让科学证明这个前提B，我们就必须再引入一个更加根本的前提C……总之，一旦要求科学去证明自身的开端，就必然导致推论上的无穷后退，这样一来，任何科学都无法展开了。

那么，我们如何拥有"对于"原因和本原或者初始性前提的知识呢？亚里士多德认为，要回答这个问题，我们就需要从科学走向哲学了。在第六卷第三章，他提出："存在一些可以从它们出发来进行推论的开端，而关于这些开端是没有推论的，只有归纳。"①这句话中的"开端"指的就是科学的初始性前提，而所谓"归纳"就是从许多个别案例中得出某种普遍规律的思维方法，例如，在一个平面内任意标出两个点 a 和 b，我们会发现，这两个点能够决定一条直线 c；再任意标出另两个点 d 和 e，我们会发现，这两个点能够决定另一条直线 f……经过很多次试验，我们就会发现，"同一个平面内两点决定一条直线"是一个普遍成立的规律。这时候，一个经验主义者就会认为，通过这种归纳，几何学的初始性前提就这样被我们发现了。然而，根据亚里士多德对科学的理解，要让"同一个平面内两点决定一条直线"成为几何学的初始性前提，就必须确证它是一个普遍、必然、永恒的命题，归纳的方法虽然能够得出一定范围内的普遍性，但是无法得出必然性和永恒性。这是因为，归纳法是以经验案例为基础的，而我们不可能穷尽全部时间内所有的经验案例。例如，如果要使用归纳的方法来确证"同一个平面内两点决定一条直线"是必然而永恒的，那我们就需要在古往今来的全部时间内，在宇宙中所有的平面上标出所有的点，找出它们之间所有的两两组合，来验证"同一个平面内两点决定一条直线"是否在所有案例中都成立。这显然是一个不可能完成的任务，因此，归纳法不可能确证一个命题的必然性和永恒性，仅仅依靠归纳法不可

---

① *Aristotelis Opera*，*Nicomachean Ethics*，1139b29 - 31.

能发现任何科学的原因和本原。正是为了弥补归纳法的不足，亚里士多德在第六卷第六章提出了一种独特的理性能力，他说："开端只能通过努斯来获得。"① "努斯"一词的希腊语原文是 nous，它指的是一种通过直观的领悟来洞察真理的理性能力，由于这个概念的含义是极为独特的，所以中文翻译往往采用音译的方式译为"努斯"，英译本有时候会译为 intuition 或者 intuitive reason，意思是"直觉般的理性"。这种理性能力听上去很神秘，但实际上它所描述的是我们每个人都具有的体验。笔者相信，任何人都认为"同一个平面内两点决定一条直线"或者"X 不等于非 X"是普遍、必然、永恒的命题，但是没有任何人能够以归纳的方式去验证这些命题。事实上，我们根本不需要任何经验案例的验证，就能够充满自信地断言这些命题是绝对不存在任何例外的。康德会说，我们对这种命题的认识不是"经验的"，而是"先验的"，而亚里士多德会说，我们不是依靠对经验案例的归纳，而是依靠努斯的直觉性洞察，来确认这种命题是普遍、必然、永恒为真的。最后，亚里士多德指出，努斯并不是一种推论，推论是科学的认知能力，而努斯是哲学的认知能力；推论总是需要从初始前提出发，而努斯就是对于初始前提的直观把握。换句话说，是哲学让科学成为可能，因为科学的初始前提需要由哲学来提供，作为科学之开端的原因和本原只能靠哲学来认知。我们今天常说"科学的尽头是神学"，但是在亚里士多德的思想中，这句话应该改成"科学的起点是哲学"。

———————————

① *Aristotelis Opera*，*Nicomachean Ethics*，1141a7 – 8.

在第六卷第七章，亚里士多德将第三章和第六章的内容结合起来，进而指出，哲学智慧就是哲学和科学、努斯和推论所形成的连贯整体："有智慧的人不仅知道从开端推论出来的结论，而且真确地理解那些开端。"① 进一步讲，对于万事万物，我们都可以研究它们的原因和本原，而知识的价值与研究对象的价值是相称的，哲学智慧是"关于那些居于首位的最崇高的事物"的知识。② 这句话和《形而上学》第一卷第一章提出的哲学智慧是"关于最初的原因和本原的知识"是一致的，因为在亚里士多德看来，整个宇宙间"居于首位的最崇高的事物"就是万事万物"最初的原因和本原"，也就是全部存在物的"第一推动者"，由于它自身并不运动，却能够推动其他事物进行运动，从而造成天体运行、四季轮回、万物生灭以及所有其他的自然现象与自然规律，亚里士多德称之为"不动的推动者"。从很早开始，古希腊哲学家就对这种智慧汲汲以求，这集中体现为一种探寻万物本原的思想，例如，泰勒斯提出万物的

---

① *Aristotelis Opera*，*Nicomachean Ethics*，1141a17 - 18. 亚里士多德指出，对于任何科学来说，只有理解了前提并且理解了从前提到结论的推论过程，才算是真正理解了结论。近代英国哲学家霍布斯接触几何学的故事特别能够说明这个道理。据说霍布斯到 40 岁的时候才读到欧几里得的《几何原本》，他拿起书来随手一翻，第一眼看到的是第一卷第 47 则命题，由于这个命题的内容有些反直观，霍布斯惊呼："这是不可能的！"但是当他往前阅读关于这个命题的推论，他发现每一步推论都是从先前已经证明的结论出发的，就这样步步倒推直到返回整个推论体系的开端，霍布斯才发现，由于开端的前提是正确的，而每一步推论也都是严密的，那么最终的结论就必然是正确的，无论它听上去有多么奇怪。一旦理解了从前提到结论的整个过程，霍布斯立即就打消了他对第一卷第 47 则命题的怀疑，而且这番经历也让他爱上了几何学。在亚里士多德看来，这就是科学和智慧的魅力。

② Ibid.，1141a19 - 20.

本原是"水"①，阿那克西美尼提出万物的本原是"气"②，赫拉克利特提出万物的本原是"火"③，阿那克萨戈拉提出万物的本原是"心灵"④，等等，可以说整个早期古希腊哲学史就是一部探寻万物本原的历史。由于这些早期哲学家研究的是自然界，而不是人性和社会，他们又被称为"自然哲学家"。在哲学史上，苏格拉底是第一个主要研究人性和伦理政治问题的哲学家，后人评论说，是苏格拉底把哲学"从天上带到了城邦"。⑤ 作为苏格拉底的学生，柏拉图沿着老师的思路研究人性和伦理政治问题，同时又对自然哲学感兴趣，他把两方面的问题结合起来，形成了一个无所不包的哲学体系，例如，他的《蒂迈欧篇》是关于宇宙论的，《理想国》是关于城邦制度的，《法律篇》是关于法律的，《会饮篇》是关于爱欲的，《普罗泰戈拉篇》是关于德性的，《游叙弗伦篇》是关于宗教的，《高尔吉亚篇》是关于演说和修辞的，等等。总的来说，柏拉图的哲学主要还是以人类社会的问题为导向，不同于泰勒斯这样的自然哲学家，柏拉图是一个典型的"政治哲学家"。第一个真正做到了兼顾自然哲学和政治哲学、在同等的程度上研究二者的哲学家就是柏拉图的学生亚里士多德，这也是为什么亚里士多德被视为古希腊哲学之集大成者的原因。亚里士多德也构建了一个无所不包的哲学

---

① 泰勒斯生活于约公元前 624—前 546 年，是古希腊最早的哲学家之一，创建了米利都学派。

② 阿那克西美尼生活于约公元前 588—前 524 年，是泰勒斯的学生。

③ 赫拉克利特生活于约公元前 544—前 483 年，创建了爱菲斯学派。

④ 阿那克萨戈拉生活于约公元前 500—前 428 年，他的"心灵"概念使用的也是"努斯"（nous）这个词。

⑤ 这是西塞罗的说法，见西塞罗：《图斯库路姆论辩集》，第 205 页。

体系，而且他非常重视学科门类的划分，基于对人类理性的三层区分，他把自己的哲学体系也分为三大类：理论哲学、实践哲学、制作哲学。① 理论哲学包括形而上学、宇宙论、物理学、生物学，这个大类和早期自然哲学家关注的领域是基本一致的，主要研究自然万物的本原、自然现象的规律和生命的本质；实践哲学包括伦理学和政治学，研究人性和社会的种种问题，《尼各马可伦理学》就是这一类的代表作；制作哲学是关于技艺的哲学，包括修辞学和诗学，亚里士多德认为，在所有的技艺中，只有这两门关于语言文字的技艺（类似于我们今天说的"文艺"）是适合于自由人研究的，其他技艺最好交给下层的劳动人民甚至奴隶去掌握。不过，讲到这里，笔者必须提醒读者注意：理论哲学、实践哲学、制作哲学的学科区分虽然是以理性能力的区分为基础的，但是学科区分并不等同于理性区分，这三个学科都是理论理性的产物，实践哲学体现了理论理性关于实践的研究，而不是体现了实践理性，制作哲学体现了理论理性关于制作的研究，而不是体现了制作理性。反过来讲，实践理性体现在实际的行动中（比如政治家治理城邦），制作理性体现在技艺的发挥中（比如诗人创作诗歌），而并非体现在哲学家的政治学和诗学中。在一个宽泛的意义上，所有三个门类的学科都体现了亚里士多德的哲学智慧，而非他在生活中的实践智慧或者创作诗歌的技艺，但是在更加严格的意义上，只有理论哲学，尤其是理论哲学中占据最高地位的形而上学，才是亚里士多德在《尼各马可

---

① 当然，还有贯穿整个哲学体系的逻辑学，见笔者第一讲的讲解。

伦理学》第六卷谈到的哲学智慧。何谓形而上学？形而上学的古希腊语原文是 metaphysika，意思是"自然之后的科学"，这门科学研究的是隐藏在自然现象和自然规律背后的终极本原。中国古人云："形而上者谓之道，形而下者谓之器"（《周易·系辞上》），中文之所以用"形而上学"来翻译亚里士多德的 metaphysika，是因为最早的译者认为，metaphysika 就是关于宇宙万物之"道"的哲学。如果"形而上学"是对于 metaphysika 的准确中译，那么反过来讲，对于汉语"道"的古希腊语翻译就应该是 logos（"逻各斯"），两相对照，"形而上者谓之道"就等于说 metaphysika 研究的是宇宙万物的终极 logos。后来的基督教经典《约翰福音》开篇讲"太初有道，道与神同在，道就是神"，在某种意义上，这句话也能够表达亚里士多德的思想，只不过他并不认为"神"是上帝或者耶和华，而是认为"神"就是"不动的推动者"，是宇宙间"居于首位的最崇高的事物"，是万物"最初的原因和本原"。在这个意义上，哲学智慧就是关于"神"的智慧。古希腊智者普罗泰戈拉有一句名言"人是万物的尺度"，我们现在也常说"人是万物之灵"，但亚里士多德不这样认为，他说："有人认为政治哲学和实践智慧是最优越的知识，这是荒谬的，因为人并不是宇宙中最好的事物。"①

亚里士多德不仅认为哲学智慧应该研究比人更好的事物，而且认为拥有哲学智慧的人要比仅仅拥有实践智慧的人更加卓越。如果说实践智慧（以及勇敢、节制、正义等伦理德性）是属人的德性，

---

① *Aristotelis Opera*，*Nicomachean Ethics*，1141a20 – 22.

那么在某种意义上，哲学智慧就是一种高于人的德性，甚至可以说，哲学智慧所完善的不是人性，而是人身上的神性。这个惊世骇俗的观点是亚里士多德在《尼各马可伦理学》第十卷提出来的，笔者将在本书第九讲为读者讲解相关内容。在第六卷，亚里士多德首先对哲学智慧和实践智慧进行了比较，他提出，根据大众的看法，拥有哲学智慧的人往往并不拥有实践智慧："人们认为像阿那克萨戈拉和泰勒斯那样的人具有智慧，但是没有实践智慧，因为人们看到他们对自身的利益一无所知，却懂得那些非同凡响、令人惊异、深奥神圣，但又毫无用处的事情，这是因为，他们所追求的不是人类的善。"① 亚里士多德这里表达的是古希腊社会对于哲学家的流行看法，例如，当时流传着这样一个故事：哲学家泰勒斯总是边走路边观察星象，有一次，他在仰望星空的时候没有注意到脚边有一个坑，结果就掉进坑里去了。② 大众喜欢用这样的故事嘲笑哲学家，他们虽然上知天文下知地理，但是缺乏日常生活的经验和常识，不仅在琐事上心不在焉，在大事上也常常吃亏。当然，这样的现象是非常普遍的，也是我们很熟悉的。以伟大的物理学家牛顿为例，据说，有一天他做早餐的时候竟把手表当成鸡蛋放进锅里煮了半天，这属于在琐事上心不在焉；又据说，他曾因为炒股而赔得倾家荡产，事后发出感叹："我能计算天体的轨迹，却无法预测人性的疯狂！"这就属于在大事上吃了亏。不过，亚里士多德是否赞同这类故事所传达的大众观点，即哲学家虽然拥有哲学智慧，却往往

---

① *Aristotelis Opera*，*Nicomachean Ethics*，1141b3 - 8.
② 关于这个故事，见柏拉图：《柏拉图全集》第二卷，第 697 页。

没有实践智慧呢？

笔者认为，这个问题的答案是很复杂的。一方面，亚里士多德恐怕不会认为失足入坑、水煮手表、投资失败这一类事情能够触及真正的灵魂善恶和人生利弊，他不会认为一个会犯这种错误的人就一定是没有德性、没有智慧、没有幸福的人，根据他的伦理学观点，泰勒斯应该是幸福的，牛顿也应该是幸福的。哲学家为了专注于对智慧的热爱，必然会忽视许多日常生活的细节，有时候难免闹笑话、出洋相，但这并不意味着哲学家缺乏实践智慧，因为所有那些生活上的欠缺都是哲学家为了追求至高真理而自愿付出的代价，至于为了这样的目标而付出这样的代价究竟应不应该、值不值得，这要视具体情况而定，而且并不可以简单评判。哲学家献出一生去获取宇宙间最高的智慧，对于我们人类这种渺小、短命的生物来说，这又何尝不是一种性价比最高的选择呢？这样看来，哲学家的执着源自一种深刻的清醒。另一方面，亚里士多德确实会承认，从人生整体的视角来看，哲学家所追求的目标只是一种局部的善。虽然哲学智慧是关于整个自然、整个世界、整个宇宙的，但是这里的"整体"只是就哲学研究的对象而言，而不是就哲学作为一种生活方式而言。一种关于宏大对象的活动并不见得是一种宏大的活动，例如，一个画家可以在一间狭小的画室里凭借想象画出一场壮阔的战争，但是他的活动并不是壮阔的，相比之下，一个将军在战场上叱咤风云、建功立业，他的活动才称得上是壮阔的。在本书第二讲的末尾，笔者就已经指出，哲学家所追求的是终极的善，而不是整全的善。所谓终极的善，就是说在手段-目标的序列中它必定是最后的目标，而不可能是任何其他目标的手段，哲学智慧就是如此；所谓整全的善，就是说在部分-整体的关系中它必定是最完全的善，而不可能是一个更大整体的部分，实践智慧就是如此。从手段-目标的视角出发，哲学智慧完全可以将实践智慧视作手段，例如，哲学家可以认为，政治家所实现的良好社会秩序是为了方便自己从事哲学研究而服务的；反之，从部分-整体的视角出发，实践智慧完全可以将哲学智慧视作一个局部目标，因为无论哲学家追求的真理有多么超凡脱俗、深刻奥妙，他的活动也必须接受政治家的治理管辖，服从社会秩序的整体规划。

从这个角度看，大众认为哲学家只具备哲学智慧、不具备实践智慧，也有一定的道理，因为这种观点揭示出一个事实，那就是哲学智慧和实践智慧确实具有不同的分工。在第六卷的末尾，亚里士多德这样总结这两种智慧的关系："实践智慧不是针对哲学智慧，而是为了哲学智慧，才发号施令的。"① 这句话的意义非常微妙：一方面，亚里士多德明确将哲学智慧的地位置于实践智慧之上，他说，即便实践智慧负责发号施令，也不是"针对"哲学智慧，而是"为了"哲学智慧，这完全是从哲学家的视角出发讲的。正如笔者提到的，哲学家认为政治家对于国家和社会的统治不是在支配和命令自己，而是在为自己服务。另一方面，在这句话中，亚里士多德毕竟让实践智慧，而非哲学智慧，充当"发号施令"的主语，也就是说，无论哲学家追求的真理有多么高深，国家和社会也不能由哲

---

① *Aristotelis Opera*，*Nicomachean Ethics*，1145a9.

学家来统治，而应该由政治家来统治，因为只有政治家才具有周全的视野。我们发现，《尼各马可伦理学》第六卷的结尾呼应着第一卷功能论证的结论："幸福就是以符合德性的方式从事理性活动，如果存在多个德性，那么幸福就是以符合'最完全或最完美的'德性的方式从事理性活动。"政治家的实践智慧是"最完全"的德性，哲学家的哲学智慧是"最完美"的德性，第六卷的结论意味着，这两种智慧各有各的分工，双方各有优势，也各有局限。那么，哲学家和政治家究竟谁才是最有德性的、最幸福的人？要等到《尼各马可伦理学》的最后一卷，亚里士多德才会回答这个问题。

# 第七讲 不自制的现象："恶都是出于无知"

《尼各马可伦理学》的第七卷以这样一句话开头："讨论完这些问题之后，让我们从另一个开端出发。"[1] 所谓"另一个开端"是相对于"第一个开端"而言的，也就是全书开篇的那句话："每一种技艺与探究，类似的，每一种行动与选择，似乎都指向了某种善，因此，人们正确地宣称所有事情都以善为目的。"这句话的关键概念是"善"和"目的"。经过本书前几讲的讲解，我们看到，由第一个开端引出的思路贯穿前六卷。亚里士多德首先提出人生的目的或至善就是幸福，而幸福就是以符合德性的方式从事人类功能即理性活动（第一卷），然后对德性进行了总体性的阐述，把德性定义为中道（第二卷），接着再依次讨论各种具体的伦理德性（第

---

① *Aristotelis Opera*，*Nicomachean Ethics*，1145a15.

三至五卷）和理智德性（第六卷），从而完整而详尽地呈现了德性的体系和幸福生活的全貌。既然至善就是幸福、幸福在于德性，而前六卷已经讲完所有的德性（笔者重点讲解了节制、勇敢、正义、智慧这四大德性），那么整个伦理学的论述似乎就应该完满结束了，然而，《尼各马可伦理学》的内容其实才刚刚过半，亚里士多德还要"从另一个开端出发"，开启伦理学的"下半场"。

那么，接下来还有哪些伦理学课题需要研究呢？所谓"另一个开端"又是什么意思呢？

在提出"另一个开端"之后，亚里士多德紧接着就指出：我们需要避免的灵魂品质总共有三种：不自制、劣性、兽性，而与它们相反的品质分别是：自制、德性、神性。① 在亚里士多德的伦理学术语中，"德性"和"劣性"互为反义词，如果德性是善，那么劣性就是恶。德性是中道，劣性则是过度与不及。例如，勇敢是德性，怯懦和鲁莽是劣性；节制是德性，放纵和冷淡是劣性；慷慨是德性，吝啬和挥霍是劣性；大度是德性，虚荣和谦卑是劣性……《尼各马可伦理学》的前六卷主要阐述了各种不同的德性，也顺带阐述了各种不同的劣性，而在第七卷的开头，亚里士多德指出，德性和劣性只是人类灵魂可能具备的六种品质之中的两种。如果说伦理学的任务在于对人性善恶的可能性进行全面的研究，那么仅仅理解德性和劣性是远远不够的，我们还需要研究其他几种品质，才能理解完整的善恶谱系，从而把握完整的人性维度。亚里士多德之所以要从"另一个开端出发"，就是要将人性的维度和善恶的谱系补充完整。

---

① 亚里士多德：《尼各马可伦理学》，第 191 页。

　　那么，人类灵魂的其他四种品质——不自制、自制、兽性、神性，分别是什么意思呢？关于后两种品质——兽性与神性，我们留到后文再做解读。《尼各马可伦理学》第七卷前半卷的课题主要是自制和不自制，特别是不自制。从字面上看，所谓"不自制"就是"不能自我控制"，所谓"自制"就是"能够自我控制"，这两种品质有一个共同点：它们反映出人的灵魂内部存在某种冲突。无论我们是否相信灵魂的存在，这种冲突都是我们很熟悉的，每当我们面临不同的选择犹豫不决，或者明知不应该做某事却忍不住要去做的时候，我们就是在经历这种冲突。如何理解这种冲突取决于如何理解人性。例如，一个激情论者会认为，激情决定人的选择和行动，自制或不自制是不同激情之间的冲突；一个理智论者会认为，理性决定人的选择和行动，自制或不自制是不同认知之间的冲突。在这个问题上，古希腊伦理学的特点在于它是理性主义的灵魂秩序论，这种理论认为健全的灵魂秩序应该是理性统治欲望，自制或不自制的冲突之所以发生是因为灵魂秩序出了问题，导致理性未能成功地统治欲望。当理性和欲望发生斗争，理性就试图"克制"欲望，如果成功，就发生了自制的现象；如果失败，就发生了不自制的现象。古希腊伦理的理性主义灵魂秩序论有两个要点：首先，自制或不自制并非某个灵魂层次的内部冲突（例如不同激情或者不同认知之间的冲突），而是灵魂不同层次之间的冲突（例如欲望和理性之间、血气和理性之间的冲突）；其次，作为人性的本质，理性应该是人类灵魂秩序的主导，一个人的灵魂秩序是否健全，最终取决于灵魂的理性部分是否能够统治灵魂的非理性部分。

事实上，柏拉图正是通过对于灵魂冲突的分析来阐述他的灵魂秩序论的，而亚里士多德在很大程度上继承了柏拉图的理论框架。在《理想国》第四卷①，柏拉图笔下的苏格拉底对种种灵魂冲突现象进行了分析，他指出，我们不应该关注同一种灵魂要素的内部冲突，例如当我们口渴的时候，我们或许会在喝凉水和喝热水之间犹豫不决；当我们治病的时候，我们或许会在不同的医学知识和疗法之间犹豫不决。这两种冲突都并非真正的灵魂冲突，前者是欲望内部的冲突，后者是理性内部的冲突。真正值得关注的是欲望和理性之间的冲突，只有这种冲突才揭示出灵魂的不同层次。例如，当一个病人口渴了，但是医生根据他的病情告诫他不应该喝水，这时候他的灵魂中就会出现一种冲突：口渴的欲望让他想要喝水，但是医学的理性认知又阻止他喝水。苏格拉底总结道："它们是两样东西，而且彼此不同，也就是说，一个是人们用来思考和推理的灵魂的理智，另一个是人们用来感受爱、饿、渴等等欲望之骚动的非理性部分或冲动。"② 回到我们的例子：如果这个病人的理性认知战胜了他想要喝水的欲望，那么他就是自制的；如果他明明知道喝水会加重病情，但还是忍不住要喝水，那么他就是不自制的。接着，苏格拉底继续分析欲望和血气的冲突、血气和理性的冲突（这部分内容留到本讲末尾再讨论），揭示出血气是一种区别于欲望和理性的独立要素，从而论证灵魂总共具有三个层次。在本书前几讲的讲解

---

① 柏拉图对灵魂秩序的完整分析，见柏拉图：《柏拉图全集》第二卷，第 413 - 421 页。

② 同上书，第 418 页，译文有调整。

中，笔者曾多次提到柏拉图的三层灵魂秩序论和亚里士多德对此的继承与发展。在《尼各马可伦理学》的第七卷，我们还会看到，亚里士多德对不自制现象的分析再次体现了柏拉图对他的影响。

# 一、欲望的不自制

让我们按照亚里士多德的论述次序，从欲望和理性的冲突以及由这种冲突引发的不自制现象谈起。在前六卷的讨论中，由于亚里士多德的主要任务在于阐述德性（并顺带阐述劣性），因此，他基本上预设理性和欲望是没有冲突、和谐一致的。早在第一卷第七章，他就把人类功能定义为广义的理性活动，包括理性自身的思考和欲望听从理性命令而产生选择与行动，这意味着，他认为从人的自然本性来看，欲望本应是"服从"理性的。以节制的德性为例，假设某人是一个节制的饮酒者，一方面，理性告诉他每天小酌一杯是符合中道的，另一方面，他对酒的欲望本身就符合中道，每天不多不少恰好只想小酌一杯。既然如此，那么这个节制者的理性和欲望就是配合的，在饮酒这件事情上，他不需要"自我控制"，达到了"从心所欲不逾矩"的境界。不过，令人意外的是，亚里士多德认为劣性与德性一样，也不包含理性和欲望的冲突。还是以饮酒为例：唯有当一个人不仅对酒有着过度的欲望，而且在理性上也认为喝酒就应该豪饮烂醉、尽兴而归，他才是一个标准的放纵者，在某种意义上，这个放纵者的欲望也是服从理性的，只不过他的理性本身就是错误的。这样看来，节制者和放纵者的灵魂都处于理性和欲望的和谐状态，一方的理性和欲望都追求中道，另一方的理性和欲望都追求过度。与这两种人相反，如果一个人对酒有着过度的欲望，但是他的理性却试图克制这种欲望，那么他就既不是节制的也不是放纵的。如果他的理性能够克制欲望，可以做到小酌几口就放下酒杯，那么他就是自制的；如果他的理性无法克制欲望，今天决定戒酒，明天又忍不住大喝特喝，那么他就是不自制的。实际上，亚里士多德心目中的节制者和放纵者都是非常少见的，例如，孔子说他到七十岁才达到"从心所欲不逾矩"的境界，同时，恐怕也只有像"竹林七贤"那样放浪不羁的人才能做到毫无顾虑的忘情沉醉。① 在日常生活中，理性和欲望的冲突是我们再熟悉不过的伦理现象了，笔者相信，大多数人的灵魂品质既不是节制也不是放纵，而是介于自制和不自制之间，能够做到自制就已经很不容易了，不自制的情况恐怕更为常见，正如使徒保罗在《罗马书》中说的："我所愿意的善，我反不做；我所不愿意的恶，我倒去做。"②

那么，究竟应该如何理解这种现象呢？亚里士多德列举了关于自制和不自制的一些常见观点，其中最重要的是以下两则。普通人认为："不自制者知道他的行为是坏的，但是仍然出于激情而去做；自制者知道他的欲望是坏的，但是出于理性而拒绝听从欲望。"③

---

① 特别是七贤中的刘伶，《晋书》记载："刘伶……与阮籍、嵇康相遇……常乘鹿车，携一壶酒，使人荷锸而随之，谓曰：'死便埋我。'"

② 《新约·罗马书》，7：19。我们不妨把保罗这句话中的"愿意"理解为亚里士多德讲的"理性欲望"。

③ *Aristotelis Opera*，*Nicomachean Ethics*，1145b12-14. 这里的"欲望"指的是非理性欲望，不包括理性欲望，即选择。

与这种普通观点不同，苏格拉底提出："无人有意作恶，所有恶都是出于无知。"① 苏格拉底的这句话要和他的一个著名观点结合起来看，那就是"知识就是德性"。② 在他看来，一个人有没有德性取决于他是否具有正确的知识，这里说的"知识"指的不是关于自然界的科学知识，而是关于人生善恶的伦理知识。如果一个人行善，那就意味着他拥有正确的伦理知识，行善就是将这种知识付诸实践；反之，如果一个人作恶，那就意味着他不具备这种知识，或者说他具有错误的伦理知识，他自以为在行善，实际上在作恶。一般认为，苏格拉底的观点等于是完全否认了不自制现象的存在，因为所谓不自制就是拥有知识却不按照知识的要求去做，换句话说，就是一种"明知故犯"。问题在于，既然明知故犯的不自制现象是客观存在的，苏格拉底又为什么要提出他的观点，断定所有的伦理错误都是"出于无知"呢？

在笔者看来，苏格拉底其实并不否认不自制现象的存在，而是对这种现象提出了一种独特的深层分析。要理解他的观点，关键在于理解他所说的"无知"是什么意思。让我们还是以不自制的酒鬼为例：一个人知道酗酒有害健康，但是仍然忍不住酗酒。普通人会说，在饮酒这件事上，他的欲望违背了他的知识，属于明知故犯，但是苏格拉底会在更深的层面说，他虽然知道酗酒有害健康，在这

---

① 柏拉图：《柏拉图全集》第一卷，第 477–484 页。注意，这里说的"作恶"不仅包含对他人作恶，也包括对自己作恶，古希腊伦理学在讨论不自制的时候，更加关注的是人对自己作恶的情况，典型的例子是明知不该酗酒却忍不住酗酒，笔者的讲解将围绕这个例子展开。

② 同上书，第 519 页以下。

个层面，他具有一定的医学或养生学知识，但是在更深的伦理知识层面，他是无知的，因为他并不知道何谓真正的人生之善。他的行动已经表明，他其实认为人生之善等同于放纵享乐，为了放纵享乐可以牺牲健康，这就是他明知酗酒有害健康却仍然酗酒的根本原因。此人的酗酒行为虽然违背了他所具有的正确的医学知识，但是并没有违背他所具有的错误的伦理知识；在更深的伦理知识层面，他并非明知故犯，而是出于无知而犯错。苏格拉底的观点就是将上述分析推而广之，从而得出："无人有意作恶，所有恶都是出于无知。"

如果这是对于苏格拉底观点的正确解释，我们似乎可以进一步追问：假设一个人不仅知道酗酒有害健康，而且知道人生之善不是放纵享乐，但是他仍然忍不住酗酒，为了饮酒带来的快乐，他不仅违背了自己具有的医学知识，而且违背了自己具有的伦理知识，这种现象应该作何解释呢？笔者认为，苏格拉底还是会说此人是无知的——他并不真的具有正确的伦理知识，并不真的知道人生之善不是放纵享乐。这是因为，关于人生善恶的伦理知识并非理论知识，而是实践知识，这种知识的全部意义就在于付诸实际行动，如果一边声称自己拥有伦理知识，一边又做着违背伦理知识的事情，那这种"有知"就是虚假的，实际上等于"无知"。换句话说，伦理知识内在要求"知行合一"，这和王阳明的思想很相似："知行合一"之"知"才是真知，做不到"知行合一"就等于"无知"。

苏格拉底关于"无人有意作恶，所有恶都是出于无知"的命题是一种高度理性主义的伦理观，这种观点主张实践善恶的分别最终取决于伦理知识的有无，也就是取决于灵魂中理性的状况，归根结底地讲，行善是理性的成就，作恶是理性的缺失。亚里士多德就是这样理解苏格拉底的："（苏格拉底认为）当知识在场的时候，若其他东西能够胜过它，像对待奴隶那样拖着它，那是非常奇怪的。"①这里提到的"知识"指的也是伦理知识，当伦理知识真的在场时，欲望是不可能违背它的；而当欲望主宰了人的选择和行动，那就说明伦理知识并未真的在场。实际上，亚里士多德接下来对于不自制现象的解释，正是沿着苏格拉底指明的方向而展开的，这一解释的重点不是分析欲望如何违背理性的命令，而是分析理性如何在欲望的作用下陷入无知。②

在第七卷第三章，亚里士多德运用其哲学体系中的一对核心概念——"潜在"和"现实"的区分来阐述这个问题。他说："'知道'有两种意义，因为具有但是并未使用知识的人和正在使用知识的人都可以说是'知道'的。"③ 虽然这里没有提到潜在和现实这两个概念，但是根据亚里士多德在其他地方的讨论，我们可以推断，"具有但是并未使用知识"指的是知识的潜在状态，"正在使用知识"指的是知识的现实状态。"潜在"的古希腊语原文是 duna-mis，这个词的日常含义是"力量、能力"，在亚里士多德看来，具备一种能力，还只是一种潜在状态，唯有正在发挥着、施展着这种能力的当下，才真正进入了现实状态。"现实"的古希腊语原文是

① *Aristotelis Opera*, *Nicomachean Ethics*, 1145b23 – 24.

② 亚里士多德这样概括他的研究任务："我们必须研究这种感受（即不自制），如果它是出于无知，那么究竟是以何种方式出于无知？"（Ibid., 1145b27 – 29）

③ Ibid., 1146b31 – 33.

energeia，它不是一个日常词汇，而是亚里士多德自造的一个词，从它的词根和构词法来看，它的字面含义是"正在履行功能的状态"。① 知识是一种能力或者功能，具有知识就是具有一种能力或者功能，唯有当一个人不仅具有知识，而且实际使用着他的知识的时候，他才处于"正在履行功能的状态"，也就是现实状态。亚里士多德指出，在潜在和现实这两种意义上，我们都可以说一个人是知道的，是具有知识的。例如，一个几何学家是具有几何学知识的，即便他现在并未使用这种知识，我们还是可以说他"知道几何学知识"，就是在潜在的意义上讲的；当他正在研究几何学问题的时候，他就是在使用几何学知识，在发挥、施展他作为几何学家的能力，这时候我们说他"知道几何学知识"，就是在现实的意义上讲的。把几何学知识换成伦理知识，我们就能够理解亚里士多德的意图了。回到我们的例子，假设一个人知道不应该酗酒但是仍然忍不住酗酒，他的情况就是具有但是并未使用"不应该酗酒"这个伦理知识，这个知识对于他来说就是潜在的而非现实的。如果他实际使用了"不应该酗酒"这个伦理知识，那么他就不会酗酒了，因为伦理知识必然是知行合一的，所谓"伦理知识的现实使用"指的就是"按照伦理知识去做"。以这种方式，亚里士多德调和了关于不

———————————

① 笔者在本书第二讲指出，"功能"的古希腊语是 ergon，而 energeia 的构词分三部分：en-erg-eia，其中 en 是前缀，表示"在……之中"；erg 是词根，取自 ergon；eia 是后缀，表示这是一个抽象名词，类似于英文的后缀 ness。因此，energeia 的字面含义就是"正在履行功能的状态"，它可以翻译为"现实性"，也可以翻译为"现实活动"（本书多采用这个译法）。有些译者将它翻译为"实现活动"，强调它是对于目的、本质和功能的"实现"，这也是非常准确的翻译。

自制的普通观点和苏格拉底的理性主义观点，他指出，普通人认为不自制的人是明知故犯，这里的"明知"是在潜在的意义上讲的；苏格拉底认为不自制的人是出于无知而作恶，这里的"无知"是在现实的意义上讲的。由于判断一件事的最严格标准是现实性而非潜在性，因此，苏格拉底的观点才是更加贴切的。

在以上区分的基础上，亚里士多德又运用他的实践三段论思想，解释了不自制者潜在具有但是并未现实使用的到底是什么知识。他说，不自制者"只使用了普遍前提，而没有使用具体前提"。① 这里所谓"普遍前提"指的就是实践三段论的大前提，"具体前提"指的就是实践三段论的小前提。实践三段论是用来阐述实践理性运作模式的一种理论模型，我们可以将它视作对于伦理知识的表达。例如：我不应该作恶（大前提）；酗酒是一件恶事（小前提）；我不应该酗酒（结论）。以上整个实践三段论表达了一种伦理知识，而不自制的现象就是具有上述知识却仍然作恶。亚里士多德已经指出，具有知识不等于使用知识，不自制者在作恶的时候并未使用他所具有的上述知识，在这个意义上，不自制者是无知的。现在，亚里士多德进一步指出，准确地讲，不自制者在作恶的时候具有但是并未使用的是实践三段论中小前提表达的知识，即"酗酒是一件恶事"。这意味着，不自制者完全可以一边使用着大前提表达的知识（他清楚地意识到他不应该作恶），一边做出违背这种知识的事情（他做着酗酒这件恶事），原因就在于他在小前提方面陷入了无知：当他正在酗酒的时候，他具有但是并未使用小前提表达的

---

① *Aristotelis Opera*，*Nicomachean Ethics*，1147a2 – 3.

知识，即酗酒是一件恶事。换言之，他此时此刻仅仅在潜在的意义上知道酗酒是一件恶事，在现实的意义上，他并不知道这一点。于是，亚里士多德从实践三段论出发给出了对于不自制的解释：不自制者对小前提（酗酒是一件恶事）的无知，导致大前提表达的伦理知识（不应该作恶）和结论表达的实际行动（酗酒）之间出现矛盾，这种矛盾就是我们所说的不自制现象。这种现象看似是"知行不一"（明明知道不应该作恶，却仍然酗酒），但实际上它的根源在于"无知"（并不现实地知道酗酒是一件恶事），因此，苏格拉底的观点仍然是成立的。

那么，为什么不自制者会对小前提无知呢？为什么对于小前提表达的知识，他只是潜在具有而并未现实使用呢？亚里士多德的回答是："在具有但是并未使用知识的情况中，我们能够看到一种不同的状态，在这种状态中具有知识其实相当于不具有知识，比如睡眠、疯狂和喝醉的情况，而处于激情状态中的人们就是如此，因为血气、性的欲求和其他这类激情可以显著改变我们的身体状态，甚至让有些人发疯。显然，我们应该说不自制的人处于某种与此类似的状态。"[1] 在这段话中，亚里士多德承认，不自制者的无知状态是由过度强烈的激情和欲望造成的，这种无知状态和睡眠、疯狂、喝醉造成的无知状态类似。[2] 例如，一个几何学家如果睡着了、发疯了、喝醉了，那么他当然就只是具有而无法使用几何学知识了。

---

[1]　*Aristotelis Opera*，*Nicomachean Ethics*，1147a11－18.

[2]　由于我们一直用酗酒的例子来分析不自制现象，这里需要特别注意的是，亚里士多德把不自制者被激情和欲望蒙蔽的状态比作喝醉了，这一点用在我们的例子里应该是：一个不自制的酒鬼想要酗酒的强烈欲望蒙蔽了他明知不该酗酒的理性认识，让他陷入无知，这是他开始喝酒之前的状态，这种状态（而非他后来真的喝醉了的状态）被比作睡着了、发疯了、喝醉了。

不自制者的灵魂状态与之类似，区别在于，睡眠、疯狂、喝醉并不是灵魂的内在品质，而只是灵魂的偶然状态，睡着了、发疯了、喝醉了的几何学家只要苏醒过来或者恢复正常，就又可以现实地使用几何学知识了。相比之下，不自制是一种有缺陷的灵魂品质，每当不自制者面对关键的伦理选择时，过度强烈的激情和欲望都会蒙蔽他的头脑，让他无法使用小前提表达的伦理知识，导致他明知大前提的要求却仍然做出违背这种要求的事，这是他内在的、无法摆脱的伦理处境，除非他努力改善自己的灵魂品质。从表面上看，亚里士多德的这一步分析是赞同普通观点的，即认为不自制现象是欲望违背理性所导致的，但实际上，通过把不自制者的灵魂状态比作睡眠、疯狂、喝醉，亚里士多德的思路仍然是把不自制归结于无知，因为根据他的分析，强烈的激情和欲望并不能绕过理性，直接导致不自制现象的发生，而是必须首先作用于理性，让理性陷入类似于睡眠、疯狂、喝醉的无知状态，然后再由这种无知状态来造成不自制现象的发生。

总而言之，欲望的过度是不自制的间接原因，理性的无知是不自制的直接原因。为了强调这一点，亚里士多德将不自制者比作科学的初学者："虽然一个初学者能够将理论话语组合起来，但他仍然并不理解这些话语。因为真正的理解要求它们和他生长到一起，而这需要时间。"[①] 睡眠、疯狂、喝醉的类比是把不自制者的无知比作一个人暂时无法使用知识的状态，而初学者的类比是把不自制

---

① *Aristotelis Opera*，*Nicomachean Ethics*，1147a21 - 22. 此外，亚里士多德还把不自制比作一个喝醉了的人背诵恩培多克勒的诗歌但是并不知道这些诗句的意义，或者一个演员在舞台上背诵台词但是并不理解这些台词的意义，这些类比的共同点在于它们都把不自制现象描述为某种意义上的无知状态。

者的无知比作一个人尚未真正获得知识的状态，也就是把不自制者比作"伦理的初学者"。回到我们的例子：不自制的酒鬼表面上"知道"人生之善不在于放纵享乐，但是他酗酒的行为已经表明他并未真正懂得这种伦理知识的意义，他一边侃侃而谈关于人生之善的真知灼见，一边做着酗酒这种违背人生之善的事情，这就像一个物理学的初学者，对于自己一知半解的爱因斯坦质能方程式大讲特讲，但实际上还远远没能掌握这个方程式背后的科学原理。

笔者认为，"伦理的初学者"这个观念是值得重视的，它将不自制的灵魂品质放在人的伦理成长过程中，进行了精确的定位。在《尼各马可伦理学》全书中，亚里士多德第一次提到不自制是在第一卷第三章，他说，那些"在岁数上或者习性上年轻的人"是不适合学习伦理学的，因为"对于这样的人，正如对于不自制的人来说，知识是没有用处的"。[①] 年轻人是最容易不自制的，因为他们还不成熟，处在伦理成长的初期。当然，许多上了年纪的人也是常常不自制的，在亚里士多德看来，他们"在习性上"仍然是年轻人，也就是在伦理水平和灵魂品质方面仍然是"初学者"。作为"伦理的初学者"，不自制者要想进步，需要的不是理论性的伦理学习，不是阅读《尼各马可伦理学》或其他伦理学著作，而是继续接受实践的德性教育（也就是本书第三讲讲的习塑）。亚里士多德说，真正掌握伦理知识的标志是让伦理知识和自己"生长到一起"，成为自己灵魂的一部分。这里的用语"生长到一起"意味深长，从字面上看，这个用语的古希腊语原文是在描述植物弥合自身的伤口或

---

① *Aristotelis Opera*，*Nicomachean Ethics*，1095a6 - 9.

裂隙，伤痕的裂口两边重新生长到一起，恢复完整和健全。① 不自制者的灵魂就像受伤的植物，在理性和欲望之间存在裂隙，而德性教育的任务和伦理成长的目标就是帮助人的灵魂弥合这种裂隙，让理性和欲望"生长到一起"，变得和谐、融洽，直至让理性对于人生之善及其具体落实的认知在每时每地都完全统摄整个灵魂，从而塑造并维系灵魂的健全秩序。唯有如此，人才能真正拥有德性和幸福。

笔者在上文提到，古希腊理性主义灵魂秩序论认为，自制和不自制是灵魂不同层次之间的冲突，并且认为理性应该是灵魂秩序的主导。经过上述解说，我们发现，这两个方面的观点是相辅相成的，亚里士多德正是通过对于灵魂冲突的分析而揭示出理性主导灵魂秩序的必要性，也就是说，第七卷对不自制的分析从反面巩固了我们对于德性的理解，并且进一步展现了人性的本质在于理性。从苏格拉底到亚里士多德，古希腊伦理学的教导始终在于：要想完善我们的人性，就要努力成为一个真正的理性动物，让理性成为灵魂的统治者。

## 二、血气的不自制

让我们回到第七卷第三章的开头，亚里士多德这样表述他的研

---

① "生长到一起"这个表述让人想起柏拉图《会饮篇》中喜剧诗人阿里斯托芬讲的爱欲神话：圆形人被劈开，所形成的半人渴望同自己的另一半"生长到一起"。见柏拉图：《柏拉图全集》第二卷，第228页："那些被劈成两半的人都非常想念自己的另一半，他们奔跑着来到一起，互相用胳膊搂着对方的脖子，不肯分开。"王晓朝教授译为"不肯分开"的原文字面意思应该是"想要长到一起"。

究步骤:"我们必须研究:首先,不自制的人是否知道,或者在什么意义上知道;其次,不自制和自制所关涉的是何种事物。"① 至此,亚里士多德已经完成了第一步研究,他沿着苏格拉底指明的方向,对欲望和理性之间发生冲突的不自制现象进行了充分的解释,回答了不自制者"是否知道,或者在什么意义上知道"他所违背的伦理知识。接下来,他的第二步研究要回答的问题是"不自制和自制所关涉的是何种事物",也就是不自制和自制这两种灵魂品质所属的实践范围。我们会发现,亚里士多德认为,在严格的意义上,不自制和节制的范围是完全相同的,所关涉的生活领域是饮食和性爱,但是在衍生的意义上,其他的生活领域也存在不自制,其中最重要的是愤怒方面的不自制,这是一种血气和理性发生冲突而导致的不自制。

在第七卷第四章,亚里士多德指出,不自制与快乐相关,因此,对不自制的分类取决于对快乐的分类。在之前的讨论中,亚里士多德反复使用一种极为宽泛的快乐概念,还多次对快乐进行分类。我们不妨稍作回顾。在第二卷第三章,他区分了三种值得追求的事物——快乐、高贵、有利,随即又谈到一种广义的快乐:"快乐伴随所有值得追求的事物,因为高贵和有利也明显是快乐的。"② 在第三卷第十章界定节制的范围时,他将快乐分为三类:身体的快乐、荣誉的快乐、思考的快乐。到了第七卷第四章,他再次给快乐分类:"在带来快乐的事物中,有些是必要的,另一些自身值得追求",所谓"必要的"事物指的就是饮食和性爱,因为这两种活动

---

① *Aristotelis Opera*,*Nicomachean Ethics*,1146b8 - 10.
② Ibid.,1104b30 - 5a1.

对于个体的存活和种族的繁衍来说是必需的，相比之下，胜利、荣誉、财富这些事物则并不是绝对必要的，但是也"值得追求"。①以上各种对于快乐的分类方式都认为最基本的快乐指的是饮食和性爱带来的身体快乐，这是生命最自然的快乐，也是节制所关涉的快乐。亚里士多德指出，在严格的意义上，不自制所关涉的也是这种快乐。第七卷第三章的分析所针对的就是严格意义上的不自制，笔者在讲解这一章时一直采用酒鬼的例子，我们也可以用同样的方式分析贪吃者的不自制、贪色者的不自制，这些案例都属于在饮食和性爱带来的身体快乐方面发生的不自制现象。亚里士多德接着指出，由于人还可以享受广义的快乐，因而在衍生的意义上，还存在许多其他形式的不自制，比如在胜利、荣誉、财富方面的不自制，甚至连对家人的爱，如果太过分的话，都可能出现不自制。② 不过，尽管几乎所有的生活领域都可能出现衍生性的不自制，但是从基本类型上讲，不自制的区分最终还是要根据灵魂的层次之分。亚里士多德继承了柏拉图的灵魂论，认为灵魂是由欲望、血气、理性这三个层次构成的。欲望和血气都有可能和理性发生冲突，因此，不自制的基本类型可以分为欲望方面的不自制和血气方面的不自制，其中，饮食和性爱的不自制是前一种类型的典型案例，愤怒的不自制是后一种类型的典型案例。此外，还有一个重要的因素，将愤怒的不自制与其他方面的不自制区别开来，那就是：这种不自制主要并非和快乐相关，而是和痛苦相关，它并非源自人主动追求某

① 亚里士多德：《尼各马可伦理学》，第 201 页。
② 同上书，第 202 - 203 页。

种享受，而是源自人遭遇到某种痛苦而形成的被动反应。接下来，亚里士多德之所以要着重分析愤怒的不自制，就是为了从欲望的问题上升到血气的问题，从而补充讲解不自制的第二种基本类型。

由于在灵魂论方面，亚里士多德深受柏拉图的影响，我们不妨先补充一下柏拉图是如何探讨血气和愤怒的。在《理想国》第四卷，柏拉图通过分析欲望和理性的冲突而揭示出二者是灵魂中两个不同的部分，接着，他又提到两个关于愤怒的故事，以便说明灵魂中除了欲望和理性之外，还存在血气。第一个故事的主人公是一个名叫莱昂提乌斯的人，他有一种古怪的不良欲望——喜欢观看苍白的尸体。此人是一个喜剧角色，以喜爱像尸体一样皮肤苍白的男孩而闻名，因此，他喜欢观看苍白的尸体，这其实反映了一种变态的情欲。① 柏拉图选择莱昂提乌斯的故事是为了表现欲望的丑陋不堪，从而凸显出血气是一种比欲望层次更高的灵魂要素。莱昂提乌斯的故事就是血气和欲望的冲突：有一天，他路过雅典城外的一处行刑场，那里躺着很多被处决的尸体，他就很想去看那些苍白的尸体，却又为这个念头而感到羞耻，"他忍了又忍，并且把眼睛蒙上，但最后终于屈服于他的欲望，他睁大双眼冲到那些尸体跟前，并恶狠狠地咒骂自己说：'看吧，你这个邪恶的家伙，让你把这美景看个够！'"② 柏拉图认为，莱昂提乌斯为自己想看尸体的念头感到羞愧，并且冲着自己发怒，这种羞愧的愤怒是血气的表现，而不是欲望的表现。这是因

---

① 古希腊社会盛行男童恋，即成年男人对男孩的情欲，莱昂提乌斯就是一个男童恋者。古希腊人不认为男童恋是变态的，但莱昂提乌斯如此喜爱皮肤苍白的男孩，以至于甚至喜欢观看苍白的尸体，这种欲望显然是变态的。

② 柏拉图：《柏拉图全集》第二卷，第 419 页。

为，首先，他的欲望是想看尸体的；其次，更重要的是，单纯的欲望并不会产生羞愧和愤怒的情感，因为这些情感的根源在于自尊心，而自尊心是血气的表达。血气也不同于理性，尽管在莱昂提乌斯的例子中，他的理性应该是和血气站在一起共同谴责欲望的，但是他的那句台词所表现的并非理性的冷静思考，而是血气的愤怒自责。

为了进一步说明血气和理性的不同，柏拉图又引用了《奥德赛》中的一个故事。当奥德修斯乔装成乞丐回到家中，看见家里的女仆和求婚者厮混的卑劣行径，他怒火中烧，恨不得立刻冲上去杀死她们，但是又不得不努力让自己冷静下来，荷马讲述道：

> 这时他的心里和智慧正认真思虑，
> 是冲上前去给她们每个人送去死亡，
> 还是让她们再同那些高傲的求婚人
> 作最后一次鬼混，他的心在胸中怒吼。
> 有如雌狗守护着一窝柔弱的狗仔，
> 向陌生的路人吼叫，准备扑过去撕咬；
> 他也这样被秽事激怒，心中咆哮。
> 继而他捶打胸部，内心自责这样说：
> "心啊，忍耐吧，你忍耐过种种恶行，
> 肆无忌惮的库克洛普斯曾经吞噬了
> 你的勇敢的伴侣，你当时竭力忍耐，
> 智慧让你逃出了被认为必死的洞穴。"[1]

----

① 荷马：《荷马史诗·奥德赛》，王焕生译，北京：人民文学出版社，2003年，第372页。

由于当时的读者非常熟悉《荷马史诗》的情节，因此柏拉图只需要引用上述诗段中的一行："继而他捶打胸部，内心自责这样说"。① 奥德修斯想要立即杀死女仆的念头是一种义愤填膺的复仇冲动，这是血气的典型表现，然而，由于这样做会暴露他的身份，从而破坏他精心策划的计谋，经过一番内心挣扎之后，他最终选择了忍耐，因为他还记得，在曾经面对更加凶残的对手——吃人的独眼巨人库克洛普斯时，是理性的计谋，而非血气的冲动，帮助他逃出生天。我们可以这样理解《奥德赛》的这个故事：与求婚者厮混的女仆代表了欲望，奥德修斯的愤怒代表了血气，而他的忍耐代表了理性，整个故事象征性地再现了人类灵魂的三个层次和应有的秩序：血气高于欲望，理性又高于血气。

根据柏拉图，莱昂提乌斯的故事说明血气不同于欲望，奥德修斯的故事说明血气不同于理性，这两个例子共同说明血气是灵魂中的一个独立部分，而整个《理想国》第四卷的讨论旨在论证人类灵魂由欲望、血气、理性这三个层次构成。笔者已经指出，亚里士多德对灵魂冲突的分析完全继承了柏拉图的灵魂论，同时，又因为他认为自制和不自制都是理性试图对非理性进行克制所导致的，所以，从基本类型上讲，自制和不自制就可以分为两种：理性和欲望相冲突的自制和不自制，理性和血气相冲突的自制和不自制。莱昂提乌斯的故事讲的是欲望和血气的冲突，这不在亚里士多德的分析范围之内，但是如果将莱昂提乌斯的理性也补充进来，即，如果他

---

① 柏拉图：《柏拉图全集》第二卷，第 420 页。

的理性也试图克制他的不良欲望，但最终未能成功，那么他忍不住看尸体的行为就属于欲望的不自制。在《奥德赛》的故事里，奥德修斯对女仆的愤怒和莱昂提乌斯对自己的愤怒一样，也是血气的表达，他的忍耐反映了理性对血气的管控，他的最终选择体现了血气的自制。

有了上述准备，让我们回到《尼各马可伦理学》第七卷。在第六章，亚里士多德对愤怒的不自制进行了分析，他一开始就提出，与欲望的不自制相比，愤怒的不自制"是不那么可耻的"，他接着写道：

> 怒气似乎在某种意义上是听从理性的，但是听得不对，就像是急性子的仆人，在听到全部命令之前就冲出门去，因此把事情做错了，或是像狗一样，还没有来得及看清门外是不是朋友，一听到声响就开始吠叫了。怒气也是这样，由于它的本性热烈而急躁，所以它虽然也听从理性，但总是还没有听清楚命令，就冲上去报复。理性或表象表明我们遭到了傲慢或轻慢的对待，而愤怒的感受就像是在进行推论："必须反抗这类事情"，从而立刻被激怒；与之相比，只要理性或感官告诉我们某物能够引发快乐，欲望就立刻冲上去享受。愤怒以某种方式能够听从理性，而欲望则不能以这种方式听从理性。①

这段话中的"怒气"和"愤怒"，原文是 thumos，也就是"血气"。亚里士多德对血气和欲望的根本区分在于：前者"以某种方

① *Aristotelis Opera*，*Nicomachean Ethics*，1149a24 - b2.

式能够听从理性"，而后者"不能以这种方式听从理性"。笔者此前一直讲，健康的灵魂秩序是欲望听从理性，亚里士多德也早在阐述人类功能的时候就说，理性活动包括欲望听从理性而产生选择与行动，但是现在，他又提出，欲望虽然能够听从理性，但是它不能像血气那样听从理性。那么，血气究竟是以什么方式听从理性的呢？关键在于这一句话："理性或表象表明我们遭到了傲慢或轻慢的对待，而愤怒的感受就像是在进行推论：'必须反抗这类事情'"。让我们耐心地分析这句话。这句话是亚里士多德在描述血气时最典型的表达场景，那就是，当我们遭到了"傲慢或轻慢的对待"，导致荣誉和尊严受损，这时候，我们的血气被激发，怒火中烧，立即就要反抗、报复。这句话的开头说"理性或表象"，意思是，要么我们确实遭到了傲慢或轻慢的对待，这是理性做出的客观判断，要么我们只是误以为遭到了傲慢或轻慢的对待，但事实并非如此，而只是一种表象或者假象罢了。例如：或许他人的言行并没有要羞辱我们的意思，但是我们误会了；又或许他人对我们提出正当的批评甚至善意的提醒，但是我们非但不虚心接受，反而被激怒。从这里已经可以看出，血气的激发有可能是非理性的，但也有可能是符合理性的，如果我们确实遭到了傲慢或轻慢的对待，那么发怒就是正确的、符合理性的反应。进一步讲，这种反应和欲望不一样，欲望往往是生理性的，而怒气的运作则包含了一种"推论"，那就是"必须反抗这类事情"。之所以需要"推论"，是因为这种反抗是以我们对于荣誉和尊严的认知、对于正义的理解为前提的，这些认知和理解并不是天生的、本能的，而是后天形成的，属于我们的理性意识。一个完全缺乏理性的人，比如一个痴呆者，也是有欲望的，是能够感受并追求生理快乐的，但是亚里士多德认为，这样一个痴呆者对荣誉、尊严、正义是没有理性意识的，从而在这些问题上也就不可能有血气，不可能因为受辱而发怒、反抗，他顶多具备第三卷第八章谈到的那种动物性的血气，例如，一头被猎人射伤的狮子会不顾危险，怒气腾腾地冲向猎人。痴呆者如果受到伤害，也能够像狮子一样发怒、抵抗、报复，但是这种动物性的血气不同于亚里士多德在第七卷第六章讨论的人类独有的血气，人的血气不是对于生理性痛苦的反应，而是对于那种只有人类才能感知到的痛苦——因为荣誉和尊严受损、因为遭受不正义的对待而产生的痛苦的反应。总之，人类独有的血气以理性认知为前提，其正确的运用是对于尊严、荣誉、正义的捍卫，对于傲慢、轻慢、不正义的抵抗，因此，亚里士多德说血气"以某种方式能够听从理性"，而欲望"不能以这种方式听从理性"。他的观点和柏拉图完全一致，柏拉图提出血气是理性的辅佐，在理性和欲望的冲突中，血气总是应该站在理性这一边，帮助理性克制欲望。① 莱昂提乌斯的故事就体现了这一点，只是他的欲望最终获胜了。莱昂提乌斯的例子讲的是一个人的自我斗争，而亚里士多德分析的是人与人之间的冲突，对此我们也可以构想一个案例。比如某人遭到侮辱，血气被激发，想要抵抗，但是理性和欲望发生了冲突：理性命令他抵抗，欲望却害怕危险，这时候，他就需要血气来帮助理性克服欲望了（假设他此刻确实应

---

① 柏拉图：《柏拉图全集》第二卷，第 419－420 页。

该抵抗），而他最终会表现得怯懦还是勇敢，这在很大程度上就取决于他的血气够不够强盛了。类似的，一个人能否疾恶如仇、见义勇为，也都取决于他的血气。

不过，血气虽然以理性为前提，但是它毕竟是低于理性的，有时候也会违背理性，同理性发生冲突。当理性试图克制血气却失败的时候，就发生了血气的不自制。血气的非理性体现为，首先，有时候我们自认为受到侮辱，但实际上并非如此，这时候我们如果发怒，那就是非理性的。更重要的一点在于，即便我们真的遭到不公正的对待，我们也不见得应该立即发怒，比如奥德修斯，虽然女仆确实背叛了他的家室，他也完全有理由愤怒，但是理性告诉他此时此刻必须忍耐。作为一个伟大的英雄，奥德修斯在血气方面能够自制，这是一般人很难做到的。奥德修斯是《荷马史诗》中最机智、最擅长计谋的英雄，他常常被称作"足智多谋的奥德修斯"，而血气方面的自制力就是他能够运筹谋略的前提条件。一般人是远远不如奥德修斯的，正如亚里士多德所说，血气的本性"热烈而急躁"，导致人常常来不及等待理性的思虑就已经怒发冲冠了，他把血气比作急性子的仆人、吠叫的狗。笔者认为，狗的比喻是尤为贴切的，在上文引用的《奥德赛》段落中，发怒的奥德修斯也被比作狗："他的心在胸中怒吼，有如雌狗守护着一窝柔弱的狗仔，向陌生的路人吼叫"。在《理想国》第二卷，充满血气的护卫者也被比作狗。我们知道，狗一旦被激怒，开始吠叫，就会处于肾上腺素飙升的狂暴状态，这时候狗就很难听得进主人的指令了。人被激怒的时候也与此类似，血脉偾张、心跳加速、头脑发热、拳头紧攥，伴随这一系列的生理反应，以及不甘受辱的自尊心和意气用事的报复欲，陷入这种状态的人往往是完全听不进劝的，更不要说冷静思考、克制忍耐了。由于古希腊文化重视荣誉感、崇尚战斗，在愤怒和血气方面不自制的案例在史诗和悲剧中比比皆是，最典型的莫过于《伊利亚特》中的阿基琉斯。在《伊利亚特》第一卷，阿伽门农夺走阿基琉斯的战利品，后者深受其辱，狂怒之下立即就要杀死阿伽门农，幸亏雅典娜女神降临进行劝阻，才避免了一场希腊人内部的血斗。阿基琉斯的血气比奥德修斯强得多，又没有奥德修斯那样的忍耐力，他完全无法管控自己的愤怒，需要神的帮助才能克制。最终，阿基琉斯虽然没有杀死阿伽门农，但还是决定退出战场，不再帮助同胞，并且诅咒希腊人战败，似乎唯有如此他的自我价值才能得以彰显。《伊利亚特》的开篇就概括了阿基琉斯的愤怒如何导致全体希腊人的苦难，这是全诗的核心主题：

> 女神啊，请歌唱佩琉斯之子阿基琉斯的
> 致命的愤怒，那一怒给阿开奥斯人带来
> 无数的苦难，把战士的许多健壮英魂
> 送往冥府，使他们的尸体成为野狗的猎物
> 和各种飞禽的餐食，从阿特柔斯之子、
> 人民的国王同神样的阿基琉斯最初在争吵中
> 分离时开始吧，就这样实现了宙斯的意愿。①

　　这样看来，在《荷马史诗》中，如果说奥德修斯是血气方面自

---

① 荷马：《荷马史诗·伊利亚特》，第 1 页。

制的榜样，那么阿基琉斯应该就是血气方面不自制的典型了。不过，讲到这里，我们应该能够感受到古希腊文化对于血气的微妙态度。自制的奥德修斯和不自制的阿基琉斯，哪一位是更好的英雄呢？有人认为奥德修斯比阿基琉斯更好，柏拉图、亚里士多德这样的哲学家通常都更喜欢奥德修斯，因为他是更加理性的，但是也有许多人认为阿基琉斯比奥德修斯更好，而且理由正是在于他那无比强盛的血气。因为阿基琉斯确实受到不公正的对待，他的愤怒是正当的，而且其极端强烈的程度同他的地位和能力相匹配，所以我们能够理解他退出战场的选择，甚至能够原谅他对同胞的诅咒；至少，他由于血气的不自制而犯下的这些错误，并不足以贬损他作为一个强大英雄的卓越和高贵，也不足以推翻他发怒的理由，他的反应或许是矫枉过正的，但是他所遭受的羞辱和不正义是真实的。亚里士多德之所以认为怒气的不自制比欲望的不自制更好，不仅是因为血气在灵魂秩序中的地位比欲望更高，还因为对于个人尊严的捍卫、对于社会正义的维护而言，血气的激情是不可或缺的，尽管它需要理性的指挥才能更好地完成这个任务。

在《理想国》的第八卷和第九卷，柏拉图将血气的本质概括为"对于权力、胜利和名誉的追求"，并指出，血气强盛的人是"高傲且热爱荣誉的"。[①] 阿基琉斯的愤怒就是出于对荣誉的热爱，这是他的高贵之处，但是他太执着于荣誉，以至于在激情的支配下会失去理智，这又是他的根本缺陷。古希腊文化既敬仰阿基琉斯这样的

———————————

① 柏拉图：《柏拉图全集》第二卷，第 553、595 页。

血气英雄，又推崇奥德修斯这样的理性英雄，可以说，其文明理想就是实现血气和理性之间的平衡。① 在柏拉图、亚里士多德这样的哲学家看来，古希腊文化对于血气的推崇已经足够充分了，无论是文学典故中还是现实生活中都不乏血气强盛的人，但是古希腊文化对于理性的培养还不够充分，因此，大多数古希腊公民还是血气过剩、理性不足的，这体现为，对荣誉感的追求一直是城邦社会风气的主流。亚里士多德致力于改进这种状况，在《尼各马可伦理学》第一卷第五章，他谈道："那些体面的、热衷实践的人们认为幸福就是荣誉，因为这大体上就是政治生活的目的。"② 这句话是对于古希腊城邦文化的准确概括，公民积极参与政治、追求荣誉，认为这就是幸福。亚里士多德说这种追求荣誉的幸福观念是"那些体面的、热衷实践的人们"所具备的，这表达了他对这种观念的认可和尊重，然而，他随即就对追求荣誉的幸福观提出了深入的剖析和批评：首先，荣誉是一种外在善，取决于授予者，而非接受者，但是幸福必须是内在的、属于一个人自己的，因此，不应该把荣誉和幸福等同起来。这个批评的要点在于，虽然对于荣誉的追求是一种高贵的追求，但荣誉毕竟是身外之物，一个人如果太过执着于荣誉，就必然会为世俗意见所累，导致他要么取悦社会以获得荣誉，要么反抗社会以捍卫荣誉，总之，难以返回本真的自我、获得不假外求的幸福。沿着这个思路，亚里士多德接着说，那些追求荣誉的人，应该穿透荣誉的面纱，想清楚自己真正追求的是什么。事实上，荣

---

① 亚里士多德：《政治学》，第 360－361 页。
② *Aristotelis Opera*，*Nicomachean Ethics*，1095b22－23.

誉是对于德性的确认，一个人追求荣誉其实不是为了荣誉本身的价值，而是为了通过它来确认自身的德性。这就是为什么我们会想要高尚的、有智慧的人给我们荣誉，而不想要卑劣的、愚蠢的人给我们荣誉，来自优秀者的荣誉会让我们充满自信和成就感，来自平庸者的荣誉反而会让我们产生自我怀疑。当然，亚里士多德自始至终就排除了那种沽名钓誉、求名夺利的人，而是只考虑那些发自内心热爱荣誉的人，他认为，这样的人只要认真反思，就会明白他们真正追求的其实是德性，而人一旦真正获得了德性并且所获得的是真正的德性，那么他也就不需要来自荣誉的确认了，因为德性是内在的、属于灵魂的善，不需要任何粉饰。最后，亚里士多德补充到，有了德性还不够，因为仅仅具有德性还只是一种潜在的状态，人要想实现幸福，就必须将德性付诸实践，从而让德性进入现实的状态。这里的要点在于，德性的现实状态就是符合德性的选择和行动，而这些选择和行动必须以它们自身为目的，而不是为了荣誉。人生的成就在于凭借德性的发挥和施展来实现自我的卓越和对社会的贡献，在这种成就面前，荣誉只是一份可有可无的点缀罢了。讲到这里，亚里士多德其实已经在预告他接下来通过功能论证给出的幸福定义了："幸福是灵魂的符合德性的现实活动。"① 由此可见，亚里士多德伦理学的幸福观本身就是对于充满血气、热衷荣誉的古希腊主流幸福观的一种批判性改进。

---

① 在前几讲的讲解中，笔者说亚里士多德将幸福定义为"灵魂的符合德性的实践活动"，而非"灵魂的符合德性的现实活动"，其实这两种说法的意思是相同的，只不过，"现实活动"的说法更加明确地强调了德性必须得到使用，必须通过施展和发挥来进入现实性，而非仅仅作为一种能力而停留在潜在性。

在第一卷第五章，除了追求荣誉的政治生活之外，亚里士多德还提到了另外两种生活：追求享乐的生活和追求智慧的生活，这三重区分的基础正是灵魂秩序论：欲望、血气、理性。笔者在本书第六讲也提到过，柏拉图在《理想国》中对于城邦阶层的区分（劳动者、护卫者、哲学家）和毕达哥拉斯的人生寓言（人生是一场运动会，有来做买卖赚钱的，有来参与运动竞技的，也有来观看比赛的），也都是将人的生活方式分为以上三种。① 在第一卷，以及在整个前六卷的语境中，追求享乐的生活都被视作最低下的一种生活方式，但是在后四卷的论述中，亚里士多德为快乐正名，揭示快乐的正面意义。在第七卷和第十卷，亚里士多德两次探讨快乐的本质，目的是为了论证人生的至善必然伴随着一种独特的快乐，正是以这种快乐为标准，亚里士多德才得出了第十卷的最终结论：哲学沉思的生活是最快乐的，因此是最幸福的。《尼各马可伦理学》上、下半场的最大区别就在于：上半场的讨论主要是围绕政治生活展开的，在城邦文化中，政治生活是充满血气的生活，而亚里士多德希望用实践理性去改善这种生活，让它成为一种符合德性的生活。相比之下，下半场将聚焦于欲望和理论理性，探讨享乐的生活和哲学沉思的生活。我们会发现，欲望与理论理性虽然是灵魂秩序中最低和最高的部分，但是和血气相比，二者又有相通之处：哲学沉思作为"爱智慧"的生活，其本质也是一种满足欲望的生活，只不过对

---

① 在柏拉图和毕达哥拉斯的分类中，就生活目的而言，劳动者和做买卖的人是为了满足欲望、追求享乐；护卫者和运动员是为了满足血气、追求荣誉；哲学家和观众是为了满足理性、追求智慧（观众的"观看"和哲学家的"沉思"是同一个古希腊语单词 theōria，基于这个单词的双重含义，毕达哥拉斯用观众来比喻哲学家）。

智慧的欲望是精神性的灵魂欲望，而不是身体性的感官欲望。一切满足欲望的生活都是追求快乐的，哲学沉思和"食色，性也"一样，都是追求快乐的，只不过所追求的是完全不同的快乐。相比之下，充满血气的政治生活虽然也追求荣誉的快乐（主流观念）和德性的快乐（亚里士多德的改善），但是这种生活在本质上是无法摆脱痛苦的，因为它需要面对人生的种种恶与不义，它的意义就在于抵抗这些恶与不义，因而它最典型的表达是愤怒。在亚里士多德看来，血气的愤怒固然是高贵的，以至于血气的不自制要比欲望的不自制更好，但是人生在世终归还是要追求快乐和幸福，而不是始终在对抗痛苦和不幸。《尼各马可伦理学》的下半场将告诉我们，幸福就在于快乐，关键是要懂得何谓真正的快乐，要学会避免肤浅的、低俗的快乐，追求纯粹的、至高的快乐。接下来，让我们看看亚里士多德究竟是如何理解快乐的。

# 第八讲  为快乐正名

## 一、真正的快乐

《尼各马可伦理学》第七卷有两个研究课题：前半卷的课题是不自制，后半卷的课题是快乐。笔者已经在上一讲详细讲解了亚里士多德对不自制的分析，第七卷的后半部分之所以过渡到快乐的主题，也是从对于不自制的分析发展而来的。我们已经谈到，按照灵魂层次的基本区分，不自制可以分为欲望的不自制和血气的不自制，前者是关于快乐的（尤其是饮食和性爱的快乐），后者是关于痛苦的（尤其是尊严和荣誉受损的痛苦）。虽然亚里士多德认为血气的不自制要比欲望的不自制更好，但是欲望的不自制才是严格意义上的不自制，也是他着重分析的对象。由于这种不自制是关乎快乐的，因此，在讲完不自制之后，亚里士多德很自然地过渡到对于快乐的专题讨论。他批评不自制不是为了反对一切享乐，而是为了教导我们学会节制地享受正确的快乐。要实现这个目标，我们一方面必须克服不自制的缺陷，让欲望服从理性的统治，从而养成节制的德性，另一方面还需要懂得何谓正确的快乐。节制的德性已经在第三卷得到了充分的阐述，因此，第七卷后半卷的任务就在于指明快乐的本质究竟是什么，因为唯有理解了快乐的本质，我们才能区分正确的快乐和错误的快乐、真正的快乐和虚假的快乐。

　　亚里士多德首先提出，人们关于快乐有大致三种伦理观点：有些人认为没有任何快乐是好的；另一些人认为虽然大多数快乐是坏的，但是有些快乐是好的；还有一些人认为虽然有很多快乐是好的，但是快乐不可能是最好的，即，快乐不可能是至善。① 这三种观点对快乐的态度是越来越正面的，然而，即便是第三种观点，也不为亚里士多德所赞同，因为他要论证的是一个更强的观点：虽然快乐有好有坏，但是真正的快乐就是人生中最好的事物，也就是至善。这个观点看上去与《尼各马可伦理学》第一卷第七章对幸福的定义相矛盾，因为该定义指出，幸福或者至善是"灵魂的符合德性的现实活动"，而在第七卷，亚里士多德又试图论证幸福或者至善不是别的，就是真正的快乐。本讲的讲解将说明，第一卷对幸福的定义和第七卷对快乐的分析其实并不矛盾，因为根据亚里士多德的

---

　　① 亚里士多德：《尼各马可伦理学》，第 217 页。

快乐观，快乐的本质就等同于符合德性的现实活动，也就是说，有德性的生活本身所带来的快乐就是真正的快乐，而幸福就等同于这种快乐。用儒家的话来说就是，人生的至善在于"孔颜之乐"。

基于对上述三种伦理观点的详细分析，亚里士多德提出了一个诊断：所有否认快乐可以是至善的观点（我们不妨称之为"反快乐主义"）都误解了快乐的本质，误认为"快乐不是目的，而是变化"。① 这句话是什么意思呢？让我们以人生最基本的快乐——饮食的快乐为例：当我们饿了、渴了，我们就产生了想要进食、想要饮水的欲望，为了满足这些欲望，我们就进食、饮水，开始了从饥渴到饱足的"变化"，而当变化完成了，我们吃饱喝足了，欲望就得到了满足，这时候就实现了进食和饮水的"目的"。反快乐主义认为，饮食的快乐存在于进食、饮水的变化过程之中，只有在这个过程之中，美味的食物和饮料带给我们的快乐才能被我们感知到。当变化完成，我们吃饱喝足，这种快乐就消失了，我们的欲望也得以平息，但是这恰恰才是进食、饮水这个过程所要实现的目的。由于变化过程包含快乐，目的却不包含快乐，又由于变化过程不是善，目的才是善，因此，快乐不是善，善也不包含快乐。反快乐主义认为，以此类推，如果连饮食之欲的满足这种小善都不是快乐，那人生至善就更不可能是快乐了。

在讲解亚里士多德如何反驳以上观点之前，让我们首先更加深入地分析一下反快乐主义观点的思路。普通人听到这种观点的第一

---

① *Aristotelis Opera*，*Nicomachean Ethics*，1152b22 – 23.

反应或许是：反快乐主义认为饮食的目的仅仅在于吃饱喝足的结果，这是不对的，因为只要条件允许，当我们享用食物和饮料的时候，我们的目的就在于品尝美味，而不在于消除饥渴和实现存活。如果一个人进食饮水仅仅是为了摄取营养以便活下去，说明他实在太穷了，这是外在条件不允许他以饮食为享受，而不是他不想以饮食为享受。① 人类区别于其他动物的地方就在于，其他动物的饮食确实仅仅是为了摄取营养、维持生命，而人的饮食主要是为了享受美味，这是人类文明的成就。实际上，就连动物也是会享受美味的，例如，家养的猫狗等宠物就往往非常挑食。因此，我们不应该把饮食的活动理解为纯粹手段性的"变化"，而应该把这个活动也理解为"目的"，如此一来，既然饮食带来了快乐，那么快乐也就存在于目的之中；既然目的是善，那么快乐就是善，这样就反驳了反快乐主义的观点。从逻辑上讲，亚里士多德也完全可以采取上述思路来反驳反快乐主义的观点，但是他并未这样做，这是因为，在一个根本的层面，他并不赞同普通人对饮食的理解，而是赞同反快乐主义对饮食的理解。这两种理解的冲突其实是文化和自然的冲突：普通人站在文化的角度，认为人类发明了烹饪技艺，这使得人能够以饮食为享受，而不仅仅是为了营养和健康；反快乐主义站在自然的角度，认为在深层本质的意义上，技艺是服务于自然的，人

---

① 当然，还有另外一种可能性，那就是，此人是一个禁欲主义者或苦行主义者，但是这种可能性已经超出古希腊伦理的范围了。在西方，它常见于中世纪，是基督教信仰的一种结果。有兴趣的读者可以参考拙著《存在与试探：奥古斯丁的〈忏悔录〉》，新北：台湾基督教文艺出版社，2021 年，第 135 页。

类烹饪出丰富多样的美酒和佳肴，其根本目的仍然是为了摄入营养、维持健康，这和动物进食饮水的目的是一致的。在这个问题上，亚里士多德和反快乐主义一样，是坚定的自然主义者，他也认为，文化只是自然的装饰，回到自然才算是回到事情的本质（古希腊语的 physis 既指"自然"又指"本质"，所谓事物的本质，就是事物的自然本性），因而饮食的本质就是为了营养，为了健康地活下去，这才是饮食在自然意义上的目的，至于饮食的美味，在最根本的层面只是实现这个目的的手段。我们在第四讲讨论节制的时候已经看到，亚里士多德并非禁欲主义者，他不反对享受美酒佳肴带来的感官快乐，但是同时，他确实也认为这种快乐是应该警惕和防备的，我们之所以需要节制的德性，其中一个很重要的原因就在于，人类的饮食文化创造出太多的感官诱惑。因此，一个真正有德性的人，应该既能够以符合中道的方式享受饮食，又能够明确认识到饮食终归是为了健康地活着，这才是一切饮食的根本目的，唯有牢牢坚守这一认识，才能不为口腹之欲所累。对于饮食，最高的境界是既能善于品鉴，又不刻意挑剔；进可山珍海味，退可粗茶淡饭。

既然在饮食问题上，亚里士多德赞同反快乐主义的观点，认为在自然的层面，进食饮水的过程是手段性的"变化"，摄入营养的结果才是这个变化过程的"目的"，那么他又如何反驳反快乐主义的观点呢？他如何论证饮食活动包含的快乐是一种善呢？让我们回到反快乐主义的根本出发点："快乐不是目的，而是变化"。在饮食活动中，美酒佳肴带给我们的感官快乐确实只存在于变化的过程，不存在于最终的目的，但是亚里士多德指出，他所谓的快乐指的不是这种口腹之乐，而是另一种更加深层的快乐，他说：

> 让我们回归自然状态的过程只在偶性的意义上是快乐的，而发生在欲望中的现实活动其实属于那些留存于自然状态的品质……快乐并非变化，也并非所有快乐都涉及变化，毋宁说快乐是现实活动，是目的，它并不发生于我们获得能力的过程，而是发生于我们对于能力的使用。①

这段话的字面含义非常费解，但是只要我们明白亚里士多德的实际所指，我们就能理解他要表达的观点了。让我们还是以进食为例。首先，"回归自然状态的过程"指的就是进食的过程，因为所谓"自然状态"指的就是饱足的状态，如果腹中空空、饥肠辘辘，那就是自然状态发生了"欠缺"，而填饱肚子，就是一种向着自然状态的"回归"。其次，回归自然状态的过程即进食过程"只在偶性的意义上"是快乐的，所谓"在偶性的意义上"是亚里士多德的习惯用语，指的就是"在表面上""并非在本质上"。在进食过程中，食物带给我们色香味的感官快乐，普通人和反快乐主义都认为，这就是进食的快乐，只不过前者认为这种快乐属于目的的范畴，从而是一种善，后者认为这种快乐属于手段的范畴，从而并不是一种善。亚里士多德观点的独特性就在于，他不认为食物带来的感官快乐是真正的快乐，而是认为这种快乐仅仅"在偶性的意义上"是快乐，也就是说，仅仅"在表面上"是快乐。那么，什么是

---

① *Aristotelis Opera*，*Nicomachean Ethics*，1152b34 – 1153a11.

真正的、"本质意义上"的快乐呢？在引文的省略号后面，亚里士多德说，"快乐并非变化，也并非所有快乐都涉及变化，毋宁说快乐是现实活动，是目的"，这句话揭示出，真正的快乐属于目的的范畴，因为它不是"变化"，而是"现实活动"（energeia）。笔者在上一讲已经解释过 energeia 这个词，它的字面含义是"正在履行功能的状态"，亚里士多德用它来指现实性，区别于潜在性，也可以译为"现实活动"，因为功能的履行必然是某种活动。现实活动是"目的"，因为任何具有功能的东西，其存在的目的就是为了履行自己的功能。在我们的例子里，进食是从饥饿到饱足的变化过程，美味的享乐就发生在这个变化过程中，但是真正的快乐并不属于这个变化过程，而是属于某种实现目的的现实活动。那么，这里所谓的现实活动是什么，它又存在于何处呢？既然现实活动就是"正在履行功能的状态"，要回答进食的时候发生了什么现实活动，我们就要弄清楚：在进食过程中，是什么东西在现实地履行它的功能、现实地实现它的目的，回答了这个问题，我们就理解了何谓真正的快乐。

让我们回到上面这段引文，至关重要的一句话是："发生在欲望中的现实活动其实属于那些留存于自然状态的品质"。所谓"留存于自然状态的品质"，指的就是没有发生任何欠缺的品质。饥饿是一种欠缺，因此，需要进食来让我们回归饱足，而这就是欲望。亚里士多德深刻地指出，在这个欲望得到满足的过程中，还发生了一种现实活动，这种现实活动并不是从缺乏到满足的变化，而是始终没有欠缺的，一直留存在饱满的自然状态中。笔者认为，这种现实活动指的就是人体消化食物、摄入营养的生命活动，它是消化系统的功能，正是这种现实活动，让我们能够享受美食带来的感官快乐（这只是偶性的快乐），而这种现实活动自身包含真正的快乐（这才是本质的快乐）。引文的最后一句说，本质的快乐"不发生于我们获得能力的过程，而是发生于我们对于能力的使用"。"获得能力的过程"和"对于能力的使用"是亚里士多德非常重视的一个区分，前者是变化，后者不是变化。例如，我们学习建筑术的过程就是"获得能力的过程"，学会之后，我们正在造房子的状态就是"对于能力的使用"。在进食的例子里，并不存在"获得能力的过程"，而是伴随进食的过程发生着"对于能力的使用"，也就是我们的身体发挥着消化系统的功能。笔者已经讲过，能力是一种潜在性，对于能力的使用是让潜在性进入现实性，在亚里士多德看来，虽然从潜在性进入现实性的"切换"是一种变化，但是进入现实性之后，正在履行功能的状态就并不是一种变化的过程了，而是一种现实活动。关键在于，现实活动是一种目的，因为任何功能的发挥就是这种功能之所以存在的目的，消化系统发挥着自身的功能，就是实现着自身的目的，而这件事情包含的快乐就是目的性的快乐，即，目的得以实现所带来的快乐，这种快乐是一种善。

综上所述，在亚里士多德看来，美食带来的感官快乐是偶性的快乐，这种快乐发生于进食的变化过程中（从饥饿到饱足，从缺乏到完满），这个变化过程不是目的，因而它所带来的快乐不是善；消化系统良好运转带来的深层快乐才是本质的快乐，这种快乐发生于目的性的现实活动之中（没有缺乏，一直是完满的），因而是一种善。以这种方式，亚里士多德成功反驳了反快乐主义的观点，为快乐做了辩护，在这个意义上，他的观点可以说是一种快乐主义。不过，和普通人对快乐的理解不同，亚里士多德所赞同的快乐是一种深层的、不易察觉的快乐，而非表面的、刺激感官的快乐。我们可以粗略地说，亚里士多德认为，当我们进食的时候，我们应该用心体会身体机能良好运作的那种快乐，而不是舌尖的快乐。

我们不妨利用一个图示来总结以上讲解：

进食

饥饿　→　饱足

（偶性快乐）

↑（本质快乐）

健康的消化系统

以上图示中，横向箭头表示从饥饿到饱足的变化过程，这个过程伴随偶性快乐（舌尖的感官快乐）；竖向箭头表示消化系统支撑着进食的过程，让这个过程顺利进行，但是它自身没有发生变化，而是在进行现实活动，也就是在履行自身的功能、实现自身的目的，这种现实活动包含本质快乐（身体机能良好运作的快乐）。亚里士多德指出，反快乐主义认为偶性快乐不是善，因为它不是目的，这是正确的；普通人认为偶性快乐就是目的，就是善，这是错误的。但是他接着指出，双方都没有认识到，还存在本质快乐，这种快乐才是目的，才是真正的善。

那么，本质快乐到底是一种什么样的快乐呢？我们说，在进食的例子里，本质快乐是身体机能良好运转的快乐，这是一种充满活力的生命感受。当一个身体健康的人在完成适度的劳动或运动之后，虽然大汗淋漓、四肢疲惫，但是神清气爽、食欲大增，这时候，只要饭菜基本合乎他的口味，他都能吃得津津有味、心满意足。相反，一个饱食终日、肠肥脑满的贪食者，如果身体缺乏锻炼、不够健康，导致常年消化不良、胃口不佳，那么即便是满桌的珍馐美馔，对他而言可能都索然无味。在亚里士多德看来，重要的不是食物的色香味，而是我们的身体机能。在饮食问题上，一个懂得快乐之本质的人是不需要山珍海味的，尽管如果佳肴摆在面前，他也不会拒绝，而且他比那些所谓的美食家更能享受其中的美味。亚里上多德看待饮食之乐的态度折射出他对待人生之乐的态度：人生在世应该追求的快乐并非浮于表面的感官享乐，并非声色犬马、花天酒地，更非骄奢淫逸、纸醉金迷，而是一种内在的、深层的淡泊之乐，一种返璞归真的生命本然之乐。①

笔者一直采用饮食的例子来说明亚里士多德的快乐观，不过，他对快乐的分析并非仅仅停留在身体享乐的层面。正确的饮食之乐是一种善，但并非人生至善；事实上，人和动物都能够享受正确的饮食之乐，也就是身体机能良好运转所带来的快乐；反过来讲，也正因为饮食是人和动物都具备的活动层次，人就不该将这种活动视为人生之乐的源泉。对饮食之乐的分析是为了说明快乐的本质：快乐不是手段性的变化过程，而是目的性的现实活动。在理解了快乐

---

① 从第七卷对于偶性快乐和本质快乐的区分反观第三卷对节制的探讨，我们会发现，第三卷提到的快乐还停留在偶性快乐的层面（节制就是关于这种快乐的中道），第七卷则提出，我们真正应该享受的是本质快乐（对于本质快乐的享受无所谓节制或不节制）。从第三卷到第七卷，亚里士多德的观点发生了从节制到享乐的变化，但与此同时，他对享乐的理解也越来越远离了感官体验，走向了更深层次的生命感受。

的本质之后，我们再把活动的种类提升到人所独具的层次，就能够得出人生应该追求的那种快乐了。什么是人所独具的活动呢？亚里士多德早就告诉过我们，人所独具的是理性活动，包括理性自身的思考和欲望听从理性而产生选择与行动，这是人的功能。在饮食的层次，本质快乐来自消化功能的良好发挥，这个命题换一种说法就是：真正的饮食之乐来自消化系统以符合德性的方式履行自身的功能。笔者在第二讲讲解功能论证的时候就已经提到，"德性"这个概念的原意就是"卓越""优秀"，不仅人可以有德性，所有生物、身体器官、工具、职业，都可以有德性。我们的消化系统当然也可以有德性，而对于任何有德性的事物，符合德性的活动就是属于它的善。依据完全一致的逻辑，当我们的视角从我们的消化系统上升到我们的理性灵魂，从饮食的层面上升到人类功能的层面，我们应该追求的快乐也就上升为：灵魂以符合德性的方式从事理性活动所带来的快乐，也就是勇敢、节制、慷慨、温和、诚实、正义、智慧等人类德性所带来的快乐。当我们做符合德性的事情，我们是在良好地从事着人类独特的现实活动，而"快乐就是现实活动，就是目的"，因此，符合人类德性的现实活动本质上就包含着真正的快乐。又由于这种现实活动就等同于幸福，因此，它所包含的快乐也就不仅是一种善，而且是至高的善。在第七卷第十三章，亚里士多德总结道：

> 即便有些快乐是卑劣的，这也不妨碍至善是某种快乐……如果每一种品质都有无碍的现实活动，那么不管是所有的品质还是其中的某种品质的无碍活动构成了幸福，这种现实活动都

是最值得追求的，而它就是快乐。①

以上推论的关键前提就是快乐的本质：快乐不是手段性的变化过程，而是目的性的现实活动。有什么样的现实活动，就有什么样的快乐，快乐的层次与现实活动的层次完全对应，但是在所有的层次，都要排除手段性的变化过程，才能排除虚假的偶性快乐，找到真正的本质快乐。在亚里士多德看来，一个快乐的人生就是要在所有的生活层次都尽可能追求属于该层次的本质快乐，这样的人生必定是幸福的。当然，对于勇敢、节制、慷慨、正义等政治生活的德性来说，符合德性的选择和行动虽然是目的性的现实活动，但是不可能完全以自身为目的，因为它们终归要实现外在的结果，例如，勇敢是为了保卫祖国，节制是为了身心健康，慷慨是为了帮助他人，正义是为了公平分配，等等。这就正如消化系统的良好发挥虽然也是目的性的现实活动，但是这种活动当然不是完全以自身为目的，而是为了摄取营养、维持生命。在第七卷对快乐的分析中，亚里士多德并没有将"以自身为目的"作为绝对的标准来判断何谓真正的快乐，而是区分了纯粹手段性的变化过程和具有目的性的现实活动，将偶性快乐与前者相联系，将本质快乐与后者相联系。然而，他在第七卷已经提到，"并非所有快乐都有某种异于自身的目的"②，也就是说，在众多本质快乐中，还存在一种快乐，它根本没有任何"异于自身的目的"，不产生任何结果，只是纯粹地享受自身的现实活动，完全以自身为目的。要理解这种最为纯粹的快

---

① *Aristotelis Opera*，*Nicomachean Ethics*，1153b7 – 12.
② Ibid.，1153a11.

乐，我们需要从第七卷走向第十卷，考察亚里士多德对快乐的第二次专题分析。

## 二、完满的快乐

在第七卷对快乐的分析中，亚里士多德论证的关键在于区分纯粹手段性的变化过程和具有目的性的现实活动（例如：进食的过程和消化系统的活动），并以此为基础，区分偶性快乐和本质快乐（例如：美食的快乐和身体机能健康运转的快乐）。在第十卷，亚里士多德再次提出这个区分，只不过在用语方面，他不仅继续使用"变化"一词来表达手段性的过程，还开始使用"运动"一词，这两个词几乎是可以互换的。① 在第十卷第三章，亚里士多德再次概括反快乐主义的观点："他们认为善是目的性的，运动和变化是非目的性的，并且试图证明快乐是一种运动和变化。"② 在第七卷，亚里士多德已经反驳了这种观点，论证了快乐在本质上不是手段性的变化过程，而是目的性的现实活动，因此快乐是一种善，并且完全可以是至善。到了第十卷第四章，他不仅继续强调快乐的本质意义，而且运用一个全新的论证来说明，快乐不是朝向其他目的的运动，而是完全以自身为目的的现实活动：

---

① "变化"的原文是 genesis，"运动"的原文是 kinēsis，在亚里士多德笔下，这两个词的意思差不多，但是我们下面会发现，由于第七卷和第十卷的论述语境不同，变化和运动又被赋予了不同的含义。笔者将在下文讲解这个要点。

② *Aristotelis Opera*，*Nicomachean Ethics*，1173a29－31.

　　"看"似乎在任何时刻都是目的性的，它不缺乏任何后续
生成的部分来完善自身的形式。快乐似乎也是如此，因为它是
一个整体，没有任何时刻的快乐需要更长时间的生成才能完善
其形式。①

　　和第七卷的许多论证一样，第十卷这段话听上去很费解。要理
解它的含义，我们需要对亚里士多德举的例子进行补充说明。这段
话开头提到的"看"，指的是视觉的功能，也就是肉眼的观看，亚
里士多德说，"看"这件事"在任何时刻都是目的性的"，这里的
"目的性"指的是"非手段性"，即，不是实现别的目的的手段，而
是以自身为目的。引文这句话似乎是违反常识的，因为我们通常是
为了别的目的而使用视觉，例如我们看表是为了知道时间，看书是
为了学习文化知识，看路是为了避开车辆、保证安全……在这些例
子里，视觉都并非目的性的。亚里士多德当然承认这些事实，只不
过，他此处想要强调的是，除了为了别的目的而使用视觉之外，我
们确实还可以单纯地享受视觉这种感官体验本身，也就是以它自身
为目的，而且在所有感官之中，视觉最能体现出对于感官体验的单
纯享受。在《形而上学》的开篇，他这样说："即便不考虑诸感官
的用处，我们也喜爱它们本身，这又尤其以视觉感官为甚。"② 当
我们观看一出风景、观看一幅画或者一件艺术品的时候，总之，当
我们运用视觉进行审美的时候，我们就是在单纯享受视觉本身，就
是"为了看而看"。关键在于，由于视觉活动的瞬时性，亚里士多

① *Aristotelis Opera*，*Nicomachean Ethics*，1174a14 – 19.
② *Aristotelis Opera*，*Metaphysics*，980a22 – 24.

德认为视觉审美的体验时时刻刻都是完整的，这种体验不需要"任何后续生成的部分来完善自身的形式"，不需要"更长时间的生成才能完善其形式"。一次视觉审美所持续的时间当然可长可短，但是当它持续的时候，它是专注于每一个当下的，它的每个瞬间都是饱满而完善的。当然，所谓"视觉活动的瞬时性"，是相对于我们的主观体验而言的，并不是绝对的，因为光的传播也需要时间，只是光速太快了，在人类世界的尺度上，我们无法看到它从起点到终点的过程。笔者认为，视觉活动在主观体验方面的瞬时性，确实是亚里士多德以视觉审美为例子来说明"完全以自身为目的""时时刻刻都完善"这种现象的根本原因。但是，如果我们专注于主观体验本身，那么其实其他感官也可以说明这种现象的特征，例如，当我们极其专注地聆听风声或抚摸丝绸的时候，如果我们不为别的目的，只为享受这种体验本身，那么我们也能够陶醉于每一个当下、沉浸于每一个瞬间，这种听觉或触觉的体验也可以说是"完全以自身为目的""时时刻刻都完善"。

为了突出审美体验的上述特征，亚里士多德随即举了造房子的例子来与之对比：工匠造房子的过程并非时时刻刻都是完整的，而是要打地基、拢石柱、砌砖墙、盖屋顶，在这个过程中，每个步骤都不完整，只有所有步骤加在一起、建成了房子之后，整个过程才是完整的。亚里士多德提出，造房子是一种典型的运动，而快乐并不是运动，因为：

> 运动似乎在每个时刻都是不完善的，它的许多个时刻各个都不完善，而且在形式上彼此也互不相同，因为它们的形式是

由运动的起点和终点决定的。快乐的形式则是在任何时候都是完善的，因此快乐和运动显然是不同的。快乐是某种整体和完善的事物。①

在以上两段引文中，亚里士多德反复提到"形式"这个概念。在他的哲学体系中，所谓"形式"指的是事物的本质。亚里士多德说造房子的每个时刻"在形式上彼此也互不相同"，意思是说，造房子的不同步骤在本质上各不相同，因为每个步骤的本质"是由运动的起点和终点决定的"。由于运动必然朝向一个外在目的，比如造房子的运动是为了一座最终被建造出来的房子，所以，它的起点和终点互不相同，起点距离目的最远，终点则是目的实现的时刻，而在这个运动的过程之中，每个步骤也由于距离起点、终点的远近而占据着各自的位置，打地基不等于拢石柱，砌砖墙也不等于盖屋顶。相比之下，虽然一次视觉审美也是有起点和终点的，但是从它开始的那一刻到它结束的那一刻，它的每一刻与其他任何一个时刻在本质上都是完全相同的。当然，亚里士多德为我们描述的是一种完全沉浸于其中、陶醉在当下的体验，但是在他看来，这才是最完美的审美体验。完美的视觉审美之所以时时刻刻都是完整的、完善的，根本原因正是在于，它没有任何外在的目的，它的每一刻都是为了自身而存在。

亚里士多德利用视觉审美的例子是要说明快乐的特征，他指出：快乐不像造房子，而像视觉审美，因为真正的快乐也是时时刻

---

① *Aristotelis Opera*，*Nicomachean Ethics*，1174b3 - 7.

刻都是完善的，而这又是因为，真正的快乐也并没有任何外在的目的。讲到这里，我们已经能够清楚地看到，比起第七卷对快乐的分析，第十卷的分析更进了一步。第七卷区分了偶性快乐和本质快乐，虽然本质快乐不是来自变化，而是来自现实活动，但是带来本质快乐的现实活动并不需要时时刻刻都完善，因为它并不需要完全以自身为目的。根据第七卷的标准，不仅勇敢、节制、慷慨、正义的活动都可以带来本质快乐，而且诸如造房子这样的活动也可以在本质上是快乐的，因为本质快乐"不发生于我们获得能力的过程，而是发生于我们对于能力的使用"。在造房子的例子中，"获得能力的过程"指的是一个学徒从不会造房子到会造房子的变化，这个学习建筑术的过程是一个从缺乏到完满的过程（从缺乏建筑术到建筑术臻于完善），而"对于能力的使用"指的是一个已经熟练掌握建筑术的工匠正在造房子，也就是正在运用他的技艺、履行他作为工匠的功能，这个活动是不存在缺乏的，它是对完善能力的发挥和施展。在第七卷，一个活动只要是对于能力的使用，就不是手段性的变化，而是目的性的现实活动，但是到了第十卷，一个活动要成为目的性的现实活动，不仅必须是对于能力的使用，还必须时时刻刻都完整，否则就是具有外在目的的运动。

在《形而上学》第九卷，亚里士多德提出了一个语法测试，用来帮助我们判断哪些活动是完全以自身为目的的现实活动，哪些活动是朝向外在目的的运动：

> "正在看"和"已经看"、"正在知"和"已经知"、"正在思"和"已经思"是一同成立的，但是"正在学习"和"已经

学会"、"正在治疗"和"已经治好"却不是。"正在活得好"和"已经活得好"、"正在幸福"和"已经幸福"是一同成立的……我们应该称其中一类事情为运动,称另一类为现实活动。①

这段话提出的语法测试是:一些动词的进行时和完成时是一同成立的,例如表达视觉审美的"看",在"看"的每时每刻,我们在"正在看"的同时就"已经看到了";还有一些动词的进行时和完成时是无法一同成立的,例如"正在学习"和"已经学会",因为这两个状态是相互排斥的,正在学习就说明还没学会,已经学会就意味着不用再学了。显然,这个语法测试的用意,就是区分出那些完全以自身为目的、从而每个时刻都同样完善的活动,这种活动就是现实活动,和那些具有外在目的、从而并非每个时刻都同样完善的活动,这种活动就是运动。由此可见,第七卷的"变化"和"现实活动"之分与第十卷的"运动"和"现实活动"之分是不同的两种区分,第十卷的区分是和《形而上学》第九卷的语法测试相一致的,这个区分对现实活动的要求更加严格。还是以造房子为例:在第七卷的区分中,造房子是现实活动,在第十卷的区分中,它却不是现实活动,而是运动,因为"造房子"的进行时和完成时无法一同成立——"正在造房子"和"已经造好房子"不是一回事。

针对亚里士多德到目前为止的论述,我们或许可以提出这样的质疑:既然现实活动的关键是以自身为目的,那么一个活动究竟是

---

① *Aristotelis Opera*,*Metaphysics*,1048b22 – 28.

不是现实活动，就应该取决于我们是不是将它视为目的，这取决于我们的主观态度，不取决于活动的客观特征。笔者的意思是，例如，如果我们并非看一出风景，而是看报纸上的一则新闻，那么这时候"正在看"和"已经看"就是两回事了。相反，如果造房子不是为了房子，而是为了消遣，比如英国首相丘吉尔，据说以砌墙为爱好，那么当他正在砌墙的时候，我们似乎也可以说，在他的主观体验中，砌墙的活动时时刻刻都是完善的，"正在砌"和"已经砌"总是一同成立，因为他以这项活动自身为目的，享受着每一个当下。

笔者认为，亚里士多德可以回答上述质疑，他并没有采取一种主观论的立场，而是认为运动和现实活动的区别是客观的：有些活动无论如何也不可能达到现实活动的标准，而有些活动必然是现实活动——真正的快乐属于后者。在第十卷第三章，亚里士多德提出一个关于快乐没有速度的论证，这个论证可以进一步阐明他对现实活动和运动的区分。他说："我们能够快速地变得快乐，正如我们能够快速地变得生气，但是我们不可能快速地享受快乐。"[1] 从不快乐到快乐的切换是一种变化，既然是变化，就有速度，但是一旦处于快乐的状态之中，就不再是变化，而是一种现实活动了，这种现实活动没有速度可言，这就是为什么，我们虽然可以或快或慢地变得快乐，但是我们无法"快速地"或"缓慢地"享受快乐。这一事实和享受快乐的时间长短无关，我们可能整天处于快乐的状态，也可能只快乐了几分钟，这是持续长短的问题，而不是速度快慢的

---

[1] *Aristotelis Opera*，*Nicomachean Ethics*，1173a34 - b1.

问题。我们可以说一段快乐时光"很快过去了",或者说最近感受到了"长久的"快乐,但是不能说快乐是"快速的"或者"缓慢的"。快乐为什么没有速度呢?根本原因仍然在于,真正的快乐没有外在目的。相比之下,运动之所以有速度,就是因为一切运动都具有某种外在目的,实现这个目的的过程有快有慢。那么,我们能不能在主观上完全取消运动的客观目的,从而完全无视运动的快慢呢?还是以丘吉尔砌墙为例,砌墙的活动难道没有快慢之分吗?丘吉尔能不能完全不在意作为成果的墙,只在意砌墙的活动本身呢?笔者认为,这是不可能的。我们不妨做一个实验:在丘吉尔砌墙的时候,他每次摆好一块砖头,我们就把这块砖头拿掉,让他始终无法完成这一步,始终无法向着砌墙的客观目的迈进,试问在这种情况下,丘吉尔还能享受这个过程吗?他还能兴致勃勃地一次次重复摆一块砖头,尽管永远无法成功吗?他难道不会感觉到"这次砌得很慢"吗?笔者相信,只要丘吉尔是一个正常人,他在这场实验中肯定无法获得那种摆脱了速度感的快乐,而这就证明了,诸如砌墙这样的活动不可能完全达到现实活动的最高标准,从而也就不可能包含最纯粹的快乐。

我们不要忘记,在伦理方面,第七卷和第十卷的差别并不在于像砌墙或造房子这样的活动究竟算不算现实活动,因为这些活动属于技艺制作的领域,而非伦理实践的领域。真正的问题在于:勇敢、节制、慷慨、正义的活动究竟算不算现实活动?这些活动究竟是否包含最纯粹的快乐?丘吉尔可以把砌墙视作一项爱好,尽可能专注于过程而不考虑结果,但是有德性的人既不可能也不应该只专注于德性活动的过程而不考虑结果。这意味着，在第十卷的语境中，前六卷阐述的大多数符合德性的活动，其实都属于运动的范畴，不属于现实活动的范畴，因此，这些活动——勇敢、节制、慷慨、正义的行为，一言以蔽之，所有符合德性的政治实践——不可能带来最纯粹的快乐。

在《形而上学》第九卷的语法测试中，亚里士多德为现实活动举的例子是非常有限的，只包括"看""知""思""活得好""幸福"，笔者认为，这些例子是精心挑选的，它们的递进形成了一条完整的伦理学论证链，最终将最高的幸福等同于哲学生活。笔者已经充分讲解了"看"的例子，"知"和"思"的意思是相近的，在亚里士多德笔下，它们指的既不是学习知识和思想的过程，也不是归纳或演绎的过程，而是对真理的直观性洞察、对智慧的直观性领悟，这种洞察和领悟不包含任何心灵的变动。在亚里士多德看来，这种"知"和"思"就是用心灵之眼"观看"真理和智慧，是一种纯粹的享受，从而也就和视觉审美一样是时时刻刻都完整的。一种致力于"观看"真理和智慧的生活，就是哲学"沉思"的生活。笔者在第六讲提到过，古希腊语的"观看"和"沉思"是同一个词：theōria，亚里士多德也正是利用了这个词的双重含义而反复用"观看"的例子来让读者联想到"沉思"。回到《形而上学》第九卷：亚里士多德的例子从"看"到"知""思"，最后再到"活得好""幸福"，他认为"活得好""幸福"也是能够通过语法测试的。在生活的每一刻，"正在活得好"和"已经活得好"一同成立；在幸福的每一刻，"正在幸福"和"已经幸福"一同成立。但我们应该注意到，这个结论的前提在于，"活得好"和"幸福"特指哲学家致力于智慧和真理的沉思生活，而不是公民或政治家投身于行动的实践生活。正如笔者在本书第二讲指出的，政治实践的生活追求整体性，这种整体性是由不同的生活领域和人生环节构成的，政治的德性将所有局部的善汇聚为一种整全的善，相比之下，哲学沉思的生活追求终极性，哲学的德性体现为把握终极的真理和智慧。在人生的整体视野中，哲学的善是局部的，它只属于极少数的爱智者，也只属于他们生活中某些灵光乍现、澄明顿悟的时刻，也正因为如此，只有哲学生活追求的那种终极之善能通过《形而上学》第九卷的语法测试。政治实践的善并不是每时每刻都完整的，它需要所有的部分汇聚在一起才完整，而哲学沉思的善是每一刻都完整的，因为它的每一刻都是目的完全在自身之中的。政治生活更像造房子，哲学生活更像看风景。

第十卷对快乐的分析最终揭示出，政治生活无法带来最纯粹的快乐，因为它不可能做到完全以自身为目的。在阐述各种伦理德性的时候，笔者谈到过，这些德性既是人性的卓越和完善，又是对于人类特有困境的补救：勇敢是为了应对战争，节制是为了抵抗诱惑，正义是为了防范冲突和惩罚罪恶……所有这些德性的实现，虽然也包含着属于自身的快乐，但是它们毕竟关涉人生的种种缺陷、弊端与纷扰，也就是说，它们在一个深刻而内在的层面必然包含着痛苦。相比之下，审美体验和哲学沉思却是不包含任何痛苦的纯粹快乐。因此，在对快乐进行专题分析的第七卷、第十卷，亚里士多德的视角逐渐离开了政治生活，走向了哲学生活。在这个过程中，审美体验是一个转折和过渡，正是通过分析审美体验，特别是视觉审美的体验，亚里士多德才悄然提高了现实活动的判断标准，用这个更高的标准将政治生活排除在现实活动的范畴之外，把它归于运动的范畴。那么，亚里士多德为什么只将审美体验用作帮助我们理解哲学沉思的例证，而并不大力提倡和推崇这种体验呢？他为什么把生活分为政治生活和哲学生活这两种，而不是分为政治生活、哲学生活、审美生活呢？

　　这个问题的答案仍然在于亚里士多德的灵魂秩序论。单纯从"以自身为目的"的标准以及快乐的纯粹性来看，审美体验和哲学沉思是没有高下之分的。然而，审美体验毕竟以身体感官为中介，它所运用的是灵魂中的感性和想象力，而不是理性和思维。亚里士多德认为理性才是人的本质，理性中最高的理论理性以及理论理性中最高的努斯才是人类灵魂秩序中最高的部分，因此，哲学活动必然高于审美活动。灵魂秩序论是主体的秩序，它同客体的秩序相对应，更高的灵魂部分所关涉的也是自然中更高的对象。欣赏美景的人观看的是自然的外表，哲学家沉思的是自然的本原，在亚里士多德看来，后一种对象要比前一种更加高贵。在第十卷第四章，他指出，当主体的感知能力（包括感官和理性）处于良好状态，而客体又是上佳的对象时，感知的现实活动就是完善的、快乐的，例如凭借良好的视力观看美丽的景色。进一步讲，当主体的能力是最高的（人身上最高的部分是努斯），客体又是最好的对象（宇宙中最好的对象是神）时，感知的现实活动就是最完善、最快乐的，即，当哲学家沉思万物的第一本原（即亚里士多德心目中的神）时，他所享受的就是最完善、最快乐的现实活动。在第十卷第五章，亚里士多德总结道："由于现实活动不同，快乐也随之不同，视觉比触觉更纯粹，听觉和嗅觉比味觉更纯粹，它们各自的快乐也存在这种差别；而思想的快乐又比感觉的快乐更纯粹，在思想内部，其中一些又比另一些更纯粹。"① 可见，最终仍然是通过快乐的"纯粹性"这个标准，让亚里士多德得出理性高于感官、理论理性高于实践理性的结论。②

通过对快乐的两次分析，亚里士多德为《尼各马可伦理学》关于幸福的第二次专题探讨做好了充分的准备。和第一卷第七章对幸福的定义不同，第十卷的后半部分（第六至八章）并不试图保持政治生活和哲学生活的平衡，而是明确提出，哲学生活才是一个人可能度过的最幸福的生活，政治生活则是次一等的幸福生活。从文本的顺序看，这是亚里士多德关于幸福的最终论述，也是读者期待已久的最终答案。接下来，让我们仔细考察第十卷第六至八章的论证，深入分析亚里士多德的伦理学为人生至善给出的这份答案。

---

① *Aristotelis Opera*，*Nicomachean Ethics*，1175b36－1176a3.

② 此外，结合《形而上学》第一卷第一章（笔者在本书第六讲讲解"技艺"概念的时候提到过）和《尼各马可伦理学》第十卷第六章（见下一讲的讲解），亚里士多德或许认为审美活动属于消遣娱乐的范畴。如果这个解释成立的话，那么审美活动就并不是真的以自身为目的，尽管它在主观体验上带来了纯粹的快乐。

# 第九讲　哲学沉思与至善

在《尼各马可伦理学》第十卷第六至八章，亚里士多德回到了伦理学的出发点：幸福。我们已经知道，在第一卷对幸福的第一次专题讨论中，亚里士多德兼顾了政治生活的幸福和哲学生活的幸福。这主要体现为，他从生活秩序的构建出发，向我们说明各种不同的目的如何构成整个人生最根本的目的——幸福，而他对生活秩序的阐述同时采纳了两种思路：从部分到整体和从手段到目标。如果将从部分到整体的思路贯彻到底，那么最终得出的人生至善就是政治生活的幸福，因为政治是对于个人和集体的生活进行最完整的总体规划，追求最完整的善；而如果将从手段到目标的思路贯彻到底，那么最终得出的人生至善就是哲学生活的幸福，因为哲学沉思才是完全非手段性的现实活动，是对于人类最高可能性的实现，是人生所能够追求的终极至善。《尼各马可伦理学》第一卷第七章的功能论证将幸福定义为符合德性的实践活动，并且补充道，如果存在多个德性的话，那么幸福就是符合"最完全的或最完美的"德性的实践活动。这里"最完全的或最完美的"原文是 teleiotatēn，笔者已经谈到过，这个词既可以指"最完全的"，也可以指"最完美的"，亚里士多德利用了这个词的模糊性，使得功能论证的结论同时满足两种构建人生秩序的思路。经过前几讲的讲解，我们已经充分认识到，所谓"最完全的德性"，就是有实践智慧的人（特别是优秀的政治家）具有的那种德性，它是勇敢、节制、慷慨、正义等各种德性组成的体系，能够面面俱到地应对生活各领域的问题，统筹协调自我和他人、个人与集体的关系。从第十卷第六章开始，亚里士多德将深入论述何谓"最完美的德性"，为什么"最完美的德性"不是政治实践的德性，而是哲学沉思的德性。

在第十卷第六章，亚里士多德首先对幸福的本质进行了回顾，他指出，幸福是一种现实活动，然后提出，现实活动可以分为两类：有些现实活动是必要的，我们追求它们是为了其他的目的；有些现实活动自身就是目的，从不为了别的目的。幸福显然属于后者，而这种现实活动就是符合德性的实践。这段回顾应该与第一卷第七章的前半部分对照起来看，后者的任务是为紧随其后的功能论证奠定基础，为此，亚里士多德对幸福的本质进行了初步分析，他提出，幸福作为至善具有两大特征：幸福是终极的善，幸福是整全的善。首先，幸福是终极的善，因为所有值得追求的事物（也就是所有的善）可以分为三种："只为了他物而被追求的事物"（纯粹的手段）；"既为了自身也为了他物而被追求的事物"（既是目的也是手段）；"只为了自身而被追求的事物"（纯粹的目的），幸福只能是第三种事物。①　其次，幸福是整全的善，因为它是自足的善，而自足性包括两个方面：就人与人的关系而言，幸福是一种政治性的善；就个人的一生而言，幸福是一种完满无缺的善。②　将第一卷第七章和第十卷第六章两相比较，我们就能够发现，在第一卷第七章，亚里士多德更加重视幸福的整全性，而在第十卷第六章，他强调的却是终极性，他说："那些就自身而言值得追求的事物，除了现实活动本身之外，我们从来不利用它来追求任何结果。符合德性的实践似乎就是如此，因为高贵而严肃的实践自身就是值得追求的。"③　虽然这句话并没有将幸福等同于哲学沉思，而是和功能论证的结论一样，指出幸福是符合德性的实践，但是亚里士多德此处用来阐述幸福的思路完全是手段和目标之分，而不是部分和整体之分，他强调幸福必须是终极的目标，而没有提到幸福必须是完整的人生之善。反观第一卷第七章，在功能论证结束之后，亚里士多德这样补充道："我们应该加上'在整个一生中'，正如一只燕子不代表整个春天，因为春天不是短短的一天，同样，一天或者一小段时间的幸福，也并不能成就真正的幸福。"④

　　《尼各马可伦理学》前六卷的内容主要是围绕幸福的整全性展开的，亚里士多德为我们阐述了各种德性如何帮助我们在生活的方方面面实现中道，这份论述的高潮是第六卷谈到的实践智慧。一个

---

①　*Aristotelis Opera*，*Nicomachean Ethics*，1097a25 - b6.

②　Ibid.，1097b8 - 20.

③　Ibid.，1176b6 - 9.

④　Ibid.，1098a18 - 20.

有实践智慧的人要么是政治家，要么是具备政治家天赋的人，他的卓越之处就在于，一方面能够着眼于生活的整体格局、从人生的整体视野出发，对个人和集体的生活进行总体性的统筹规划，另一方面能够源源不断地将整体的善转化为局部的善，对当下的各种个别因素和具体情况进行准确的思虑、斟酌、权衡，从而总是能够在恰当的时间、地点和场合，针对恰当的人，以恰当的方式，在恰当的程度上去感受和行动。虽然第六卷最后也讲到了哲学智慧，并且明确提出哲学智慧高于实践智慧，但是亚里士多德最后用一句凝练而意味深长的话概括了二者的关系："实践智慧不是针对哲学智慧，而是为了哲学智慧，才发号施令的。"① 在本书第六讲末尾，笔者已经指出，这句话一方面从哲学家的视角出发，将哲学智慧视作实践智慧的目的（哲学家认为，政治家所实现的良好社会秩序，最终是为了自己享受哲学沉思而服务的），另一方面又从政治家的视角出发，将哲学智慧纳入实践智慧的统筹管理之下（在政治家看来，无论哲学家追求的真理有多么高深，他的活动也必须接受政治的统治，服从社会秩序）。由此可见，在前六卷，亚里士多德的论述侧重于政治生活的德性和幸福，与此同时，也致力于保持政治生活和哲学生活的平衡。在《尼各马可伦理学》全书的宏观布局中，第七卷的"另一个开端"是打破平衡的起点。第七卷前半卷对于不自制的分析实际上是对于灵魂冲突和灵魂秩序的分析，所探讨的伦理学问题聚焦于个体内部，而第七卷后半卷和第十卷前半卷对快乐的两

---

① *Aristotelis Opera*，*Nicomachean Ethics*，1145a9.

次分析形成了一份完整的论述，最终将快乐的纯粹性和目的的内在性提升为判断何谓至善的标准。由此可见，在《尼各马可伦理学》的下半场内容中，第七卷和第十卷构成了一条连贯的线索，沿着这条线索，亚里士多德把手段和目标之分的思路推向极端，从而把个人卓越的高度也推向极端。因此，到了第十卷第六章，也就是整本书关于幸福的第二次专题探讨开始之初，亚里士多德已经完全不再提及幸福的整全性，而只专注于幸福的终极性。①

　　不过，在回顾了幸福的本质特征之后，亚里士多德立即反驳了一种关于幸福的错误观念：幸福就是消遣娱乐。在经过两次关于快乐的讨论之后，读者最容易产生的误解就是将幸福等同于大多数人最熟悉的那种快乐，也就是消遣娱乐。早在第一卷第五章，亚里士多德就对追求享乐的生活提出了批评。在第七卷、第十卷，虽然他为快乐进行了辩护，但是这种辩护的前提在于，他区分了肤浅的快乐（偶性快乐）和真正的快乐（本质快乐），而他所提倡的是后者。消遣娱乐显然属于偶性快乐，因为它不外乎就是各种各样的感官享乐。经过上一讲的讲解，我们已经理解了亚里士多德的快乐观，他认为，即便是在用餐这样的事情上面，我们真正应该享受的快乐也不在于舌尖的美味。从手段和目标之分的角度看，亚里士多德是坚定的自然主义者，他认为，从根本上讲，进食是为了摄取营养、维持健康，因此它是一种手段性的活动；人们将进食过程所带来的感

---

　　① 在第十卷第六章，亚里士多德也提到了幸福是自足的、无所缺乏的，这是对于整全性标准的回顾，但是他紧接着就回到了终极性标准，指出只为了自身的目的而进行的活动才是"值得追求的"（亚里士多德：《尼各马可伦理学》，1176b5-7）。

官快乐当作目的来享受，这是人类文化的成就，虽然在符合节制的前提下，这种享受是无可厚非的，但是它毕竟未能完全符合进食活动的自然目的。亚里士多德对消遣娱乐的批评也沿用同样的逻辑，他指出：大多数人享受消遣娱乐，把它当作纯粹的目的，这其实误解了消遣娱乐的本质。实际上，消遣娱乐并非以自身为目的，而是为了让我们得到休息，恢复我们的精力，从而让我们能够更好地从事那些真正以自身为目的的活动，因此，消遣娱乐也是一种手段性的活动，它所带来的快乐是偶性快乐，不是本质快乐。①

第十卷第六章是亚里士多德为全书结论所做的最后一步准备，一旦澄清了幸福不在于看似具有但实际上不具有终极性的消遣娱乐，亚里士多德就能够放心地运用终极性的标准来判断何谓最高的幸福了。在第十卷第七章，他正式提出了哲学沉思是最高幸福的论述，整章的内容可以分为九个论证：

（一）哲学智慧是所有德性中最好的②，

（二）哲学沉思具有最高的连续性③，

（三）哲学沉思是最快乐的④，

（四）哲学沉思是最自足的⑤，

（五）哲学沉思是唯一目的完全在自身之中的⑥，

---

① *Aristotelis Opera*，*Nicomachean Ethics*，1176b33 - 35.

② Ibid.，1177a12 - 21.

③ Ibid.，1177a21 - 22.

④ Ibid.，1177a22 - 27.

⑤ Ibid.，1177a27 - b1.

⑥ Ibid.，1177b1 - 20.

（六）哲学沉思有专属于自身的快乐[1]，

（七）哲学沉思是自足、有闲暇、不劳累的[2]，

（八）哲学的幸福是完善的[3]，

（九）哲学的生活是超越人性、属于神性的[4]。

在第十卷第七章，亚里士多德采用了古希腊修辞学特有的一种组织语句的手法，学术界通常称之为"环形结构"（ring composition），也就是通过对称来凸显中心与两端，这种结构强调平衡性、富有秩序感，体现了鲜明的古希腊艺术风格。[5] 我们看到，第七章一共可以分为九个论证，其中论证（一）和论证（九）是两端，论证（五）是中心，这三个论证在整体结构中占据最重要的位置，而它们的思想意义也是最重要的，因此，笔者将重点讲解这三个论证的要点和逻辑。其中，论证（五）是篇幅最长的论证，它的要点和逻辑也反映了亚里士多德的核心思路，笔者将这一则论证全文翻译如下：

> 只有这种活动才是因自身之故而被爱的，因为它除了沉思之外不产生任何东西，而我们从实践行动中总是或多或少地寻求行动之外的东西。而且幸福似乎在于闲暇，因为我们忙碌是为了获得闲暇，作战是为了获得和平。实践德性的现实活动展

---

① *Aristotelis Opera*，*Nicomachean Ethics*，1177b20 - 21.

② Ibid.，1177b21 - 24.

③ Ibid.，1177b24 - 26.

④ Ibid.，1177b26 - 1178a2.

⑤ 修辞是语言的艺术，而在视觉艺术的领域，例如古典雕塑和古典建筑，古希腊艺术对于对称性和秩序感的追求体现得更加鲜明。

现于政治和军事行动，而人们认为这些活动是没有闲暇的。军事行动是完全没有闲暇的，没有人会为了战争而选择战争或挑起战争，只有那些嗜血成性的人才会将朋友变成敌人，为的就是战斗和屠杀；政治家的行动也是如此，它在自身之外还追求统治权力和荣誉，至少追求政治家自己和公民的幸福，而这是异于政治行动的，我们也显然将它作为异于政治行动的东西来追求。尽管在符合德性的实践行动中，政治行动和军事行动是最高贵、最伟大的，但是它们没有闲暇、追求异于自身的目的、并非因自身之故而被追求。相比之下，努斯的现实活动，也就是沉思，则是更为严肃的，它不追求任何异于自身的目的。①

很明显，这一则论证正是对于第十卷前半卷思路的延续。亚里士多德将政治实践和哲学沉思相对比，指出前者必然要追求异于自身的目的，而后者完全以自身为目的，因此后者比前者更加严肃。在这个论证中，"严肃性"这个观念尤其值得注意，在对消遣娱乐的批评中，亚里士多德反复提到，幸福应该是严肃的活动，而消遣娱乐是不严肃的："幸福生活是符合德性的活动，它是严肃的，而非一种消遣。"② 城邦时代的古希腊民族确实不是一个热衷于消遣娱乐的民族，而是推崇一种严肃的生活态度，城邦文明毕竟是古希腊人在悲剧诗歌的熏陶和滋养下创建的。然而，在古希腊民众的日常观念中，只有政治生活才是严肃的，哲学生活往往被视作一种不

---

① *Aristotelis Opera*, *Nicomachean Ethics*, 1177b1 – 15.
② Ibid., 1177a1 – 3.

严肃的消遣。柏拉图的《高尔吉亚篇》中有一个名叫卡里克勒斯的雅典贵族公民，他对哲学的批评就颇具代表性。他说，年轻人从事哲学是一件好事，但是成年之后就不应该继续从事哲学了，否则就是缺乏男子气概。① 换句话说，哲学顶多是一种比较高级的游戏，适合于年轻人，政治才是成熟男人应该从事的严肃事业。面对卡里克勒斯的批评，柏拉图安排他笔下的苏格拉底来为哲学辩护。亚里士多德和柏拉图一样，也需要在政治生活面前为哲学生活提出辩护。在第六章，亚里士多德批评消遣娱乐是不严肃的，这应该切合当时大多数读者的心意，但是我们应该注意，他的论述语境是在强调幸福必须以自身为目的，消遣娱乐的"不严肃"和"不以自身为目的"被悄然联系起来。到了第七章，亚里士多德利用了这种联系，反过来将"严肃"和"以自身为目的"紧密联系起来，这样就能顺理成章地提出，哲学沉思比政治实践更严肃。那么，亚里士多德关于严肃性的论证是不是一种诡辩呢？其实也不然，或者说，至少这个论证在《尼各马可伦理学》的整体思路中是有牢靠基础的。虽然直到第十卷，目的内在性才成为判断快乐和至善的唯一标准，但是早在第二卷第四章，亚里士多德就已经提出，德性养成的最重要标志在于，我们从事符合德性的实践是"因其自身之故"。亚里士多德其实是在潜移默化地教导他的读者（其中大部分都是公民和政治家），他们之所以认为政治生活是严肃的，根本原因其实在于，符合德性的政治行动包含一种内在的高贵，其价值不仅仅取决于行

---

① 柏拉图：《柏拉图全集》第一卷，第 370－372 页。

动的结果。从这一点出发，亚里士多德为哲学辩护的论证逻辑就是：如果一项活动的严肃性最终取决于它自身是否具有高贵的价值，是否在追求外在目的的同时也包含内在目的，那么，如果一项活动只包含内在目的，不追求外在目的，那么它就应该是最高贵、最严肃的，因为它的价值在最高的程度上完全取决于自身。哲学沉思就是这样的活动，因此，哲学沉思是最高贵、最严肃的活动。

在论证（五）中，亚里士多德特别提到了军事行动。一般而言，军事行动是一种完全手段性和工具性的政治活动，正如亚里士多德所说，没有人会"为了战争而选择战争"。然而在现实中，当时的古希腊文化确实有热衷于战争的倾向，这倒不是因为古希腊民族是"嗜血成性"的野蛮民族，而是因为这个民族血气强盛，热爱胜利的荣耀。由于战争是展现公民的男子气概、为民族和城邦赢得荣耀的理想场合，古希腊文化包含根深蒂固的尚武品格。《荷马史诗》就是这种品格的集中展现，在《伊利亚特》中，奥德修斯这样描述古希腊民族的命运："宙斯注定我们从青壮至苍老都要在艰苦的战争中度过，直到一个个都倒下。"① 奥德修斯并不是在表达一种悲观的情绪，而是在鼓励战友，提醒他们自己的民族使命何在。在伯罗奔尼撒战争期间，伯利克里在著名的葬礼演说中热情歌颂在战争中牺牲的雅典士兵："他们为城邦一同捐躯了，自己赢得了人们永远的赞颂和这一片最光荣的墓地"，接着，他对全体雅典公民

---

① 荷马：《荷马史诗·伊利亚特》，第318页。

发出战争动员的呼声："以他们为榜样吧！幸福来自自由，自由来自勇敢，不要担忧战争的危险。"① 无论是在文学作品中，还是在历史现实中，古希腊人都习惯于战争、崇尚武德，这样的民族文化无疑是刚强勇猛的，但是也容易导致"为了战争而选择战争"的侵略性和盲目的尚武风气，不是为了保卫自由而作战，而是为了征服和霸权。亚里士多德希望彻底扭转这种文化，他提出"作战是为了获得和平"，这句看似简单的话实际上是将第七卷以来的自然主义思路用在古希腊民族的根本品格上面，要求读者透过文化、抓住自然，回归事情的本质。让我们回顾自然主义的立场：以饮食为例，饮食是摄入营养的手段，如果过于迷恋食物的美味，就是把手段当成了目的。同理可得，战争是实现和平的手段，如果过于推崇胜利的光荣，就同样是把手段当成了目的。相比之下，热衷征战的错误要比贪恋美食的错误严重多了，这属于民族文化的根本错误，会导致毁灭性的后果。亚里士多德接着说，"只有那些嗜血成性的人才会将朋友变成敌人"，这句话中"将朋友变成敌人"一语应该是在影射伯罗奔尼撒战争，这场规模浩大的古希腊内战把原先的"朋友"——曾经团结一致反抗波斯帝国的雅典和斯巴达——变成了势不两立的"敌人"。我们知道，正是这场激烈而惨痛的内战极大消耗了古希腊文明的元气，导致古典文化不可逆转地衰落了。这样看来，亚里士多德对尚武精神的批评是对古希腊文明及其历史命运的深刻诊断。

---

① 修昔底德：《伯罗奔尼撒战争史》，何元国译，北京：中国社会科学出版社，2017 年，第 117 页。

　　进一步讲，仅仅指出"作战是为了获得和平"还不够，因为和平并不是终极理想，和平的生活又包含忙碌和闲暇，而"忙碌是为了获得闲暇"。亚里士多德指出，不仅军事行动是毫无闲暇的，和平状态下的其他政治活动也是缺乏闲暇的，因为一切政治活动，要么追求统治权和荣誉，要么追求全体公民的幸福。在古希腊，政治是战争的延续，和平的城邦生活也是在充满竞技感的氛围中展开的，特别是在民主制的雅典，每个公民都渴望胜过他人，取得更高的地位和权力，在一般人看来，这就是政治生活的本质。亚里士多德的伦理学致力于改进这种竞技性的政治文化，用德性的竞争取代财富、血统、人脉、名望的竞争，他指出，荣誉是为了确认自身的德性，统治权是为了服务于同胞和社会。经过伦理学的改进之后，政治活动不再追求荣誉和权力，而是通过符合德性的行动来实现全体公民的善，政治的本质不再是争权夺利、钩心斗角，而是"先天下之忧而忧，后天下之乐而乐"。然而，在第十卷，亚里士多德不再区分正确或错误的政治观，而是把一切政治活动归入"忙碌"的范畴，与"闲暇"相对立。"闲暇"是亚里士多德伦理学的重要概念，它指的不仅是从生存所需的体力劳动中解放出来，而且是从一切必要性的束缚中解放出来，一种活动只要在任何意义上是必要的，它就不是闲暇的。既然一切政治实践都是必要的，那么一切政治实践也就都是没有闲暇的，符合德性的政治实践也不例外。在前面的讲解中，笔者曾多次谈到，所有的伦理德性都是必要的，它们既是人性的完善，也是对于人类特有病症的救治，就连理智德性中的实践智慧也是如此：只有人类的生活才充满善恶利弊的艰难取舍和与此相关的种种纠结与纷扰，故而也只有人才需要实践智慧来应对这一难题。在所有的德性中，只有哲学智慧是完全不必要的，它不增进任何人类福利，不解决任何社会问题，因为"它除了沉思之外不产生任何东西"，也就是说，只有哲学沉思是真正属于闲暇的。既然"忙碌是为了获得闲暇"，这就意味着所有其他的人类活动都（或有意或无意地）是为了哲学沉思。对于生活在功利主义社会的现代读者来说，这样一种对于哲学的赞颂是难以理解的，因为在我们看来，"不必要"可以说是所有消极评价中最消极的之一。我们会问，既然哲学智慧是完全不必要的，我们为什么还要追求它呢？对此，亚里士多德的回答很简单："人在天性上就渴望求知"[1]，而只有哲学智慧能够在最高程度上满足人类对知识的渴望。问题在于，人不仅有爱智慧的哲学天性，还有过城邦生活的政治天性，正如亚里士多德自己在《政治学》第一卷第二章提出的："城邦是自然的共同体，人在天性上是政治的动物。"[2] 不仅如此，人最深层的政治天性并非根源于群体合作的必要性，而是"即便不需要彼此的帮助，人们仍然想要生活在一起"。[3] 一旦我们追溯到人类自然本性最深的层次，我们就会发现，政治生活和哲学生活一样，都并不是为了满足必要性的功利需求，而是为了满足天性的纯粹需求。那么，同样是天性使然，为什么哲学天性高于政治天性呢？

要回答这个问题，我们必须再次回到亚里士多德的灵魂秩序

---

[1] *Aristotelis Opera*，*Metaphysics*，980a21.

[2] *Aristotelis Opera*，*Politics*，1253a1 – 3.

[3] Ibid.，1278b20 – 21.

论，甚至需要结合他的宇宙秩序论。在第十卷第七章的论证结构中，论证（五）是中心，论证（一）和（九）是开头和结尾这两端，这两个论证也非常重要，而且彼此呼应，阐述了同样的要点，那就是：哲学沉思属于人类灵魂中最高的部分，这个部分甚至超越了人性，通向了宇宙中最高的部分，也就是神性。在论证（一）中，亚里士多德提出，如果幸福是符合德性的现实活动，那么作为至善，幸福就应该符合"最高"的德性，也就是我们身上"最好的部分"的德性。根据亚里士多德的灵魂秩序论，血气高于欲望，理性高于血气，理论理性高于实践理性，而理论理性又可以分为从本原出发的科学推论和直观把握本原的努斯，因为本原是推论的前提，所以努斯的地位高于科学推论，它就是人类灵魂中最好的部分。① 此处，亚里士多德并没有将人类灵魂中的努斯直接等同于神性，而是以一句模糊的话结束了论证："努斯要么自身就是神性，要么是我们身上最具神性的部分，总之，符合属于它的德性的现实活动就是完美的幸福，而这种幸福就是沉思。"② 关于努斯的本质，亚里士多德提出了两种可能：如果努斯是"我们身上最具神性的部分"，那么"神性"也就只是比附性的说法，只是对于人类灵魂中最高部分的赞美，说它是"神一般的"；但是如果努斯"自身就是神性"，那就意味着它确实等同于神性，或者说那超越人性的神性就栖居于人类灵魂之中。如果说论证（一）还有些含蓄，对于努斯的定位还有些模棱两可，那么到了最后的论证（九），经过中间所

---

① 关于努斯和科学推论的关系，见本书第六讲关于"哲学智慧"的讲解。
② *Aristotelis Opera*，*Nicomachean Ethics*，1177a15－18.

有论证的铺垫和推进，亚里士多德就不再含蓄了，他这样描述哲学生活："这样的一种生活高于人的生活，我们能够过这种生活并非凭借我们是人，而是凭借我们自身在某种意义上具备神性。"① 那么，他为什么能够得出这样的结论呢？为什么哲学生活与神性密切相关呢？

在第六卷第七章，亚里士多德指出哲学智慧是"关于那些居于首位的最崇高的事物"的知识②，也就是"关于最初的原因和本原的知识"③，而在他看来，整个宇宙间"居于首位的最崇高的事物"就是自然万物"最初的原因和本原"，也就是全部存在物的"第一推动者"，这就是他心目中的神。因此，归根结底地讲，哲学智慧就是关于神的知识，哲学生活就是对于神的沉思。不过，在《尼各马可伦理学》第六卷对于哲学智慧的阐述中，亚里士多德只是从对象（或客体）的角度说明了哲学智慧与神性的关系。哲学智慧的对象是神，这并不意味着我们用来沉思这种对象的能力也是具有神性的，而想要论证后一点，就需要将目光从认知的对象转移到灵魂的能力，从客体转移到主体。我们看到，这正是第十卷第七章的论证（一）和（九）所完成的任务，这两个论证从主体的角度出发，指出我们用来沉思神的努斯自身就是具有神性的。由此看来，亚里士多德关于哲学智慧的完整阐述是由第六卷第七章和第十卷第七章相配合而完成的，这两个部分共同指出，哲学智慧的现实活动是主客体合一的，在某种意义上，沉思神的人等同于被人沉思的神。因

① *Aristotelis Opera*，*Nicomachean Ethics*，1177b26 – 28.
② Ibid.，1141a19 – 20.
③ *Aristotelis Opera*，*Metaphysics*，981b28 – 29.

此，沉思神性的哲学生活所满足的不是一般意义上的好奇心，那深藏在人性中的求知欲也不只是为了寻求思维的乐趣，毋宁说，哲学沉思是一种人性通向神性的存在方式，或者说，我们灵魂深处对于智慧和真理的热爱包含一种"成为神"的渴望。

这个听上去无比深奥奇妙的观点，就是亚里士多德在论证（九）的末尾提出的：

> 我们不应该听从某些人的建议，说我们既然是人，就应该只想人的事情，既然是有朽者，就应该只想有朽者的事情，而是应该尽可能地追求不朽，用尽全力按照我们身上最好的部分来生活，这个部分虽然很小，但是其力量和荣耀远胜过其他的一切。而且这个部分似乎就是每个人自身，如果它是人身上权威性的和更好的部分的话。①

在这段话中，亚里士多德向读者发出呼吁，他提出，我们虽然是有朽的凡人，但是我们身上"最好的部分"却不是有朽的，而是不朽的，我们应该"用尽全力按照我们身上最好的部分来生活"，而这就等同于"尽可能地追求不朽"。在古希腊语中，"不朽"是专门用来形容神的词汇，神和人的根本差异就在于，神是不朽的，人是有朽的，这个根深蒂固的古希腊观念贯穿宗教神话和哲学思想，只不过神话与哲学赋予不朽以不同的含义。在神话中，神具有和人一样的容貌形体与七情六欲，但是比人更强、更美、更有智慧，并且永生不死。哲学家通常不相信神话中的神，而是以一种更加抽象

---

① *Aristotelis Opera*，*Nicomachean Ethics*，1177b31－1178a2.

的方式理解神的本质。在这方面，亚里士多德的观点是非常典型的，他认为神是宇宙的第一本原，它永恒存在，并且时时刻刻处在最完美的现实性之中，永不停息地进行着最完美的现实活动，而这就是神的不朽。那么，属于神的现实活动是什么呢？在《形而上学》第十二卷，亚里士多德指出，唯一属于神的现实活动就是沉思①，沉思是神的存在，同时沉思也是人的至高幸福，而神和人的差别在于，神永恒而不间断地进行着沉思，而人只能在有限的生命中间歇性地进行沉思，因此，神的存在就等同于至善，而人要用尽全力才能在有限的程度上实现至善。在亚里士多德看来，这就是为什么我们说神是不朽的，而人是有朽的。在《形而上学》第十二卷第七章和第九章（这两章的主题就是神性），他讲道：

> 它过着我们只能在短暂时间中体验到的最美好的生活，这种生活对它是永恒的，对我们则不可能……我们只能片刻间享受到的那种幸福，神永久地享受着。②

> 它把最神圣的东西、最尊贵的东西作为沉思对象，并且不会发生变化……既然它自己就是最好的事物，那么它作为思想所沉思的也就是它自己，它的思想就是对于思想的思想。③

―――――――――――

① 亚里士多德认为，神是宇宙的第一推动者，它引发天体运行，继而导致四季轮回、万物生灭以及所有其他的自然现象。然而，神的现实活动除了永恒的沉思之外，别无他者。那么，除了沉思之外什么也不做的神是如何推动天体的呢？亚里士多德的答案是：神通过"被欲求"和"被模仿"来推动天体，神并不主动进行"推动"，而是天体"欲求"神的完美，想要"模仿"神的存在，于是进行永不停息的圆周运动。正是在这个意义上，神是"不动的推动者"。

② 亚里士多德：《亚里士多德全集》第七卷，第 278–279 页，译文有调整。

③ 同上书，第 284 页，译文有调整。

在第一段引文中，神永恒享受的"最美好的生活"和我们片刻享受的"那种幸福"指的就是沉思，在亚里士多德看来，神的沉思和人的沉思是一样的，只不过前者永恒持续，后者短暂易逝。在第二段引文中，亚里士多德进一步指出，神的存在是沉思，而它所沉思的对象必然是宇宙中最神圣、最尊贵的，而这样的事物只能是它自己，因此，神"作为思想所沉思的也就是它自己"。神是一种自我沉思的沉思，换言之，神的沉思是主客体合一的。既然这就是神的本质，又因为沉思一物就是以最清晰的方式洞察和领悟一物的本质，所以，当哲学家沉思神的时候，他就是在以最清晰的方式洞察和领悟神的本质，即主客体合一的自我沉思。亚里士多德相信，这样一种对于主客体合一的沉思之沉思必将消融沉思的主客体界限，消融哲学家与神的隔阂，让哲学家对神的沉思参与和分享神的自我沉思，而这就等于，让哲学家在沉思神的那一刻"成为神"。① 我们应该注意，亚里士多德用来称呼人类灵魂中最高部分的词汇是"努斯"，而他用来称呼神的词汇也是"努斯"。笔者提到过，所有的伦理德性和实践智慧都是政治生活的德性，是"属人"的德性，相比之下，哲学智慧是努斯的德性，这意味着它是"属神"的德性。正因如此，亚里士多德在第六卷谈到哲学家的时候才会说："他们所追求的不是人类的善。"②

亚里士多德说我们应该"尽可能地追求不朽"，其实这不仅是

---

① 亚里士多德讲的"与神合一"和中国古代思想讲的"天人合一"都是一种消融主客体之分的思想，区别在于，对于亚里士多德来说，"与神合一"是只属于个别哲学家的精神境界，而中国古代思想认为天人不仅应归合一，而且本来合一。

② *Aristotelis Opera*，*Nicomachean Ethics*，1141b3 - 8.

哲学家的追求，也是古希腊神话中英雄们的追求。在《荷马史诗》中，在所有的冲突和战斗背后，英雄真正追求的是不朽。由于英雄毕竟不是神，不可能真正获得永生，因此，他们就奋力赢得战功，以期收获不朽的声名，这是永恒生命的替代品。在先前的讲解中，笔者反复提到，亚里士多德的伦理学试图改进和提升充满血气的古希腊主流文化。如果说《荷马史诗》中英雄对不朽声名的追求表达了这种文化的最高理想，那么亚里士多德对于不朽的重新解释，就在最高的层面完成了他对古希腊主流文化的改进和提升。真正的不朽不是永远流传的声名，而是对神的沉思，在沉思中超越有限的生命、分享不朽的至善，因此，不朽无法通过神话中的英雄战绩来实现，更无法通过现实中的军事征服和政治功业来实现。哲学生活之所以高于政治生活，哲学的幸福之所以高于政治的幸福，就是因为只有哲学沉思才能通向真正的不朽。①

　　亚里士多德认为努斯是人身上与神相通的部分，人凭借努斯所过的沉思生活"高于人的生活"，但是他同时又认为努斯"就是每个人自身"，换言之，努斯构成了人的本质。那么，努斯究竟是人性，还是神性？笔者认为，在亚里士多德笔下，努斯这个概念既指人类理性的最高能力，又指作为宇宙最高本原的神，这绝不是偶然的，而是要表达一种关于人性与神性相关联的深刻思想。何谓人性？在第一卷第七章，亚里士多德通过功能论证告诉我们，人特有的功能是理性活动，这意味着人性就是理性。尽管在第一卷，乃至

---

　　①　在亚里士多德看来，中国古人讲的"三不朽"（立德、立功、立言）也都要低于哲学沉思的不朽。

在整个前六卷的语境中，"理性"这个概念要么是指宽泛意义上的理性，要么是指实践理性，但是只要将人性理解为理性，这就已经为第十卷将人性与神性打通的思想埋下伏笔了，因为亚里士多德在他的其他著作中早已将理性的最高部分，也就是努斯，视为人性与神性的交界点。事实上，不仅人性包含神性，所有动物的兽性都包含神性，这一点正是体现为所有动物都能够追求快乐。在对快乐的两次分析中，亚里士多德都提到了兽性与神性的关系。在第七卷第十三章，他指出："所有的野兽和人类都追求快乐，这一事实确实说明快乐在某种意义上就是至善……因为所有事物就自然而言都包含了某种神性"①；在第十卷第二章，他提到："即便在低等动物中也存在某种比它们自身更强大的自然之善追求着专属于它们的善。"② 这两句话表明，快乐是所有动物都追求的善，也是专属于动物的善，然而，无论是野兽的快乐还是人类的快乐，无论是身体的感官快乐还是灵魂的精神快乐，都蕴含着神性，因为构成神性的那种现实活动是最纯粹的快乐，其他快乐都是对它的程度不同、方式各异的模仿。③ 关键在于，亚里士多德认为神性并非遥不可及地

---

① *Aristotelis Opera*，*Nicomachean Ethics*，1153b25 - 32.

② Ibid.，1173a4 - 5.

③ 在亚里士多德看来，不仅动物，所有的存在物都是对于神的模仿："在亚里士多德的宇宙中，所有的自然都模仿神。神是作为目的因而充当万物第一推动者的。从最基本的物质元素（土气火水）开始，它们永不止息的相互转化就是它们在对于永恒第一因的模仿中保持稳定的方式。接着是动植物这些生命体的恒常的繁衍生息。最终，正因为神的沉思生活是宇宙中最好的、最快乐的存在方式，所以对于我们人类来说，认知活动也是最快乐的，这不仅包括理智沉思，还包括觉醒、感知、期待和回忆等神不具备的状态。"（这段话引自 Myles Burnyeat，*Aristotle's Divine Intellect*，Milwaukee：Marquette University Press，2008，p. 42，由笔者从英文译为中文。）

存在于别处，而就存在于动物身上，他说，任何动物想要追求属于它自身的善，都必须依靠"某种比它自身更强大的自然之善"，这种更强大的自然之善就栖居在每一个动物的兽性之中，是它内在包含的神性。从第七卷到第十卷，从对快乐的分析到对哲学沉思的分析，我们看到一条连贯的论述线索，它始于兽性与人性的关联（快乐），最终通达人性与神性的关联（沉思）。第七卷开头提到，《尼各马可伦理学》的下半场要从新的开端出发，而所谓新的开端，指的是要全面研究完整的伦理谱系，不仅包括德性与劣性，还包括自制与不自制、兽性与神性。第七卷前半部分完成了对自制与不自制的研究，而第七卷的余下部分和整个第十卷连在一起，完成了对兽性与神性的研究。虽然对于兽性与神性的研究仍然是以人性为中心的，但是它同时也从上下两个方向突破了人性。往下突破，指的是通过对快乐的分析，揭开文化的面纱，回到人与动物相通的自然，这样才能寻见返璞归真的生命感受；往上突破，指的是通过对哲学沉思的分析，在主客体合一的努斯活动中发现人与神的相通之处，呼吁人尽可能追求过一种"成为神"的生活。

在鼓励读者"尽可能追求不朽"的段落，亚里士多德这样描述灵魂中的努斯："这个部分虽然很小，但是其力量和荣耀远胜过其他的一切。"在人的灵魂中，努斯是很小的一部分，但是它的地位最高。在个人生活中，与神合一的沉思作为努斯的现实活动，它的每一次完美实现几乎都是可遇而不可求的，并且只能持续非常短的时间，但是它带来的体验是一种极致的快乐，这种快乐在最高的程度上符合第十卷前半部分提出的纯粹性标准：因完全以自身为目的而时时刻刻都绝对完善，因陶醉于每一个瞬间、沉浸于每一个当下而超越了流逝变易的时间。用现在的话来说，沉思的体验是一种"刹那即永恒"的极乐，唯有在这种只属于哲学生活的体验中，人的幸福才是"正在幸福"和"已经幸福"一同成立的。第十卷第七章关于哲学生活是至高幸福的其他几个论证，都是从沉思作为现实活动的完美性出发的：沉思是最快乐的活动、具有最高的连续性、是不劳累的，等等。其中，值得一提的是关于"连续性"的论证。哲学沉思"具有最高的连续性"与它"持续的时间短暂"是并不矛盾的，因为这里"连续性的高低"指的不是持续时间长短，而是当它持续的时候，是否有某种内在的原因导致它不得不停止。亚里士多德认为，仅就沉思活动自身而言，不存在什么内在的原因导致它必须停止，神的沉思就是永远持续、永不停息的；人的沉思确实无法持续太久，但这并不是沉思活动自身的原因导致的，而是人类的有限性导致的。与哲学沉思相比，其他的人类活动都有内在的起点和终点，这就正如我们在上一讲讲到的，进食的过程或者造房子的过程必然有起点和终点一样。在连续性方面，哲学沉思与其他活动的根本差异还在于，哲学沉思是完全以自身为目的的现实活动，因此，它不需要因为实现了目的而停止，而是始终处于目的被实现的完满状态之中。

哲学沉思是目的完全在自身之中的现实活动，是人类灵魂的神性状态，是人所能企及的最高幸福，然而与此相应的便是，哲学生活是完全属于个体的，它必然以牺牲人与人之间的社会性交往为代价。套用现代伦理学的术语来说就是，尽管我们不能简单地认为哲学沉思是"利己"的，但是它也显然并非"利他"的。在第一卷第二章，亚里士多德曾谈到"个人获得至善诚然是可欲之事，群体和城邦获得至善则是一件更高贵和更神圣的事"①，这是对于政治生活的赞美，也是对政治家制礼作乐、治国安民的期许；在第十卷第八章，亚里士多德却提出"符合其他德性（即除了哲学智慧）的生活是次一等的，因为符合这些德性的现实活动都仅仅是属人的，符合正义、勇敢以及其他这类德性的实践都是在人与人的相互交往中做出的"。② 这里，政治生活的德性需要在"人与人的相互交往"中发挥作用，这一点被认为是政治生活的幸福比哲学生活的幸福"次一等"的根本原因。在第一卷第七章，亚里士多德提出幸福必须是一种自足的善，接着补充道："我们说的自足指的不是一个人自己过一种孤独的生活，而是指他有父母、儿女、妻子、朋友和公民同胞，因为人在天性上就是一种政治的存在。"③ 到了第十卷第七章，亚里士多德却说：

> 所谓自足性在最高的程度上属于沉思生活，这是因为，虽然有哲学智慧的人和正义者以及其他所有人一样需要生活必需品，但是在这类事物供应充足的前提下，正义者还需要针对别人并连同别人一起来做正义的事，节制者、勇敢者和具有其他实践德性的人也一样，而有哲学智慧的人却仅凭自己就能够沉思，他越是有哲学智慧就越是如此。当然，有同道或许是更好的，但是无论如何，他是最自足的。④

---

① *Aristotelis Opera*，*Nicomachean Ethics*，1094b9 – 10.
② Ibid.，1178a9 – 11.
③ Ibid.，1097b8 – 11.
④ Ibid.，1177a27 – b1.

　　第一卷第七章讲的自足是一种共同体的自足，而第十卷第七章讲的自足是一种纯粹个体的自足。由此可见，哲学沉思在实现人生终极至善的同时，也造就了一种完全局限在自我内部的生活，一种异常孤独的生活，这种生活要求哲学家在尽可能向着神性靠近的同时，也要尽可能摆脱自我与他人、与社会的关系。亚里士多德甚至将哲学家实现这种摆脱的程度与他的智慧水平直接相关联，在他看来，真正的哲学家必定是"不食人间烟火"的。① 尽管如此，上述引文的末尾还是加了一句："有同道或许是更好的"。哲学家或许不需要也不关心城邦的公民同胞，甚至与家人的关系也不那么亲密，但是，哲学家也需要"同道"，需要志同道合的朋友。"同道"的原文是 sunergous，这个词的字面含义是"共同履行某种功能的人"或者"共同从事某种活动的人"②，也就是分享共同事业的伙伴。亚里士多德用这个词告诉我们，哲学家的同道必定是另一个与他相似的哲学家，他们的友爱是以对智慧和真理的共同追求为基础的。

　　可是，哲学家既然已经拥有最高的幸福，而且他最幸福的一大根本原因就在于他是最自足的个体，他作为哲学家不需要与人为伴，那他又为什么需要朋友呢？亚里士多德非常重视友爱和社会关系，他说，"没有人愿意孤独地享有哪怕全部的善"③，这是对人性

---

　　① 作为一个人，为了生活所需，哲学家也在一种最低的程度上需要他人、需要社会，但是他"作为哲学家"则不需要他人和社会，他所追求的沉思生活和他所获得的至高幸福是完全发生在个体灵魂内部的。

　　② 希腊语 sunergous 是一个复合词，sun-是前缀，表示"共同的"；erg 是词根，取自 ergon，也就是"功能"；-ous 是后缀，表示"人"，整个词的意思是："共同（sun-）履行功能（-erg-）的人（-ous）"，通常指某项活动的合作者。

　　③ *Aristotelis Opera*，*Nicomachean Ethics*，1169b17 – 18.

的深刻洞察。人的天性既包含对于善的渴望，也包含与他人分享善的渴望，只有这两种渴望都具备的人才是完整的人，也只有这两种渴望都得到满足的人生才是完满的人生。《尼各马可伦理学》的第七卷和第十卷完全以个体为论述对象，这两卷探讨了个体的不自制现象、个体的快乐、个体的哲学沉思和最高幸福，但是到最后，亚里士多德还是不忘指出，一个人哪怕是获得了最高的幸福，也不愿意孤独地享有这幸福，而是渴望与他人分享这幸福。

一种缺乏分享的幸福是有缺憾的，一种不探讨友爱的伦理学也必定是不完整的。亚里士多德的伦理学当然并非如此。《尼各马可伦理学》第八、九卷的主题就是友爱，这相对独立的两卷系统论述了人类生活所有层面的友爱关系，最终上升到哲学家之间的友爱，实际上是从友爱的角度把人生秩序重新梳理了一遍，并且在最高层次的友爱中与第十卷为人生至善给出的答案殊途同归。从这个角度看，虽然第十卷在文本顺序上是最后的一卷，但是就整体思路而言，或许亚里士多德伦理学关于人生至善的最终答案并非哲学沉思，而是哲学友爱。

那么，究竟什么是友爱？为什么人需要友爱？人与人可以形成哪些类型的友爱，它们的关系和秩序又如何？友爱对于人生的意义究竟何在？什么样的友爱是最完美的？下面，就让我们打开第八卷和第九卷的文本，认真研读亚里士多德关于友爱的伦理学论述吧。

# 第十讲　友爱与幸福生活

## 一、友爱的类型和谱系

我们已经看到，《尼各马可伦理学》全书可以分为上下半场，前六卷是上半场，后四卷是下半场。下半场又可以分为两条线索：第七卷和第十卷构成了其中一条线索，通过对不自制现象的分析，深入揭示人的灵魂冲突和灵魂秩序；再通过对快乐的两次分析，把至善的终极性标准推向极端；最后通过对哲学沉思的分析，把个人生存境界的层次拔到最高，最终得出结论：人应该专注于灵魂中最高的努斯，尽可能过一种与神合一的哲学生活，享受沉思活动带来的极致快乐。笔者谈到，这是一条专注于个体的线索，它呈现出人类灵魂品质最为完整的伦理谱系。下半场的另一条线索则是第八、九卷对于友爱的专题探讨，这条线索专注于共同体，从家庭血缘的关系到社会分工的关系，从公共性的公民同胞关系到私人性的亲密朋友关系，亚里士多德系统而全面地梳理了人际关系的谱系。在前六卷中，灵魂品质问题和政治秩序问题是融合在一起加以讨论的，而后四卷则把人的生活分化为个体生活和共同体生活这两条线索，以分别聚焦的方式加以讨论。第八、九卷对于友爱的专题探讨，就是对于共同体生活中种种人际关系的一份完整阐述。

　　我们首先要注意到，亚里士多德所谈论的"友爱"（philia）是极为广义的，他在第八卷的开篇就指出，所有人都需要朋友，无论是谁，无论处于何种境遇，都需要朋友。不仅身陷贫困的人需要朋友的帮助，有财有势的人也需要朋友来接受自己的善举；年轻人需要朋友来帮助自己少犯错误，老年人需要朋友来关照自己的生活，中年人需要朋友来一同从事符合德性的实践行动。以上各种人际关系都属于汉语"友爱"一词的范畴，而古希腊语的"友爱"范围更广，亲属之间的关系也是友爱的表现，父母对子女的爱、子女对父母的爱、夫妇间的爱以及兄弟姐妹之间的爱，都是友爱。在将日常生活中的各种友爱列举了一遍之后，亚里士多德接着按照从疏远到亲密的次序来梳理友爱的范围，他指出：（1）在全人类之间，甚至在所有动物的同类之间，都存在一种基本的友爱。（2）在旅行途中相遇的陌生人之间也常常产生友爱。（3）城邦的公民同胞之间不仅需要正义，还需要友爱，友爱是比正义更高的标准，如果仅仅存在正义，那么还需要友爱；如果已经存在友爱，那就不需要正义了。以上三种关系都超越了日常生活中朋友和亲属关系的范围，是一种宽泛意义上的友爱。可以说，在古希腊的友爱观念中，凡是包含善意的人际关系，都可称为友爱。亚里士多德之所以认为城邦的所有公民之间、旅途中的陌生人之间，乃至全人类之间都存在友爱，是因为他相信在没有发生冲突的前提下，任何人际关系总是包含一种最基本的善意，人们之间总是会自然而然地形成共同体。在现实中，人类世界充满了冲突，个人与个人、家庭与家庭、国家与国家之间往往敌意多于善意，但是在亚里士多德看来，这些都并非人的本性使然，而是后天的各种因素造成的，因为人在天性上其实是一种喜欢群居的社会性动物。在这个问题上，亚里士多德的观点跟许多现代哲学家截然相反。以英国哲学家霍布斯为例，他提出"人对人来说是狼"，认为人类在天性上就是彼此敌对、相互斗争的。笔者认为，亚里士多德的观点要比霍布斯的更有说服力。事实上，霍布斯的观点即便对于狼而言都是不准确的。对动物学稍有了解的读者都知道，虽然不同的狼群常常因为争夺地盘而相互厮杀，但是每一个狼群内部却是非常团结的。而且，狼群之间的冲突也并非狼的天性所致，而是因为食物和生存空间有限，导致激烈的竞争，这和人天生喜欢群居，但又常常因为争夺资源而发生冲突，是一样的道理。许多动物都是群体性的，喜爱与同类和睦相处，而荀子曾提出，人之所以成为万物灵长，也不过是因为人更加"能群"罢了。① 用亚里士多德的话来说就是：人是天生的"政治的动物"。②

---

① 见《荀子·王制篇》："人，力不若牛，走不若马，而牛马为用何也？曰：'人能群，彼不能群也。'"

② 在《政治学》第一卷第二章，亚里士多德充分论证了人类就自然而言是"政治的动物"。笔者在第五讲讲解过这一观点。

　　对于人而言，友爱是自然的，不过，并非所有的友爱关系在性质上都是一样的。在第八卷第一章的最后一个段落，亚里士多德提出了这样一个问题：友爱究竟存在于相似者之间，还是不相似者之间？他指出，早期哲学家对这个问题持有不同的看法，例如，赫拉克利特认为友爱存在于不相似者之间，因为他说"对立面相互助益"，而恩培多克勒提出友爱存在于相似者之间，因为他说"相似者追求相似者"。① 实际上，这两位哲学家并不是在讨论人类的友爱关系，而是在讨论自然世界。赫拉克利特主张"对立统一"的思想，他认为相反的事物彼此配合，方能构成完美的秩序，比如音乐中的和声就是高音与低音的配合，动物的生殖需要雄性和雌性的配合，等等。恩培多克勒则持"元素论"，他认为相似的元素会自动聚集并结合在一起，例如水元素聚集起来，结合成水，土元素聚集起来，结合成土。亚里士多德随后也承认，赫拉克利特和恩培多克勒的观点属于自然哲学，而不是伦理学，那么，他为什么在这里提及这两位哲学家的思想呢？许多学者认为，这是他讲课的时候"跑题"了。诚然，《尼各马可伦理学》作为讲课稿编辑而成的文本，跑题的现象时常出现，但是对于亚里士多德这样的大哲学家而言，讲课时的跑题往往能跑出极深的思想，笔者认为，此处的跑题正是如此。赫拉克利特和恩培多克勒的观点看似与伦理学无关，实则揭示出友爱现象在人性中的两种根源，具有深刻的伦理学意义：友爱的形成，要么是因为友爱双方是不相似的，从而互相弥补、互通有无、互相帮助，正如赫拉克利特所言，"对立面相互助益"；要么是

————————

① *Aristotelis Opera*，*Nicomachean Ethics*，1155b1－8。

因为友爱双方是相似的，从而志同道合、意气相投、心有灵犀，正如恩培多克勒所言，"相似者追求相似者"。前一种友爱是"需要型友爱"，后一种友爱是"分享型友爱"，笔者认为，这两种友爱的区分是亚里士多德接下来阐述友爱类型和友爱谱系的深层思路。

需要或分享是友爱的不同根源，那么以二者为基础而形成的友爱，又可以分为哪些具体的类型呢？亚里士多德将友爱分为平等友爱和不平等友爱两大类，其中，平等友爱包括利益友爱、快乐友爱、德性友爱这三种类型；不平等友爱主要包括同性爱欲、家庭友爱、政治友爱这三种类型（所谓同性爱欲，指的是古希腊社会特有的一种男同性恋风俗，下文将为读者详细介绍）。家庭友爱又可进一步分为父子友爱、夫妇友爱、兄弟友爱。亚里士多德还将家庭关系类比于政体形态，将父子关系类比于君主制，将夫妇关系类比于贵族制，将兄弟关系类比于共和制，他认为秩序良好的城邦应该像和睦美满的家庭一样，是充满友爱的，而这种政治友爱的类型就取决于城邦政体的类型。当然，以上分类不是处处界限分明的，例如家庭友爱和政治友爱总体上被归于不平等友爱，但是家庭友爱中的兄弟友爱、政治友爱中的公民友爱又是相对平等的友爱；反过来，平等友爱中的利益友爱和快乐友爱也可能包含不平等的因素。友爱现象是极为复杂丰富的，不可能对它进行泾渭分明的划分，亚里士多德的分类是为了帮助我们更加清晰地理解友爱关系的不同可能性和各方面特征。

在分类的过程中，亚里士多德时常交替使用"平等"和"相似"、"不平等"和"不相似"，由此可见，他对于友爱类型的划分始终遵循第八卷第一章末尾提出的根本区分，也就是不相似者之间的"需要型友爱"和相似者之间的"分享型友爱"。总的来说，友爱关系的双方越是不相似、不平等，他们的友爱就越是根源于需要，而双方越是相似、平等，友爱就越是根源于分享。在上述列举的所有友爱关系中，父子和君臣这两种友爱是最不平等的，也是完全基于需要的，友爱的谱系从这里出发，经由其他家庭关系、同性爱欲、各种政治友爱而过渡到平等友爱，并经过利益友爱、快乐友爱而最终到达德性友爱，而这种最高层次的友爱就是最平等的友爱。进一步讲，根据德性的不同，德性友爱又可以分为政治家之间的友爱和哲学家之间的友爱，其中，哲学家之间的友爱是最完美的，也是完全基于分享的。整个友爱的谱系就是从需要到分享的逐渐上升：在最低层次上，人们是因为各种各样的物质缺乏和相互需要而结合在一起，而在最高层次上，自足的哲学家无所缺乏，不需要任何人的帮助就能够实现沉思的至善，但是他仍然想要与另一个哲学家分享这种善，这样的友爱是最纯粹的。

　　笔者接下来对于《尼各马可伦理学》第八、九卷的解读将沿着上升的路径，尽可能系统地讲解友爱的类型和谱系，从而完整地呈现亚里士多德的友爱哲学。亚里士多德自己的论述顺序从平等友爱开始，在充分讨论了利益友爱、快乐友爱、德性友爱之后，他才提出"还有另外一种形式的友爱，也就是基于其中一方之优越性的友爱"①，从而转入对于不平等友爱的探讨。为了展现友爱谱系的上升之路，笔者将颠倒亚里士多德的顺序，先讲解不平等友爱的各种类型，再讲解平等友爱的各种类型。在此过程中，笔者也有所侧重，

---

① *Aristotelis Opera*，*Nicomachean Ethics*，1158b11-12.

对于比较能够代表亚里士多德思路和古希腊文化特色的几种友爱，笔者将详细讲解，对于其他类型，则简略讲解。

# 二、最不平等的友爱

亚里士多德关于不平等友爱最具特色的思想是家庭关系和城邦政体的类比，我们不妨就从这个类比谈起。所谓政体，指的是城邦的统治模式。按照统治者人数的多寡，亚里士多德将政体分为一人统治、少数人统治、多数人统治这三种类型，每一种类型都有正确形态和错误形态之分。一人统治的正确形态是君主制，错误形态是僭主制；少数人统治的正确形态是贵族制，错误形态是寡头制；多数人统治的正确形态是共和制，错误形态是民主制。所有正确形态的政体都是统治者为了全体公民的利益而进行统治，所有错误形态的政体都是统治者只为了自身的利益而进行统治（民主制也不例外，在亚里士多德看来，为了多数人的利益而牺牲少数人的利益是不正确的，只有为了整体利益的统治才是正确的）。然后，亚里士多德提出了他的类比思想。就一人统治而言，君主制可以类比于父子关系，君主关爱臣民，正如父母关爱子女，正所谓"爱民如子"；僭主制可以类比于主人和奴隶的关系，僭主压迫奴役臣民，就像主人让奴隶做牛做马。就少数人统治而言，贵族制可以类比于良好的夫妇关系。和许多古代社会一样，古希腊社会也是男权社会，在家庭中，丈夫理应是一家之长，妻子也理应服从丈夫，如果夫妇秩序井然而又相互尊重，做到夫唱妇随，那就是良好的夫妇关系。贵族制城邦的政治秩序也与此类似，贵族就像丈夫，平民就像妻子，双方构成统治与被统治的等级制，同时也相互尊重、关系和谐。相反，寡头制可以类比于反常的夫妇关系，要么是丈夫粗暴专横地对待妻子，寡头就是这样对待平民的；要么是家庭由妻子做主，不是因为妻子更有德性，而是因为妻子家更有钱，寡头集团成为统治者也是出于类似的原因，在古希腊社会，寡头制往往就是富人掌权的财阀统治。就多数人统治而言，共和制可以类比于团结的兄弟关系，公民们情同手足、群策群力，而民主制可以类比于混乱失序的无主之家，公民们自由散漫、各行其是。在和睦的家庭中，也在所有的正确政体中，家庭成员之间、统治者和被统治者之间，都存在友爱。这些类型的友爱大多是不平等的，家庭之中只有兄弟（以及姐妹①）之间的友爱是相对平等的，城邦之中只有共和制公民之间的友爱是相对平等的。

　　在第八卷，亚里士多德从友爱的角度出发研究家庭和政体，他的论述重点在于父子关系和君臣关系，因为这两种关系是最不平等的，从而也最能代表不平等友爱。那么，父子之间和君臣之间为什么可以形成友爱？这种友爱的本质是什么？在亚里士多德看来，这两种友爱在本质上都是较优越的一方（君主、父母）给另一方（臣民、子女）以恩惠。② 君主给臣民的恩惠是"关怀和照看"，父母

---

　　① 亚里士多德多次谈到兄弟之间的友爱，但几乎从来没有提到过姐妹之间的友爱，笔者认为，这主要是因为他想要论述的是家庭关系与城邦政体的类比。在古希腊社会，女人是没有公民权的，因此，一般不会把家庭中的女儿类比于城邦中的公民，这反过来就导致了对姐妹（以及兄妹、姐弟）关系的忽视。

　　② 笔者用"父子"一语作为"父母子女"的简称，亚里士多德是把父爱和母爱放在一起讨论的，而父爱母爱的对象当然既包括儿子也包括女儿。

给予子女的恩惠是"赋予存在、提供抚养和教育"。① 这意味着，在不平等友爱中，较优越的一方是"爱"的主体，较不优越的一方是"爱"的客体。那么，君主和父母为什么会爱臣民和子女呢？在任何一种不平等友爱中，较优越的一方为什么会爱较不优越的一方呢？

关于君主对臣民的爱，亚里士多德是这样解释的："僭主追求自身的利益，而君主追求被统治者的利益，因为只有自足并且在所有的善好方面超过其臣民的人才是君主。这样的人别无所需，因此不追求自己的利益，而是追求被统治者的利益。"② 该解释的要点在于，它并未将君主对臣民的爱视作他的责任，而是认为他之所以关照被统治者而非自身的利益，是因为他已经充分地实现了自身的利益。亚里士多德相信，一个已经实现了自身利益的人会自然而然地关爱他人，这不是一种义务，而是一种欲望，这种欲望在君主身上体现得最为极致，在其他处于优势地位的人身上也有体现，正如第八卷开头提到的："即便拥有所有其他的善，也没有人会选择过没有朋友的生活，而那些富裕的人和拥有官职与权力的人被认为是最需要朋友的，因为，如果不用这些外在善来施惠的话，它们有什么用呢？它们最应该用来施惠于朋友，这也是最值得赞赏的。"③ 我们说，不平等友爱是基于需要的，人们因有所缺乏而相互需要，故而结合在一起形成友爱。不过，亚里士多德在分析需要型友爱的

① *Aristotelis Opera*，*Nicomachean Ethics*，1161a11 – 17.
② Ibid.，1160b2 – 6.
③ Ibid.，1155a5 – 9.

时候强调的不是通常意义上的需要，不是无钱无权的人需要有钱有权的人来给自己恩惠，而是一种更高层次的需要，是有钱有权的人需要无钱无权的人来接受自己的恩惠。深入比较这两种需要，我们就会发现，其实只有后一种需要才是友爱的源泉。以穷人和富人的友爱为例：穷人需要富人的施舍，他所需要的不是富人，而是施舍，如果他买彩票中了头奖，那么他就不再需要施舍了；相反，富人需要穷人来接受自己的施舍，他所需要的是穷人。这个例子不包含对双方的评价，穷人可能感恩戴德，也可能忘恩负义，富人可能慈悲为怀，也可能虚情假意，笔者只是在对这种人际关系的逻辑进行分析。我们看到，如果友爱毕竟是人与人的关系，那么，在穷人和富人因为相互需要而结成的友爱里，实际上只有富人的需要是一个人对于另一个人的需要。在亚里士多德的思想中，君臣之间的友爱也是如此，它本质上是君主对臣民的关爱，它的根源在于君主施惠于臣民的需要。

父母对子女的爱就更是如此了。父母不仅抚养、教育子女，而且从根本上赋予了子女以存在。亚里士多德这样解释父母和子女的爱："父母爱子女是因为子女是某种属于他们自身的存在，子女爱父母则是因为其存在来自父母"①，"父母爱子女正如爱他们自身，因为从他们所出的子女通过与他们分离而像是他们的'另一个自我'，而子女爱父母则是因为他们来自父母"。② 如果说父子友爱的本质是父母给子女以恩惠，其中最重要的恩惠就是赋予子女以存

---

① 　*Aristotelis Opera*，*Nicomachean Ethics*，1161b18 - 19.
② 　Ibid.，1161b27 - 30.

在，那么，要理解父母为什么爱子女，就要理解父母为什么要生育子女。亚里士多德在他的《论灵魂》一书中提出，繁衍后代是所有生命的本能，这种生命本能所追求的是不朽。[1] 英雄和政治家追求声名的不朽，哲学家追求神圣努斯的不朽，与这两种精神性的不朽相比，生命通过繁衍后代所追求的是种族的不朽，这是一种身体性的不朽。人类生儿育女的欲望也源自对于不朽的追求，因为个体的生命是有限的，而生育就是将生命传递给后代，让家族的血脉可以一直存在下去。在上面的两句引文中，亚里士多德这样描述生育的本质：父母将"属于自身的存在"传递给子女，这就仿佛从自己身上"分离"出他们的"另一个自我"，这样，即便"旧的自我"消亡了，"新的自我"还能继续存在下去，并且代代相传。根据亚里士多德的生命观，这种对于自我存在的永恒传承就是父爱和母爱的源泉，换句话说，父爱和母爱所满足的就是这样一种永恒传承自我存在的需要。也正因为如此，这种友爱的双方是极为不对等的，在亚里士多德看来，父母爱子女要远甚于子女爱父母。

君主需要臣民来接受自己的恩惠，父母需要子女来承载自己的存在，这两种最不平等的友爱有一个共同点：较优越的一方需要把属于自己的某种善赋予较不优越的一方。当前者把属于自己的善赋予后者，前者就在某种意义上将后者视作是属于自己的一部分，从而，前者爱后者就是在爱自己的一部分。在第九卷第七章，亚里士多德这样解释这种友爱：

---

[1] 　亚里士多德：《亚里士多德全集》第三卷，第 38 页。

　　每个工匠都爱属于他的产品，甚于他被产品所爱（假设产品有灵魂的话）；这一点或许在诗人身上体现得最为明显，因为他们对属于自己的诗歌有着过度的爱，就像爱子女一样。事实上，施惠者的情况就是这样的，因为被他善待的人是他的产品，而他爱产品，甚于产品爱他。这种现象的原因在于：存在是所有人追求和爱的对象，我们存在于现实性，也就是活着和行动，而产品在某种意义上就是制作者的现实存在。因此，工匠之所以爱产品，是因为他爱存在。①

　　亚里士多德再次用工匠制作产品为例，他的意思是，当工匠制作出产品，他就把自己的心血和劳作注入了产品，而这些心血和劳作就是他作为工匠的现实活动。从一种形而上的视角看，这种现实活动就是工匠之为工匠的现实存在。工匠当然是一个现实的人，即便在休息的时候他也是一个现实的人，但是根据亚里士多德关于潜在性和现实性的理论，只有当工匠正在制作产品的时候，他才在最严格的意义上是一个现实的工匠，也就是说，只有当他正在履行自己作为工匠的功能时，他才获得工匠之为工匠的现实性（笔者在第七讲讲到，"现实活动"或"现实性"的原文是 energeia，它的字面含义是"正在履行功能的状态"）。当工匠完成制作之后，他就休息了，这时候，工匠之为工匠的现实性就不在他身上了。这种现实性现在到哪里去了呢？亚里士多德的回答是：它被赋予了产品。在日常语言中，我们说"工匠把自己的心血和劳作注入了产品"，而在

---

① *Aristotelis Opera*，*Nicomachean Ethics*，1167b33 – 1168a8.

形而上学的层面，我们应该说"工匠把自己作为工匠的现实性赋予了产品"，所以亚里士多德才会提出，"产品在某种意义上就是制作者的现实存在"。这样看来，工匠之所以爱产品，是因为他爱自己的存在，他的产品接受了并承载着他自己的存在。

或许是考虑到一般工匠的例子不那么传神，亚里士多德在举出工匠的例子之后立即就提到了诗人："这一点或许在诗人身上体现得最为明显。"① 与一般工匠在产品上付出的心血和劳作相比，一个真正的诗人可以说是用生命谱写诗歌，将自己的灵魂注入诗歌，在亚里士多德看来，这就是为什么诗人会爱自己创作的诗歌，因为他作为诗人就存在于他的诗歌之中。关键在于，亚里士多德说诗人过度地爱自己的诗歌，"就像爱子女一样"，接着又说"施惠者的情况就是这样的，因为被他善待的人是他的产品"，这就把父子友爱和君臣友爱纳入了这种对于爱的解释。把诗人创作诗歌类同于父母生育子女，这是很容易理解的，而且在生命本质的层面，这两件事的人性根源甚至是完全一致的——都是为了追求不朽，为了把自己的物质或精神的存在通过某种媒介传递下去。那么，受惠者何以是施惠者的产品呢？君主和臣民就是最典型的施惠者和受惠者，臣民在何种意义上是君主的产品呢？君主运用自己的德性和智慧制礼作乐、治国安民，而臣民正是得益于君主创造的政治秩序和社会环境，才能够安居乐业、各寻志向，这种美好生活是明君统治的产物——正是在这个意义上，过着美好生活的臣民可以说是君主的产品。在亚里

---

① 在古希腊语中，"制作者"和"诗人"（即"诗歌创作者"）是同一个词（poiētēs）。

士多德看来，君主之所以爱臣民，是因为任何人都爱自己的产品，这又是因为任何人都爱自己的存在，"产品在某种意义上就是制作者的现实存在"。

在父子关系中，子女是父母作为父母的现实存在；在君臣关系中，臣民是君主作为君主的现实存在。父母之所以爱子女、君主之所以爱臣民，归根结底，其实都是因为他们爱自己的现实存在。这种对于友爱的解释是不是反映了一种"自我中心主义"的观点？在解释父爱母爱的时候，亚里士多德说父母把子女视作他们的"另一个自我"，这里"另一个自我"的表述值得我们重视。让我们仔细分析这个短语的复杂性：如果我爱你，因为我把你当作我的另一个自我，那么一方面，我对你的爱终归是根源于我对自己的爱，因而是一种自我中心主义的爱；另一方面，如果我真的把你当作我的另一个自我，那么我就应该像爱自己那样去爱你，这种爱或许是自我中心主义的，但是当它现实发生的时候，我的自我就已经不仅仅属于我，而是同时也属于你了。在这个意义上，爱的需要是一种把他人纳入自我、把自我交给他人的需要，这种需要不是可以用诸如"利己"或"利他"、"自私"或"无私"等简单化的范畴来概括和评判的。亚里士多德对于父子友爱和君臣友爱的探讨深刻地揭示出，真正的爱都既是自私的，也是无私的，家庭关系中的爱是如此，政治关系中的爱也是如此。

作为现代社会的成员，读者应该会对亚里士多德讲的这种友爱充满警惕，甚至产生抵触的情绪，这是非常自然的。我们现代人追求自由，但是父母对子女的爱、君主对臣民的爱都有可能威胁被爱一方的自由。父母把子女当作自己的"另一个自我",就是把自己的自我投射在子女身上,不仅会按照自以为好的方式来养育子女,而且会期许子女追求自己认同的理想和志向,为此不惜粗暴干涉子女的自由;君主把臣民视为自己的产品,就会把自己的政治目标强加给他所治理的社会,独断地管辖臣民生活的方方面面,为了秩序的稳定而剥夺臣民的自由。笔者认为,现代性对于个体自由的追求、对于传统家国权威的反抗确实是一种历史的进步,但反过来看,亚里士多德的观点也并不是一种简单的传统主义和权威主义,而是如实揭示出传统权威的本质当中包含着一种爱,这种爱蕴藏在人性深处,是无法根除的。在现代革命推翻父亲和君主的权威、破除三纲五常的束缚之后,人性中这种无法根除的爱又何去何从呢?我们又应该如何面对它的呼声呢?这是一个艰难的问题,好在它不是本书需要回答的问题。让我们回到亚里士多德的伦理学,继续讲解下一种极具古希腊特色的友爱类型吧。

## 三、古希腊社会的男童恋风俗

在不平等的友爱中,有一种类型极为特殊,那就是古希腊社会盛行的男同性恋。与现代意义上的同性恋不同,在古希腊,作为一项风俗的男同性恋是一种不对等的恋爱关系,通常是成年男性与未成年青少年的结合。在情欲方面,成人是主动方,被称为"爱者";少年是被动方,被称为"被爱者"。因此,更准确地讲,这种关系其实是一种男童恋。那么，古希腊社会为什么会流行这种风俗呢？对此，学者们提出了多种解释。有人认为它起源于早期城邦的军事组织，是男性战士常年生活在一起而造成的；有人认为它是为了控制人口，避免过度生育；还有人认为它其实是一种特殊的成人礼，通过与成年男性的亲密接触，青少年才能成为真正的男人。笔者比较赞同最后一种解释，因为只有这种解释才能说明，何以古希腊社会流行的是不对等的男童恋，而不是对等的男同性恋。① 不过，成人礼是一种比较原始的部落文化，随着古希腊城邦文化的发展，成人礼就逐渐演变为教育制度了，因为在一个物质和精神文明都更加发达的时代，青少年要成为合格的社会成员，需要的不是履行仪式，而是接受教育。这就解释了古希腊男童恋的另一面：它不仅是一种恋爱关系，而且是一项教育制度。爱者追求被爱者，是为了后者的美貌（古希腊人痴迷于男性青少年的身体之美，这一点从保存至今的许多古典人体雕塑可见一斑），但是被爱者接受爱者的追求，则是为了从爱者那里接受教育。当然，在实际情况中，所谓的"男童恋教育"往往并不是对知识、能力、德性和智慧的传授，而是提供种种有形的帮助，例如人脉关系、晋升机会、钱财、庇护以及其他社会资源。不过，无论是提供教育还是提供帮助，双方都是一种

---

① 那种认为男童恋起源于军事化生活的观点，无法解释为何通篇歌颂战争的《荷马史诗》根本就没有提到过男童恋的风俗（有些人认为，《伊利亚特》中的帕特洛克罗斯与阿基琉斯是爱者与被爱者的关系，这种说法是没有依据的）；那种认为男童恋是为了限制城邦人口的观点，无法解释古希腊男童恋实际上并不限制爱者娶妻生子（在古希腊，绝大多数男人在男童恋风俗的鼓励和影响下追求青少年，同时也娶妻生子，这两方面的生活是互不干涉的，专爱男伴的同性恋者是少数）。

交换关系，因而在亚里士多德的友爱分类中，男童恋是一种典型的需要型友爱，爱者和被爱者之间实际上是一种彼此合作和各取所需的关系。

在雅典，男童恋是一项贵族风俗，它其实是把贵族子弟爬升政治阶梯的学徒制度和同性爱欲结合在一起。作为一种带有交换性质的恋爱关系，它对双方都有明确的要求，对于爱者的要求是：他要训练被爱者的能力，培养被爱者的德性与智慧，关爱被爱者的身心，为被爱者提供人脉和资源，总之要切实帮助被爱者，而非仅仅贪图被爱者的美貌。而且，爱者最初在选择自己的追求对象时，就应该更重视被爱者的品质，而非外表；他应该更多用自己的德性和智慧来吸引和感染被爱者，而非完全依靠财富与地位；他应该真诚地关切被爱者的教育和前途，最好能成为被爱者的人格榜样。对于青少年来说，接受男童恋关系既是机会，也是挑战。是机会，因为：首先，能吸引爱者的青少年往往出身高贵、健壮英俊、潜质过人，因此，追求者的数量和质量本身就证明了他的优秀；其次，在男童恋关系中表现得体的被爱者能够证明自己的高贵和卓越，从而赢得城邦的赞誉和信任，为自己的政治前途铺平道路；最后，当然就是获得爱者的教育和帮助了，爱者的品德、能力、地位越高，被爱者所获得的教育和帮助也就越优越。与此同时，男童恋关系对于被爱者也是挑战，因为雅典社会是极为重视荣誉的，那些对自己的追求者不加挑选、易于得手的青少年往往会被视作轻浮柔弱、缺乏男子气概；反过来讲，青少年也不应该一味拒绝所有爱者的追求，那样又会显得傲慢无礼、自视过高。被爱者既要仔细评估和选择爱者，又不显得势利和功利；既要充满善意地对待爱者，又不谄媚迎合、柔弱顺从；既要适当地满足爱者的情欲，又绝不做有损荣誉的事情，不失矜持与尊严……围绕男童恋的所有这些规则和期许都是约定俗成的，反映出雅典政治文化的独特风貌。

在古希腊哲学家中间，柏拉图是最热衷于书写男童恋的，他的著名对话《会饮篇》就是从男童恋的话题出发阐述爱欲的本质，他笔下的苏格拉底也是一位热情的爱者。[①] 相比之下，亚里士多德不怎么喜欢讨论这个话题，笔者猜想，这恐怕是因为，他毕竟不是在古希腊文化圈的核心地带长大的，因而他不能完全接受这种极具古希腊特色的恋爱风俗。在《尼各马可伦理学》的第八卷第四章，亚里士多德一笔带过地谈了谈男童恋，这个段落很值得一读：

> 爱者和被爱者享用的不是同一种快乐，爱者乐于观看被爱者，被爱者乐于接受爱者的关注。当被爱者的青春逝去，这种友爱有时也随之而逝，因为一方不再乐于观看另一方，而后者也不再拥有前者的关注。不过，也有许多这样的关系是持久的，如果关系双方在习性上变得相似并且因此而爱这种习性的话。[②]

亚里士多德此处的用语是极为隐晦的，他说"爱者乐于观看被爱者，被爱者乐于接受爱者的关注"，这样的描述完全不带情欲色

---

① 不过，柏拉图笔下的苏格拉底不是一位通常意义上的爱者，他追求青少年不是为了满足身体情欲，而是为了劝导对方热爱智慧、从事哲学，从而把自己的事业传承下去。换言之，苏格拉底其实把男童恋风俗的情欲因素和教育因素区分开了，他去掉了前者，只保留后者。我们很快会发现，亚里士多德对男童恋的看法和苏格拉底的做法是一致的。

② *Aristotelis Opera*，*Nicomachean Ethics*，1157a6 - 12.

彩。实际上，他是在遵循文学的惯例，用不带情欲色彩的语言来描述情欲的关系，保持言辞的高雅。不过，亚里士多德的措辞又和主流的文学用语不同，在其他古希腊文献中，作者用来替换情欲词汇的一般是政治词汇，爱者和被爱者的关系通常被描述为一种政治意义上的等级制关系，例如，说被爱者"屈从于"爱者，意思就是被爱者满足了爱者的情欲。与主流的做法不同，亚里士多德用来替换情欲词汇的是他最喜欢的动词："观看"。这个词用在男童恋关系上面也是贴切的，因为爱者确实喜欢"观看"被爱者的美丽外表，这种审美的欲求也确实是情欲的一部分。

不过，上述引文的中心思想是要表达对于男童恋的批评：这种关系是短暂的，因为它依赖于被爱者的青春和美貌。亚里士多德认为，真正的友爱关系应该建立在一种更内在、更牢固的基础之上，这样才能持久。男童恋也可以转化为真正的友爱，但前提在于，"如果关系双方在习性上变得相似并且因此而爱这种习性的话"。也就是说，首先，关系双方要"在习性上变得相似"，这就需要爱者对被爱者提供真正的教育，培养后者的灵魂品质，帮助被爱者成长为优秀的成熟个体。其次，关系双方要共同"爱这种习性"，也就是爱双方所共有的那种灵魂品质。如果最终双方都成为有德性的，而且因为对方的德性而爱对方，那么这种关系其实就已经变成德性友爱了。亚里士多德就是希望实现这种转变，他认为应该更加重视男童恋的教育功能，让有德性的成年人帮助还没有德性的青少年获得德性，双方一起走向德性友爱。一旦男童恋关系转变为德性友爱，它就从需要型友爱转变为分享型友爱了，其中的情欲因素也就变得没有必要了。

事实上，虽然现实中的男童恋关系必然带有情欲，也基本上不会以德性为目的，但是它的起源和目标与亚里士多德的想法在大方向上是一致的，那就是从不平等的关系出发，最终建立相对平等的关系。在柏拉图的《会饮篇》中，一个名叫包萨尼亚的角色是男童恋的热情拥趸。他指出：男童恋有利于推翻君主制、建立民主制；他还说，波斯帝国禁止男童恋，就是因为波斯皇帝认为，男童恋的盛行会导致臣民中间产生"牢固的友爱与共同体"，而这对独裁统治者是不利的。① 与之形成鲜明对比的是，雅典实行民主制，提倡男童恋，鼓励公民相互间产生牢固的友爱与共同体。雅典人甚至还将一对同性恋人奉为城邦的英雄，因为他们刺杀了僭主，为雅典赢得了民主。② 诚然，柏拉图和亚里士多德都不喜欢民主制，亚里士多德赞同的政体也不是民主制，而是共和制，但是民主制和共和制都是追求平等的政体，至少在追求平等这一点上，亚里士多德的政治理念和男童恋的政治目标是一致的。从这个角度看，男童恋风俗体现了友爱谱系的上升之路，它从一种不平等的情欲关系出发，最终目的是要营造一种由相对平等的公民组成、充满牢固友爱的政治共同体。

# 四、各种平等的友爱

经由男童恋的教育意义，我们就从不平等的友爱走向了平等的

---

① 柏拉图：《柏拉图全集》第二卷，第 218 页。
② 同上书，第 219 页。

友爱。亚里士多德将平等友爱分为利益友爱、快乐友爱、德性友爱，而最低程度的利益友爱就体现为城邦公民为了共同的利益而团结一致，这就是政治友爱。早在第八卷第一章，亚里士多德就谈到了政治友爱："将城邦合为一体的似乎是友爱，立法者也关注友爱甚于关注正义，因为和谐似乎就像是某种友爱，这就是立法者的最高目标，而内乱则是他们力求驱逐的最大敌人。朋友之间不再需要正义，但是具备正义的人们还需要友爱，最高程度的正义似乎是带着友爱的。"① 由此可见，政治友爱与社会正义属于同一个范畴，都是城邦之善，如果说社会正义是城邦之善的下限，那么政治友爱就是城邦之善的上限。

城邦有不同的政体，从而也就有不同类型的政治友爱。上文谈到的君臣友爱就是君主制城邦的政治友爱，是最不平等的政治友爱。在亚里士多德看来，君主制只存在于早期城邦，在城邦文明诞生之初，由于有德性的人非常少，个别有德性的人一旦建功立业，就很容易被拥戴为君主。随着城邦文明的进步，有德性的人越来越多，君主制就会让位于贵族制，贵族制又会让位于共和制，也就是大多数公民为了整个城邦的利益而分享统治权的政体。亚里士多德认为，共和制城邦的公民不再像孩子需要父亲、妻子需要丈夫那样，需要君主和贵族的管辖，而是能够以一家之主的姿态，负责任地承担统治城邦的任务。因此，共和制是城邦的成熟形态，只有共和制才能体现古希腊政治文明主张权利平等、提倡公民参政的精

---

① *Aristotelis Opera*，*Nicomachean Ethics*，1155a22 - 28.

神。广泛存在于共和制城邦大多数成员之间的公民友爱，就是最平等的政治友爱。

　　跟家庭关系与男童恋关系相比，公民之间的关系当然要疏远得多，即便是在古希腊城邦这种人口规模非常小的政治共同体中，也不可能实现所有公民都相互认识。此外，公民关系也不同于君臣关系，由于君臣友爱的不对等性，友爱的重心在于君主，即便君主不认识他的臣民，也不影响他具有施惠于民的强烈欲望。相比之下，公民友爱是一种广泛存在于整个城邦之中的同胞情谊，这种友爱是如何可能的呢？何以在如此疏远的人际关系中仍然可以生发出普遍的相互善意呢？

　　笔者在本讲开头已经提到，亚里士多德认为在物种天性的意义上，全人类都应该具有普遍的相互善意，也正是在这个地方，他首次提到了政治友爱。政治友爱在亲密程度上是极其稀薄的，它更像是某种生物学意义上的同类情谊，在城邦划定的共同体范围之内，这种同类情谊得到了更加明确的框定。亚里士多德对政治友爱的理解反映出，他对于人类的社会本性持有一种乐观的信任。在他看来，只要不存在不可化解的冲突和矛盾，聚在一起交换利益、展开合作的人们总是会自然而然地产生善意、形成友爱。政治友爱就是同一个城邦的公民群体在平等互惠、公平分配、分工合作的基础上形成的同胞情谊。在共和制城邦中，由于全体公民需要更广泛的联合商议、团结一致、通力合作，相互之间也就能够产生比一般的政治友爱更深厚的公民友爱。

　　理解了政治友爱何以可能，我们也就能够理解利益友爱何以可能了，因为政治友爱就是最基本的利益友爱。不过，与全体公民的政治友爱不同，利益友爱是个别人之间私人性的合作关系，例如贸易伙伴、事业的合作者、交易的买卖方等。利益友爱的双方是一种相互需要的关系，因此，双方一定在某些重要的方面是不相似的，这才使得互通有无的交换成为可能。虽然利益友爱在类型上属于平等友爱，但显而易见的是，这种友爱的双方往往是并不平等的："出于利益的友爱似乎最是存在于相反者之间，例如穷人和富人，无知的人和有知识的人；因为一方追求他所缺乏的某物，并且将另外某物给予另一方作为回报。"① 我们可以这样理解这句话提到的例子：富人有钱但没有知识，穷人有知识但没有钱，富人于是请穷人做自己的老师并付给他报酬，如果二人以此为基础而变得相互友善、成为朋友，那么他们的关系就是典型的利益友爱。在该例子中，二人在公平交换的意义上是平等的（假设富人付出的报酬在价值上等同于穷人提供的知识），但是在具体的交换物方面（钱、知识）是不平等的。在亚里士多德看来，在任何一种利益上达成愉快合作的双方，都有可能形成利益友爱，这也符合我们的生活常识。不过，这种友爱毕竟是基于利益的，因此，它必须以利益为前提。回到我们的例子：只要富人和穷人之间的友爱在性质上仍然是利益友爱，那么，一旦富人不再付给穷人报酬，或者穷人不再向富人传授知识，他们的友爱也就结束了。亚里士多德说："那些基于利益而爱彼此的人，其友爱不是就他们自身而言的，而是就他们从彼此

---

① *Aristotelis Opera*，*Nicomachean Ethics*，1159b12 – 15.

那里得到的某种好处而言的。"① 在这份友爱里，富人所爱的不是穷人，而是穷人的知识；穷人所爱的也不是富人，而是富人的钱。在根本上讲，利益友爱的双方都是将对方视作实现自身利益的手段，这是一种充满善意的相互利用，它确实是一种充满善意的人际关系，也确实是一种相互利用的人际关系。

在人生中，利益的交换是一种手段性的行为，快乐则是一种目的性的对象，因而在平等友爱的秩序中，快乐友爱高于利益友爱。在亚里士多德区分的所有友爱类型中，快乐友爱应该是我们最熟悉的。我们在第七卷和第十卷已经读到了亚里士多德对于快乐的分析，已经明白他认为至高的快乐是哲学沉思，但是在第八卷，快乐友爱是指以一般意义上的感官快乐为基础的友爱，所以亚里士多德才说："年轻人的友爱似乎主要是基于快乐，因为他们的生活受感性的主宰，从而最是追求对于他们而言的当下快乐。"② 不过，虽然构成这种友爱的基础是感官快乐，但是友爱的双方之所以结为朋友，却不是为了独自享受快乐，而是为了分享共同的快乐。利益关系的形成也可能是为了获取快乐，例如，穷人之所以出卖知识，是为了挣钱买酒喝，但是他与富人之间只是利益友爱，与酒友之间才是快乐友爱，因为他与富人打交道只是为了交换利益，与酒友在一起才是为了分享快乐。当然，穷人的酒友可能恰好正是他的富人学生，但即便如此，我们依然应该把他们的友爱分为两种类型：在教学的时候，他们的友爱是利益友爱；在一起喝酒的时候，他们的友

---

① *Aristotelis Opera*, *Nicomachean Ethics*, 1156a10 – 12.
② Ibid., 1156a31 – 33.

爱是快乐友爱。由此可见，利益友爱和快乐友爱的区别就是需要型
友爱和分享型友爱的区别，从前者向后者的演变是一种上升。既然
快乐友爱带有更强的分享色彩，那么它就必然要求双方在爱好和趣
味方面是相似的，在性情和品位方面是平等的。比如，在现实中，
穷人和富人成为师生是非常可能的，但是成为真正的酒友则是不太
可能的。如果富人喝酒必喝茅台，穷人只喝得起二锅头，富人喜欢
用红烧鲍鱼下酒，穷人只能配一点油炸花生米，两人如何可能喝到
一块儿去呢？如果富人每次都请客买单，穷人倒是可以应邀参与
的，但是这样的一种酒局就不是单纯的分享了，这种关系带来的快
乐，也必然不同于一份纯正的、双方相似而平等的快乐友爱带来的
分享之乐。在亚里士多德看来，一种平等而相似的快乐友爱要比利
益友爱更加稳定，因为比起交换与合作，快乐的分享能够产生更强
的善意、更深的感情。现代人的观念却相反，我们常说"没有永远
的朋友和敌人，只有永远的利益"，认为利益关系才是最稳定的，
这种看法当然是根植于现代社会的功利性。然而，亚里士多德谈的
不是稳定的关系，而是稳定的友爱，单纯的利益关系尽管可能很稳
定，但是它完全可能不包含任何友爱，正如亚里士多德所说，利益
关系的双方往往并不希望共度时光，但是分享快乐的人们当然希望
如此。① 然而，尽管快乐友爱高于利益友爱，并且是我们最熟悉也
最容易认同的一种友爱，但是它仍然不是最高类型的友爱。在亚里
士多德眼中，感官快乐的享受（各种各样精神性的消遣娱乐也属于

---

① 亚里士多德：《尼各马可伦理学》，第 232 – 233 页。

这个范畴）毕竟是相对低层次的人生需求，因此，以此为基础的友爱也必定不属于最高层次的人生之善。

在讲完利益友爱和快乐友爱之后，亚里士多德做了一番总结，他指出，与德性友爱相比，这两种友爱存在一个共同的缺陷，那就是一方爱的并不是另一方自身，而是另一方身上的某种偶性：

> 那些基于利益而爱朋友的人，是基于对于自身的好处而爱；那些基于快乐而爱朋友的人，是基于对于自身的快乐而爱。这两种爱都不是因为被爱者之所是，而是因为他是有用的或者令人快乐的。因此，这样的友爱是出于偶性的，被爱者不是因为他是他自身所是的那个人而被爱的，而是因为他能够提供某种好处或快乐。①

在亚里士多德的哲学术语中，"偶性"指的是"非本质的属性"。他认为，利益友爱和快乐友爱都是"出于偶性"，我们与某人结成利益友爱是因为他给我们带来好处，与某人结成快乐友爱是因为他给我们带来快乐，然而，对他自身而言，"给我们带来好处"或者"给我们带来快乐"都不能表达他的本质，不能说明他是什么样的人。这就意味着，我们"不是因为他是他自身所是的那个人"而爱他。严格说来，我们爱的不是他，而是他身上的某种非本质属性，比如有钱或者酒品好。相比之下，只有德性友爱的双方所爱的才是对方"自身所是的那个人"：

> 完美的友爱存在于好人之间，也就是在德性上相似的人们

---

① *Aristotelis Opera*，*Nicomachean Ethics*，1156a14 - 19.

之间，因为这样的人作为好人相互希望对方好，而且他们自身就是好的。那些为了朋友自身之故希望朋友好的人最是朋友，因为他们这样做是因为对方自身，而不是出于偶性。①

只有因为一个人的德性而爱一个人，才算是爱一个人自身；而只有爱一个人自身，才算是真正地爱一个人；也只有以这种方式爱对方的人们，才算是真正意义上的朋友。把这几个论证加在一起，就能得出如下结论：只有德性友爱才是真正的友爱，完美的友爱只存在于有德性的人们之间。事实上，不仅利益友爱和快乐友爱达不到完美友爱的标准，男童恋关系和所有类型的家庭友爱与政治友爱都达不到这个标准，而根本原因就在于，这些友爱都不是以德性为基础的。由此可见，德性和友爱这两种伦理学原则是殊途同归的。那么，亚里士多德为什么能够得出这样的结论呢？他是如何在友爱谱系的最高层次，将个人品质与人际关系这两条伦理学线索完美地融合在一起的呢？

## 五、德性友爱与幸福生活

要理解为什么德性友爱才是完美的友爱，我们需要返回亚里士多德在一开始对于友爱的定义。在第八卷，对于友爱的定义最初出现在亚里士多德对三种平等友爱的区分中："基于利益、快乐、德

---

① *Aristotelis Opera*，*Nicomachean Ethics*，1156b7 – 11.

性这三种被爱之物中的一种而相互怀有善意，希望对方好，并且相互知晓对方的善意"，这样的关系就是友爱。① 关键在于，友爱的双方不仅应该"希望对方好"，而且应该"为了对方自身之故而希望对方好"②，所以亚里士多德说，"那些为了朋友自身之故希望朋友好的人最是朋友"。③ 此处，我们再次遇到"自身之故"这个关键的说法。这个说法最早出现在第二卷第四章，亚里士多德指出，德性养成的最重要标志在于，有德性的人选择符合德性的行动是"因其自身之故"。通过上一讲对于第十卷第七章的讲解，我们看到，在所有符合德性的活动中，只有哲学沉思是完全以自身为目的的现实活动，因而只有哲学沉思能在最高的程度上满足"因其自身之故"的标准。在个人德性方面，"因其自身之故"的标准得到满足的程度越强，德性就越高，活动就越完满。在对于友爱的论述中，亚里士多德也采用了相同的思路，他在最初定义友爱的时候就提到，友爱双方应该"为了对方自身之故而希望对方好"，也就是说，我们对朋友的爱应该是"因其自身之故"。在接下来具体论述不同的友爱类型时，亚里士多德又揭示出，只有在德性友爱中才存在这种爱，因为只有德性友爱的双方才是"因其自身之故"而爱对方的。由此可见，在友爱关系方面，判断层次高低和完美程度的核心标准同样是"因其自身之故"。

　　亚里士多德用"因其自身之故"的标准来阐述哲学沉思，这是

---

① *Aristotelis Opera*，*Nicomachean Ethics*，1156a3 – 5.

② Ibid.，1155b31.

③ Ibid.，1156b9 – 10.

无可争议的，因为哲学沉思确实没有任何外在目的，然而，他用"因其自身之故"的标准来阐述德性友爱，就难免引发我们的困惑了。与神合一的沉思是我们难以企及的，与人相爱的感受却是我们都熟悉的，但是一般而言，我们不会认为只有有德性的人们才能相爱。按照亚里士多德的标准，罗密欧和朱丽叶、贾宝玉和林黛玉都很难称得上有德性，但难道他们不是真正相爱的吗？反过来讲，如果因为一个人有钱或者酒品好而爱他，这不算是爱他本人，那为什么因为一个人有德性而爱他，就是爱他本人了呢？亚里士多德区分三种平等友爱的时候提出，利益、快乐、德性是三种"被爱之物"，以它们为基础，我们能够形成三种不同的友爱。这意味着，正如在利益友爱和快乐友爱中，真正的被爱之物是利益和快乐，在德性友爱中，真正的被爱之物也不是有德性的人，而是德性。亚里士多德完全承认这一点，他认为，虽然德性友爱相对而言要比利益友爱和快乐友爱更加稳定，但是，如果在德性友爱中，其中一方失去了德性，灵魂的品质变坏了，那么他的朋友就不应该再爱他了。① 在这种情况下，尽管这个人失去友爱的根本原因是自己变坏了，但是他也完全可以抱怨对方：看来你爱的不是我，只是我的德性！归根结底，以上困惑的根源在于，我们现代人对爱的理解和对人性的理解都与亚里士多德的理解迥异。一方面，我们认为爱的本质与德性无关，亚里士多德却认为真正的爱必须以双方的德性为前提；另一方

---

① 不仅如此，亚里士多德还认为，由于德性友爱应该是平等的，因此如果德性友爱的一方变得太好，以至于他和另一方在德性方面已经完全不对等，那么他们的友爱也同样无法继续（亚里士多德：《尼各马可伦理学》，第 264－266 页）。

面，我们认为一个人的德性不等于一个人自身，亚里士多德却认为德性反映了人的本质，一个人的德性就是他自身，因而爱一个人的德性就是爱他本人。①

关于爱的本质，在古希腊哲学中，柏拉图曾借喜剧诗人阿里斯托芬之口讲述过一个关于爱的神话，相比于亚里士多德的友爱观，这个神话应该更符合现代人的口味。在《会饮篇》这部以爱欲为主题的对话中，阿里斯托芬讲道，人类过去的形态与现在不同，过去的人都是圆球形的，拥有两张脸、两双手、两双脚、两副生殖器，总之是现在人的两倍。与此相应，过去的人有三种性别：男性、女性、双性。这种"圆球人"非常骄傲，试图挑战神的权威，为了惩罚他们，宙斯将每个人劈成两半，就像人们用发丝把鸡蛋割成两半一样。阿里斯托芬接着讲道：

> 在他们的自然形体被切成两半之后，每一半渴望自己的另一半，于是走到一起，张开双臂拥抱彼此，相互缠绕，想要长到一起。②

圆球人被分割成"半人"（也就是现在的人类形态）之后，变得不再骄傲，不再试图挑战神的权威，而是渴望回归原初的整全。阿里斯托芬认为，这种渴望就是爱欲。由于被分割前的性别不同，

---

① 虽然儒家的交友之道也非常重视品德（例如《论语·颜渊》："曾子曰：'君子以文会友，以友辅仁'"，又如《孟子·万章下》："友也者，友其德也"），但是儒家并没有在"本质"和"偶性"的框架中将一个人的品德和他"自身"等同起来。

② 这是笔者更贴近原文的翻译，与王晓朝教授的译文出入较大，读者可比较柏拉图《柏拉图全集》第二卷第 228 页："那些被劈成两半的人都非常想念自己的另一半，他们奔跑着来到一起，互相用胳膊搂着对方的脖子，不肯分开。"

被分割之后，每个人的性取向也就不同：来自男性圆球人的人是男同性恋，来自女性圆球人的人是女同性恋，来自双性圆球人的人是异性恋。不过，阿里斯托芬讲的神话不仅是关于情欲和性取向的，也是关于爱的。这个神话告诉我们，当爱发生的时候，相爱的两个人会认为对方是自己的"另一半"，而这就是爱的全部理由——不是因为对方可以给自己带来利益或快乐，也不是因为对方是有德性的，而仅仅是因为对方是他或她自身所是的那个人。如果阿里斯托芬的爱人问他：你为何爱我？阿里斯托芬会回答：没有原因，或者说，只因为你是你，而我是我。这样的爱不是利益友爱、快乐友爱、德性友爱，但是它比这三种友爱中的任何一种都更加符合"双方因对方自身之故而爱对方"的标准，而这正是因为它是没有其他理由的。阿里斯托芬说，拥抱在一起的两个人自己也讲不出来，他们究竟为什么会对对方产生爱欲。① 笔者认为，阿里斯托芬对爱的理解更加接近现代人对爱的理解，我们常说完美的爱人是对方的"灵魂伴侣"，这与"另一半"的说法是类似的；我们也会认为真正的爱包含一种归属感，尽管爱的开端往往是有理由的，但是归属感一旦建立，爱的存续就只需要归属感的存续，而不再需要其他理由了。总之，现代人倾向于认同阿里斯托芬关于爱的根本观点：爱的本质是独立于德性的，爱并不以德性为前提。

亚里士多德反对这种观念，在他看来，阿里斯托芬讲的神话终究只是神话罢了，现实中没有谁是谁的"另一半"。在亚里士多德

---

① 柏拉图：《柏拉图全集》第二卷，第 230 页。

的框架中，阿里斯托芬对爱的解释其实更加适合父母对子女的爱，父母爱子女并不是因为子女给父母带来利益或快乐，也并不是因为子女是有德性的，这些因素能够为父爱母爱增色，但它们并非这种爱的本质。我们已经看到，亚里士多德认为父母爱子女是因为子女是父母的"另一个自我"，这与阿里斯托芬讲的"另一半"有异曲同工之妙，区别在于前者是单向的、不平等的，后者是双向的、平等的。在平等友爱方面，亚里士多德就完全不能赞同阿里斯托芬的解释了，他认为，爱一个人必须有理由，而利益、快乐、德性就是三种最基本的理由。其中，德性是最好的理由，而基于最好的理由，当然就能产生最好的爱。虽然在整个《尼各马可伦理学》中，亚里士多德都没有提到阿里斯托芬，但是在第七卷第三章分析不自制现象的时候，他巧妙地运用了（柏拉图笔下的）阿里斯托芬在讲爱欲神话的时候用过的词："长到一起"。亚里士多德说，正如一门科学的初学者需要继续学习，让科学知识和他自己"长到一起"，才算是真正掌握了这些知识，不自制者也要进行道德修炼，努力让自己的理性和欲望"长到一起"，这样才能弥合灵魂的裂隙，让灵魂在理性的主导下变得和谐、获得完善。① 在《会饮篇》中，阿里斯托芬用"长到一起"一语来描述人与人之间的爱，这种爱与德性无关；亚里士多德则用"长到一起"一语来描述个体自身的灵魂秩序，这种秩序就是德性的体现。笔者认为，亚里士多德把第八、九卷对友爱的论述放在第七卷对不自制的论述之后，这个顺序就是为

① 见本书第七讲的讲解。

了教导读者：必须先在自己的灵魂中实现善的秩序，才能与他人建立善的关系；必须自己先成为一个有德性的人，才能和另一个有德性的人缔结完美的友爱。

亚里士多德之所以认为真正的爱必须以德性为前提，从根本上讲，是因为他认为人的本质在于德性。他说在完美的友爱中，双方要"因对方自身之故而爱对方"，这里说的"自身"指的不是现代思想讲的"个体性"，也就是每个人独一无二的自我，而是"本质属性"，也就是所有人普遍具有的人性。既然德性是对于人性的完善，那么德性也就是人身上最完善的本质属性。现代个体性观念是一种多样性、相对性的观念，所谓"萝卜白菜各有所爱"，不同的人有不同的个性，每个人都是独特的，没有高下之分。亚里士多德讲的本质属性则与此完全不同，它是一种普遍性、等级性的观念，人最完美的本质属性只有一种，那就是伦理学为我们阐述的德性。人与人之间的差别，源自每个人在自然禀赋、成长经历、教育背景以及自身努力等方面的差别，导致每个人获得德性的程度、方式、侧重有所不同，这种高下有别的差异构成了每个人的"自身"。在亚里士多德这里，就真正的爱而言，我们爱一个人的理由不应该是"他很独特"，而应该是"他有德性"；一种与"德性"无关的"独特"，多半是各种各样的缺陷导致的，因而他说：犯错可以有许多种方式，正确之路却只有一条。① 亚里士多德认为人与人之间的个性差异并无意义，德性方面的高低之别才是体现每个人本质的决定

① 亚里士多德：《尼各马可伦理学》，第 47 页："善是一，恶则是多"（廖申白教授的译文）。

因素。既然如此，那么他认为爱一个人的德性就是爱他自身，还认为一个人一旦失去了德性也就失去了被爱的理由，这也就不足为怪了。面对我们上面提到的那种抱怨——"你爱的是我的德性，不是我这个人"，亚里士多德应该会这样回答："你作为人的本质就体现为你的德性，既然现在你失去了德性，你就已经不再是我曾经爱的那个人了，在这种情况下，继续爱你将是错误的。"①

　　德性友爱是最完美的友爱，因为真正的爱以德性为前提，而德性友爱的双方所爱的正是对方的德性，也就是对方自身。从友爱谱系的角度看，德性友爱也是最高的，因为它在最高的程度上是双方平等而相似的友爱关系。德性是人性的完善，是一种普遍性，因此，人们的德性越高，相互之间就越平等、相似，这就好像不够完美的圆形各有各的不圆，但是完美的圆形都是同样地圆。德性友爱之所以是完美的，就是因为这种友爱的双方各自都是完美的。然而，这样一种对于完美友爱的理解，多多少少是有违生活经验的，因为现实经验常常告诉我们，两个完美的个体不见得能够组成完美的关系，正如两个半圆能够组成一个完美的圆形，但是两个完美的圆形却不能组成一个更完美的形状。亚里士多德竭尽全力将德性和友爱这两条伦理学线索融合起来，然而事实上，二者之间确实存在不可调和的张力。德性太高的人多半是很难交到真朋友的，用古人的话来说是"曲高和寡"，用我们现在流行的话来说就是"优秀到

_____

① 不过，亚里士多德还是补充了一句："只要不是由于极端的恶而导致分手，我们还是应该念在昔日友爱的份上，对曾经的朋友有所关照。"（*Aristotelis Opera*，*Nicomachean Ethics*，1165b34－36）

没朋友"。不过，两个有德性的人到底能不能实现一种完美的友爱，这终归只是一个现实难题，尽管这样的友爱难以实现，但我们也不能排除它的可能性，例如，俞伯牙和钟子期的友爱或许就是完美的德性友爱。真正的理论难题在于：既然一个有德性的个体已经如此完美，他为什么还需要和另一个有德性的人交朋友呢？一个有德性的人当然也有利益和快乐方面的需要，因此他需要利益友爱和快乐友爱；如果他生活在一个和谐的城邦之中，他还会同其他公民产生政治友爱；他或许还会生孩子，从而拥有父子友爱；或许还可能成为至高的统治者，从而拥有君臣友爱……对于以上种种友爱，我们都明确地知道他是为了满足何种需要而寻求这些友爱，但是，除此之外，他为什么还需要德性友爱呢？和另一个同样有德性的人成为朋友，这对他来说究竟有何意义呢？

在论述德性友爱的时候，亚里士多德再次提到"另一个自我"的说法，他说："好人与朋友的关系就像是他与自身的关系，因为朋友是'另一个自我'。"① 我们已经看到，他第一次提到这个说法是在解释父爱母爱：父母之所以要生育子女，之所以会爱子女，是因为子女是他们的"另一个自我"。子女作为父母的"另一个自我"是为了传承父母的存在，生命就是通过这种方式来尽可能追求不朽。② 那么，两个有德性的人作为彼此的"另一个自我"，又是为了实现什么目的呢？

要回答这个问题，我们需要回到友爱谱系的深层思路：从需要

---

① *Aristotelis Opera*，*Nicomachean Ethics*，1166a30 – 31.
② 见本讲第二部分的讲解。

到分享。德性友爱是最高层次的分享型友爱，因此，我们根本就不应该问它是为了满足什么需要，因为它在人性中的驱动力根本就不是需要。换言之，德性友爱不是为了任何外在目的，它只是为了满足人天生的分享欲，这就正如哲学沉思也不是为了任何外在目的，它只是为了满足人天生的求知欲，而我们已经看到，这一点非但没有让哲学沉思失去意义，反而让它成为最完满的人类活动。友爱的情况也是类似的：人类天性之中不仅包含对善的追求，还包含与他人分享善的冲动，任何分享型的友爱都是为了满足这种冲动，而德性友爱最完美地满足了这种冲动。正因为德性友爱的双方并不需要彼此，它才是一种最纯粹的分享关系，正如亚里士多德说的："缺乏的人想要利益，而幸福的人想要共度时光，因为对于这样的人来说，孤独是最不相宜的。"① 有德性的人之所以寻求"另一个自我"，不是为了满足对于善的需要，而是为了实现对于善的分享，不是为了克服缺乏，而是为了避免孤独，这就是亚里士多德对"德性友爱有何意义"这个问题的总体回答。沿着这个总体回答的方向，他在第九卷第九章分别阐述了政治家之间的德性友爱和哲学家之间的德性友爱，我们会发现，如果将这两种友爱相比较，那么后者又要比前者更完美、更纯粹。

首先，关于政治家之间的德性友爱，亚里士多德是这样说的：

> 如果幸福在于生活和现实活动，而好人的现实活动就自身而言是好的和令人快乐的，正如我们一开始就说过的；又如果

---

① *Aristotelis Opera*，*Nicomachean Ethics*，1157b20－22.

属于自己的事物是令人快乐的，而我们更能观看邻人而非我们
自身，邻人的实践而非属于我们的实践；再如果好人朋友的实
践是令好人快乐的（因为这种实践在双重意义上自然地令人快
乐），那么幸福之人就需要这种朋友，如果说他选择观看善的
和属于自己的实践的话，他的好人朋友的实践就是如此。①

这个论证的关键要点在于最后一句：如果有德性的人"选择观
看善的和属于自己的实践的话"，那他就需要和另一个有德性的人
做朋友。对于一个有德性的人来说，属于他自己的实践本身就是善
的，如果幸福仅仅在于从事善的实践，那么他仅凭自身就能够幸
福。但是亚里士多德在这里指出，幸福不仅在于从事善的实践，还
在于"观看"善的实践，并且"我们更能观看邻人而非我们自身，
邻人的实践而非属于我们的实践"，因此，一个有德性的人就需要
另一个有德性的人，以便双方能够观看对方的实践。由于双方都是
有德性的，因此双方的实践都是善的；又由于双方在德性方面是平
等而相似的，因此双方所观看的实践既是属于对方的，也是属于自
己的。为什么"我们更能观看邻人而非我们自身"呢？当有德性的
人在从事善的实践时，他必须专注于实践本身，无法在实践的同时
观看自己的实践，正如一个优秀的足球运动员无法一边在球场上发
挥高超的球技，一边观看自己的精彩表现。然而，两个同样优秀的
球员，比如罗纳尔多和齐达内，或许就可以在各自精彩表现的同
时，也观看对方的精彩表现，又由于他们的球技同样高超，他们的

--------

① *Aristotelis Opera*，*Nicomachean Ethics*，1169b30 – 70a4.

竞技水平平等而相似，因而他们各自的精彩表现，都可被视作既属于自己，也属于对方。换句话说，当罗纳尔多和齐达内作为队友同时上场的时候，他们在球场上就成了彼此的"镜子"，有了这面"镜子"，他们就不仅能够享受作为球星踢足球的快乐，还可以享受观看球星踢足球的快乐。①

　　笔者之所以举运动员的例子，是为了联系毕达哥拉斯讲的人生寓言：人生就像是一场运动会，有些人是来做买卖的，有些人是来参与竞技的，还有些人是来观看比赛的，这三种人分别比喻的是劳动者、政治家、哲学家。政治家致力于从事符合德性的实践，正如运动员致力于在竞技中实现卓越，这一点已经得到了充分的说明。而在上面引用的论证中，亚里士多德又提出，政治家的幸福不仅在于从事实践，还在于观看实践，这就又把运动员的活动和观众的活动结合起来了，而这种结合所比喻的，就是在某种意义上把政治家的生活和哲学家的生活结合起来。当然，政治家对彼此的"观看"不同于哲学家对神的"沉思"，而是更接近"观看"一词的本意，是一种赞同、认可、欣赏，但是它毕竟在比喻的意义上和哲学家的活动相通，并且在文本中，"观看"与"沉思"确实是同一个用词（theōria）。这意味着，对于"政治家之间的德性友爱有何意义"这个问题，亚里士多德的答案实际上是：这种友爱能够让政治家的生活带上哲学的维度。尽管因为受限于自己的境界和领域，政治家只

---

　　①　笔者相信运动员的例子很好地体现了亚里士多德的想法。在亚里士多德《尼各马可伦理学》第 270 页，亚里士多德谈到，我们会因为欣赏别人身上的德性而对别人产生善意，这就正如我们在观看竞技活动时，也会因为欣赏运动员的优秀表现而对他们产生善意。

能观看彼此符合德性的实践行动，而不能沉思宇宙中至高无上的神，但是亚里士多德坚持认为，真正的幸福生活一定要包含 theōria 的因素。在行动的意义上，政治家独自的实践活动就已经可以实现德性了，但是为了实现 theōria，政治家还需要与自己的同道缔结德性友爱。两个政治家在德性友爱中获得的最高满足，就在于行动和观看两全其美，就像两个同场竞技、彼此欣赏的运动员。

在这个论证中，亚里士多德既没有提及友爱的双方是实践的施惠方或者受惠方，也没有提及一方为另一方的实践创造条件或者提供帮助，而是强调友爱的双方各自从事符合德性的实践，并且同时观看对方从事符合德性的实践。在这个意义上，政治家之间形成德性友爱的根本驱动力不在于需要，而在于分享。然而，政治家之间的德性友爱不可能完全摆脱需要的因素。正如足球比赛的例子所揭示的，有些实践需要不同的政治家相互合作，正如一支球队需要不同的球员相互配合。而且，即便是那些不需要合作的实践，同一个政治家也无法同时完成不同的实践，往往是我在从事一项实践的同时，另一项实践亟须你去完成。属于政治实践的德性本来就需要在共同体的生活中加以执行，因此，政治家必然需要同道才能更好地实现政治生活的善。进一步讲，亚里士多德认为政治家之间的德性友爱是为了观看，这就还是把德性友爱的根源归结于一种需要了。他的论证无异于是说，政治生活存在一种缺陷，因为在这种生活中，行动和观看不是一回事，难以在同一个人身上兼顾二者，因此，政治家才需要寻找"另一个自我"来充当自己的"镜子"，映照出自己的幸福和德性。

　　和政治家不同，哲学家致力于从事的现实活动就是沉思，这种活动不需要任何意义上的相互合作，不存在任何意义上的任务分配，甚至也没有"无法观看自己"的缺陷，因为在亚里士多德看来，哲学沉思是一种成为神的活动，哲学家对神的沉思就是参与神的自我沉思，在这个意义上，他所沉思的神就是他自身。换句话说，沉思的本质就是自我沉思，神圣努斯就是人类努斯天然的"镜子"，因此，哲学家不需要另一个哲学家来做他的"镜子"。① 总而言之，从根本上讲，政治家需要朋友，因为他并不自足；哲学家是自足的，所以他完全不需要朋友。也正因为如此，德性友爱的意义问题在哲学家身上是最棘手的：一个神一样自足的哲学家，究竟为什么要和另一个与他平等而相似的哲学家做朋友呢？亚里士多德对于这个问题的回答是：

　　　　正如每一方自己的存在对于他来说是值得追求的，朋友的存在也是如此，或者几乎如此。他的存在是值得追求的，因为他感知到它是善好的，而这样的感知就自身而言是令人快乐的。因此，他必须和朋友一起感知他自己和朋友的存在，要实现这一点就需要共同生活，分享言论和思想。②

　　虽然亚里士多德没有明确说上面这段话是在描述哲学家之间的友爱，但是末尾的那句"分享言论和思想"揭示出，这种友爱不是属于政治生活的，而是属于哲学生活的。在这个论证中，"分享"终

———————

　　① 见上一讲关于努斯的讲解。笔者指出，亚里士多德用来称呼人类灵魂中最高部分的词汇是努斯，他用来称呼神的词汇也是努斯，这意味着努斯是人性与神性的交界点。

　　② *Aristotelis Opera*，*Nicomachean Ethics*，1170b7 - 12.

于作为关键词浮出水面。在第十卷第七章，亚里士多德以沉思是最自足的现实活动为由，论证了哲学生活高于政治生活："正义者还需要针对别人并连同别人一起来做正义的事，节制者、勇敢者和具有其他实践德性的人也一样，而有哲学智慧的人却仅凭自己就能够沉思，他越是有哲学智慧就越是如此"，但紧接着，他就补充道："有同道或许是更好的"。在上一讲的末尾，笔者指出，"同道"的原文 sunergous 指的是"共同履行某种功能的人"或者"共同从事某种活动的人"，因此，哲学家的同道必定是另一个与他平等而相似的哲学家，是他的"另一个自我"。与政治家不同，哲学家既不需要"另一个自我"来帮助他从事沉思，也不需要"另一个自我"来帮助他观看沉思，因此，他与同道一起沉思，这是彻底摆脱了需要的纯粹分享。两个哲学家选择"共同生活，分享言论和思想"，不是为了克服任何缺乏、满足任何需要，而仅仅是为了"和朋友一起感知他自己和朋友的存在"，这句话中"感知"的对象甚至不是"善"，而是单纯的"存在"。亚里士多德是想强调，哲学家的存在本身就已经是完满的善，他的生命无须再追求任何其他的善了，或者说，只剩下一种善是他无法"仅凭自己"实现的，那就是分享之善。事实上，对于任何人而言，"自己的存在对于他来说是值得追求的，朋友的存在也是如此"，但是大多数人的生活充满了种种缺乏和需要，总是在忙忙碌碌地克服缺乏、满足需要，以至于无暇感知自身纯粹的存在，更无暇感知朋友纯粹的存在。哲学家和非哲学家的区别就在于，哲学家在最大的程度上消除了生命的缺乏和需要，因为他以一种最透彻的方式看到，对于人生的本质而言，绝大多数人用尽全部生命你争我抢的绝大部分事物，实在是全无必要的；反过来讲，人为了维持自身和朋友的存在所必需的那少数几样事物，例如有营养的食物和干净的水、能够遮风避雨的居所、能够遮体御寒的衣物，实在是非常容易获得的，完全不必为此而过度忙碌。因此，哲学家拥有大量真实的闲暇，用来"和朋友一起感知他自己和朋友的存在"。对于哲学家而言，他作为哲学家的存在是一种"尽可能追求不朽"的存在，一种致力于"成为神"的存在。如果沉思是这种存在的实现，是有朽之人和不朽之神的交融，那么，在完美的哲学友爱中分享沉思，就是两个有朽之人共同交融在不朽的神性之中。在这样的一种存在中，除了"和朋友一起感知他自己和朋友的存在"之外，还缺乏什么，还需要追求什么呢？在亚里士多德看来，这就是最完满的幸福。

　　在完成了第九卷第九章的论证之后，亚里士多德总结道："对于一个人来说，凡是值得追求的事物，他就必须拥有它，否则他就将在这方面陷入缺乏。因此，要过幸福生活的人需要好人朋友。"①在这句总结中，"缺乏"和"需要"这两个词格外醒目，尽管这句话所总结的是第九章的全部论证，但是用在刚刚讨论过的哲学友爱上面，它显得格外意味深长。如果"和朋友一起交融在不朽的神性之中"是最值得哲学家追求的，那么一个没有朋友的哲学家就将陷入"缺乏"，而想要获得完满的幸福，哲学家就"需要"朋友。虽然哲学家的生活是自足无缺的，虽然哲学家之间的友爱是摆脱了需

---

① *Aristotelis Opera*，*Nicomachean Ethics*，1170b17 – 19.

要的纯粹分享，但反过来讲，自足的人如果没有朋友，就仍然是缺乏的，而摆脱了一切需要的分享，恰恰催生出对于分享的需要。哲学生活的理想是"成为神"，获得尽可能完美的自足，然而，人毕竟不可能真正成为神，即便是最自足的人，也无法在自我内部获得人性的全部满足。当然，最懂得这一点的正是哲学家自己，作为最接近神的人，哲学家最清楚人和神的差距。正因为如此，真正的哲学家或许难以找到与自己完美契合的朋友，但是他必定会孜孜不倦地寻求。

# 进一步阅读书单

亚里士多德：《尼各马可伦理学》，廖申白译注，北京：商务印书馆，2003 年

亚里士多德：《政治学》，吴寿彭译，北京：商务印书馆，1983 年

第欧根尼·拉尔修：《名哲言行录》，马永翔、赵玉兰、祝和军、张志华译，长春：吉林人民出版社，2003 年

威尔·杜兰特：《哲学的故事》，朱安、武国强、吴兴亚等译，北京：文化艺术出版社，1991 年

卡罗·纳塔利：《亚里士多德：生平和学园》，王芷若译，北京：北京大学出版社，2021 年

乔纳森·巴恩斯：《亚里士多德的世界》，史正永、韩守利译，

南京：译林出版社，2010 年

杰弗里·E. R. 劳埃德：《亚里士多德：思想的发展和结构》，聂敏里译，北京：人民出版社，2019 年

乔纳森·李尔：《亚里士多德哲学导论》，刘玮译，北京：北京大学出版社，2021 年

严群：《亚里士多德及其思想：严群文集之二》，北京：商务印书馆，2011 年

余纪元：《亚里士多德伦理学》，北京：中国人民大学出版社，2011 年

陈斯一：《从政治到哲学的运动：〈尼各马可伦理学〉解读》，上海：上海三联书店，2019 年

**图书在版编目（CIP）数据**

幸福与德性：亚里士多德伦理学十讲 / 陈斯一 著
. －－北京：中国人民大学出版社，2023.7
　　ISBN 978-7-300-31739-7

Ⅰ.①幸… Ⅱ.①陈… Ⅲ.①亚里士多德（
Aristotle 前 384－前 322)-伦理学-研究 Ⅳ.
①B502.233②B82-091.984

中国国家版本馆 CIP 数据核字（2023）第 096869 号

**幸福与德性**
亚里士多德伦理学十讲
陈斯一　著
Xingfu yu Dexing

| | | | | |
|---|---|---|---|---|
| **出版发行** | 中国人民大学出版社 | | | |
| **社　　址** | 北京中关村大街 31 号 | | **邮政编码** | 100080 |
| **电　　话** | 010－62511242（总编室） | | 010－62511770（质管部） | |
| | 010－82501766（邮购部） | | 010－62514148（门市部） | |
| | 010－62515195（发行公司） | | 010－62515275（盗版举报） | |
| **网　　址** | http://www.crup.com.cn | | | |
| **经　　销** | 新华书店 | | | |
| **印　　刷** | 涿州市星河印刷有限公司 | | | |
| **开　　本** | 890 mm×1240 mm　1/32 | | **版　　次** | 2023 年 7 月第 1 版 |
| **印　　张** | 8.75 插页 4 | | **印　　次** | 2024 年 5 月第 2 次印刷 |
| **字　　数** | 182 000 | | **定　　价** | 68.00 元 |